山西省社会科学院基础研究丛书　丛书主编　李中元

当代山西社科学者访谈（第一辑）

《当代山西社科学者访谈》课题组　编著

山西出版传媒集团
山西人民出版社

图书在版编目（CIP）数据

当代山西社科学者访谈.第一辑/《当代山西社科学者访谈》课题组编著.—太原：山西人民出版社，2018.5
ISBN 978-7-203-10241-0

Ⅰ.①当… Ⅱ.①当… Ⅲ.①社会科学－科学工作者－访问记－中国 Ⅳ.①K825.1

中国版本图书馆 CIP 数据核字（2018）第 006519 号

当代山西社科学者访谈.第一辑

编　　著：《当代山西社科学者访谈》课题组
责任编辑：郭向南
复　　审：武　静
终　　审：秦继华
装帧设计：谢　成　郝彦红

出 版 者：山西出版传媒集团·山西人民出版社
地　　址：太原市建设南路 21 号
邮　　编：030012
发行营销：0351－4922220　4955996　4956039　4922127（传真）
天猫官网：http://sxrmcbs.tmall.com　电话：0351－4922159
E — mail： sxskcb@163.com　发行部
　　　　　sxskcb@126.com　总编室
网　　址：www.sxskcb.com

经 销 者：山西出版传媒集团·山西人民出版社
承 印 者：山西出版传媒集团·山西新华印业有限公司

开　　本：720mm×1010mm　1/16
印　　张：21.75
字　　数：300 千字
印　　数：1—2000 册
版　　次：2018 年 5 月　第 1 版
印　　次：2018 年 5 月　第 1 次印刷
书　　号：ISBN 978-7-203-10241-0
定　　价：66.00 元

如有印装质量问题请与本社联系调换

《山西省社会科学院基础研究丛书》
编辑委员会

主　任　李中元
副主任　潘　云　杨茂林　宋建平　侯广章
委　员　景世民　韩东娥　高专诚　高春平　马志超

《山西社科学者访谈》课题组

组　长　刘晓丽

课题组成员（以姓氏笔画为序）

马　敏　王　劼　王勇红　刘碧田

安志伟　李国祥　张　晨　周芳龄

写在前面的话

《山西省社会科学院基础研究丛书》是山西省社会科学院深入贯彻落实习近平总书记系列重要讲话特别是在哲学社会科学工作座谈会上的讲话精神，着力构建中国特色哲学社会科学学科体系、学术体系、话语体系的具体实践，是充分发挥智库功能，服务决策、服务社会、服务人民，同时强化基础研究、提高基本能力的集中体现。这套丛书从2015年底开始着手策划、设计，到2017年5月全部交稿，历时一年多。全院各所、中心结合自身学科方向和研究实际，分别从全面建成小康社会、马克思主义中国化在山西的理论和实践、煤炭产业政策、山西百年史学、地方立法理论和山西实践、晋商学、汉语语汇的变异与规范、哲学视野下的教育理论等集中开展研究，最终形成了展现在各位读者面前的多部著作。

基础研究是构建中国特色哲学社会科学的重要内容，是哲学社会科学工作者的基本功，也是一切应用研究的基础。没有良好的基础研究功力和水平，应用研究只能是水月镜花、空中楼阁。2010年以来特别是2014年9月以来，山西省社会科学院作为山西省委、省政府思想库、智囊团，按照山西省委、省政府安排部署，紧紧围绕中心工作，为构建良好政治生态、不断塑造美好形象、逐步实现振兴崛起提出了许多决策建议，多次得到山西省委、省政府主要领导的批示，有的还被相关部门采用。在服务决策过程中我们发现，打造一支对党忠诚、学养深厚、反应快捷、建言有效的社会科学研究队伍，离开基础研究、没有良好的基本功底是无法达到目的的。为此，院里安排专门经费，要求全院各所、中心按照各自学科方向形成基础研究课题，出版《山西省社会科学院基础研究丛书》。

《丛书》的策划、写作、出版始终得到省委宣传部的大力支持，得到山西出版传媒集团特别是山西人民出版社的大力支持，在此一并致谢。我们相信，《丛书》将会为山西省哲学社会科学学术殿堂添砖加瓦，也将为中国特色哲学社会科学学科体系建设贡献一点力量。

不负历史使命　加快智库建设
——《山西省社会科学院基础研究丛书》代序

山西省社会科学院党组书记、院长　李中元

2016年5月17日，习近平总书记在哲学社会科学座谈会上发表的重要讲话，站在人类文明进步的高度、党和国家事业发展全局的高度、中华民族伟大复兴的高度，深刻阐述了什么是中国特色哲学社会科学、怎样发展中国特色哲学社会科学、广大哲学社会科学工作者"为了谁、依靠谁、我是谁"的问题，明确提出中国特色哲学社会科学体系的历史使命、指导思想、根本要求和主要任务，深刻阐明事关哲学社会科学性质、方向和前途的一系列重大问题，是推动当代中国哲学社会科学繁荣发展的纲领性文件，是做好哲学社会科学工作的根本遵循和行动指南。

总书记重要讲话发表一年来，我们反复认真学习，深刻领会其思想精髓、精神内涵和重大意义，深刻感受到作为哲学社会科学工作者的光荣使命和时代担当，更加激发了推动哲学社会科学繁荣发展、加快现代新型智库建设的决心和信心。

一、加快智库建设是贯彻落实习总书记讲话精神、发挥地方社科院职能的有力抓手

习近平总书记在哲学社会科学工作座谈会上指出，要"建设一批国家急需、特色鲜明、制度创新、引领发展的高端智库，重点围绕国家重大战略需求开展前瞻性、针对性、储备性政策研究"。当代世界，依靠技术、资本推动发展正在逐步为依靠智慧推动发展所取代，智库已成为社会发展的一支重要力量。中共中央办公厅、国务院办公厅2015年1月下发《关于加强中国特色新型智库建设的意见》，明确了中国特色新型智库的发展目标、发展方向和发展要求，是指导现代新型智库建设的根本指南。

作为我省最大的哲学社会科学研究机构，我院多年来始终坚持高举旗帜、围绕中心、服务大局，积极发挥省委、省政府思想库、智囊团职能，在服务政府、服务社会、服务人民上搞研究，为推动全省经济社会发展、传承人类文明成果作贡献。2016年以来，我们注重全院智库功能建设，加快实施哲学社会科学创新工程和智库建设步伐，取得明显成效。

从2015年开始，我们牵头发起倡议，组建山西省智库发展协会（三晋智库联盟）。经过一年多的筹备，2017年1月7日，山西省智库发展协会（三晋智库联盟）成立。作为全国首家省级智库团体，协会成立以来，已与中国与全球化治理（CCG）、国研智库、北京大学、清华大学等十多家国内著名智库建立了战略合作关系，聘请了王伟光、谢克昌、郑永年、梁鹤年等国内外知名学者为智库高级学术顾问，整合山西省内智库资源开展了国企国资改革调研，与山西综改示范区达成了"智本+"孵化器入区协议等。

二、加快智库建设是贯彻落实习总书记讲话精神、创新社科研究体制机制的有效平台

习近平总书记强调指出：要统筹国家层面研究和地方层面研究，优化科研布局，合理配置资源，处理好投入和效益、数量和质量、规模和结构

的关系，增强哲学社会科学发展能力。加快智库建设，重在学科创新和体制机制创新。2017年以来，我们结合"两学一做"学习教育制度化、常态化和"两提一创"大讨论活动要求，研究制定了《山西省社会科学院哲学社会科学创新工程行动方案（2017）》，努力破解制约科研生产力提高和智库功能发挥的体制机制障碍，着力推进学术理论创新、学科体系创新、科研体制机制创新，激发科研活力，促进社科研究水平和服务决策能力全面提升，努力把我院建成省级一流、国内知名的思想库、智囊团和特色新型智库。我们将不断加大学科建设和人才建设力度，按照体现继承性、民族性、原创性、时代性、系统性、专业性的目标要求，构建与新型智库需求相适应的学科、人才支撑体系。以问题和需求为导向，进一步优化学科资源，调整学科布局，发展优特学科，加大新兴、交叉学科的扶持和培育力度，逐步形成目标明确、重点突出、特色鲜明的学科体系。大力推进创新工程，确定一批重点学科和学术带头人，打造一支对党忠诚、学养深厚、反应快捷、建言有效的人才队伍。不断加大体制机制改革力度，搭建省情调研平台、跨界科研平台、开放合作平台等多种平台，通过改革创新形成多平台运转模式，发挥多边效应，推动智库发展。

三、加快智库建设是贯彻落实习总书记讲话精神、推动哲学社会科学繁荣发展的根本方向

习近平总书记深刻指出：坚持以马克思主义为指导，是当代中国哲学社会科学区别于其他哲学社会科学的根本标志，必须旗帜鲜明加以坚持。我院既是我省重要的学术殿堂，也是研究传播马克思主义的重要阵地。我们始终坚持守土有责、守土负责、守土尽责，牢牢掌握马克思主义在社科研究领域的领导权，把坚持以马克思主义为指导贯穿社科研究全过程。面对新形势、新征程，我们一定要把深入学习贯彻落实习近平总书记重要讲话精神作为一项长远的重大任务，真学真懂、真信真用、真抓真做，把讲话精神转化为加快智库建设、更好为地方党委政府决策服务的自觉行动,紧密围绕省委、省政府重大战略决策需求,围绕全省经济社会发展的热点、难点问题和人民群众普遍关心的重大理论和实际问题,开展具有前瞻性、针对性、储备性政策研究,不断推出水平较高、质量较好的优秀成果,不断提升服务决策、服务社会、服务人民的能力,以充沛的热情、严谨的精神、科学的态度、求实的学风为全省经济社会发展提供智力支持和决策服务,为我省哲学社会科学事业繁荣发展贡献力量。

编写说明

《当代山西社科学者访谈》（第一辑）是当代山西社科学者访谈系列项目的第一项成果。遵循有创立、有影响、有规模、有传承、有发展的遴选原则，我们在第一辑中选取了五位在全国有一定影响力、在山西学术界有着学科奠基者地位、所在学科对于山西经济社会文化发展有重要贡献并有深远发展潜力的社会科学研究学者，展开我们的访谈。

依据年龄从大到小的排列顺序，这五位学者依次是汉语方言学及汉语语汇学学者温端政、农业经济和山西经济研究学者陈家骥、谱牒学及明史研究学者张海瀛、思维科学及相似论研究学者张光鉴、晋商研究及明史研究学者张正明。他们之中，年龄最大的87岁，年龄最小的79岁。

通过对五位学者全方位深层次的访谈，我们初步总结出这一年龄段山西社会科学学者的学术成长路径：

第一，因时代、家境的关系，较早直接接触社会生活，对民间疾苦、人情冷暖有切身体验；

第二，在早年求学、工作经历中，肯动脑，肯钻研，在现有环境和自己的认知范围内，多方尝试，多头探索；

第三，珍惜学术研究时光。他们之中，有的在而立之年考上研究生，有的在知命之年才进入学术领域，因为有了前两点的历练，能很快沉静下来，很快找到自己的研究方向，并快速取得成就；

第四，性情温和，保持赤子之心，达观乐天，坐得了冷板凳，以"出世"之心态做"入世"之事业；

第五，将专业做成了事业，经营毕生的专业成为其修身养性的最好方式。

读史可以明智。通过访谈，我们明确了这些在山西省内有重大影响的学科的发展历程和未来走向；对于后辈学生来说，牢牢铭记这些学术名家"功夫在诗外，去除浮躁，宁静致远"的学术品性，或许是老一辈学者留给我们的宝贵启迪；党和国家领导人、科学巨匠和学术名家对于山西社会科学学科建设和人才培养进行的指导和支持，通过访谈也得以留存，这些珍贵的历史材料由叙述者娓娓道来，读来亲切随和，趣味盎然。

另外需要说明的是，由于身体状况不太好、居住地域较远、联络不畅等原因，山西社会科学领域还有很多成就卓著的学者需要我们深入访谈，我们希望把这份事业继续做下去。

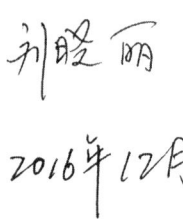

刘晓丽

2016年12月

目　录

温端政先生访谈 / 001

第一章　年少之时：我的故乡和家庭 / 007

 1. 小学回忆 / 007

 2. 考入南雁初级中学 / 008

 3. 加入读书会 / 009

 4. 恩师相助 / 011

 5. 在温州新华书店工作 / 013

 6. 筹备泰顺新华书店 / 013

 7. 家庭变故 / 015

 8. 在温州地委干部学校学习 / 016

 9. 重回新华书店 / 017

第二章　求学北大：未名湖畔的乐与痛 / 019

 1. 报考北大 / 019

 2. 转学语言专业 / 020

 3. 师傅领进门 / 024

第三章　蹉跎岁月：辗转山西多地工作 / 028

　　1. 服从分配来山西 / 028

　　2. 在晋北教书 / 028

　　3. 加入中国共产党 / 030

第四章　人生归位：调入山西省社会科学所 / 033

　　1. 一波三折 / 033

　　2. 筹办山西省语言学会 / 035

　　3. 创办《语文研究》 / 038

第五章　投身方言研究，积极倡导"晋语分立" / 044

　　1. 组织编写山西各县市方言志 / 044

　　2. 倡导"晋语分立" / 052

　　3. 研究江浙闽语 / 053

　　4. 外事接待和出国访问 / 054

第六章　构建汉语语汇学 / 058

　　1. 汉语语汇学的先声——《歇后语》《谚语》 / 058

　　2. "语词分立"观的提出 / 062

　　3. 《汉语语汇学》的出版 / 064

第七章　"字典、词典、语典"三分理论与语典编纂 / 068

　　1. 我国第一部俗语辞书《中国俗语大辞典》的出炉 / 068

　　2. 编纂"通用"系列丛书 / 071

　　3. 语典学思想的萌芽——"字典、词典、语典"三分观的
　　　　提出 / 073

　　4. 《新华语典》的问世 / 075

　　5. 主持编纂《语海》 / 080

目 录

第八章 寄语未来：对青年学者的期望 / 082

  1. 新的计划 / 082

  2. 治学经验 / 083

  附录：温端政先生大事记 / 087

陈家骥先生访谈 / 112

第一章 应省农委约请，总结农业学大寨的经验教训 / 117

  1. 接受山西省农委的任务 / 117

  2. 到大寨和昔阳调研 / 119

  3. 调查报告回答了当时人们普遍关心的三个问题 / 120

  4. 正确评价改革开放前昔阳的经济运行 / 121

  5. 这个调研报告的国际影响 / 121

第二章 论证和解说农业生产责任制，推动农村改革 / 123

  1. 研究室每次开会山西省委书记、省长都参加 / 123

  2. 山西省委指定我写农村改革十个"为什么" / 124

  3. 参加全省农业生产责任制调查 / 125

第三章 主持山西能源重化工基地建设决策中农业规划部分的制定工作 / 127

  1. 提出山西农业现代化建设规化并得到省委省政府采纳 / 127

  2. 我与王森浩省长的最大分歧 / 130

  3. 山西解决农业灌溉问题不应该主要靠修水库 / 130

第四章 主张大户治理小流域，有关部门据此制定了实施方案 / 133

  1. 最早提出大户治理小流域 / 133

第五章 推动山西率先试办农业专业合作社 / 136

  1. 与山西省体改办主任联名发表调查报告 / 136

2. 农业合作社是个大决策，应继续研究 / 138

第六章　领导编制"14888"工程报告 / 140

1. 领导开展山西经济发展战略研究 / 140

2. 提出把山西建成机械加工业大省 / 143

3. 编制山西工业结构调整方案 / 143

4. 第一个提出在山西发展文化产业 / 145

5. 山西应逐步转型最终脱离煤炭 / 148

附录：陈家骥先生大事记 / 149

张海瀛先生访谈 / 165

第一章　初到北京　刻苦钻研 / 172

1. 初入校园 / 172

2. 刻苦求学 / 175

3. 初为人师 / 177

4. 严师益友——与宁可先生的交往 / 178

第二章　师从吴晗　久难忘怀 / 183

1. 初识吴晗先生 / 183

2. 先生教诲一生受用 / 184

第三章　投身科研　治学严谨 / 190

1. 初到山西省社科所 / 190

2. 河东两京历史考察 / 194

3. 追忆老所长 / 196

4. 山西省社会科学院成立 / 198

第四章　专注科研　挖掘谱牒 / 204

1. 初建中国谱牒学研究会 / 204

目 录

  2. 创建中国家谱资料研究中心 / 207

  3. 提高中国家谱资料研究中心影响力 / 209

  附录：张海瀛先生大事记 / 215

张光鉴先生访谈 / 222

第一章 新华化工厂的工作经历与相似思维的萌芽 / 226

  1. 早年工作经历 / 226

  2. 务实的科研精神 / 229

  3. 相似性思想萌芽了 / 230

  4. 参加课题研究 / 233

  5. 相似性思想升华为相似论 / 235

  6. 参加北戴河会议 / 236

  7. 初识钱学森 / 238

  8. "逼上梁山" / 239

  9. 向钱老学习 / 241

第二章 省社科院思维所的成立与相似论研究的深化 / 243

  1. 召开全国思维科学大会 / 243

  2. 成立山西社科院思维科学研究所 / 244

  3. 参加国际学术会议"一鸣惊人" / 247

第三章 相似论研究的进一步深化和发展 / 249

  1. 相似论研究进一步深化 / 249

  2. 探究相似块 / 253

  3. 内化于心外化于行 / 254

  4. 相似论与教育 / 256

  5. 利用相似性解决矛盾 / 262

6. 哲学中的相似性 / 263

7. 经济学研究的相似性 / 265

8. 国内推广相似性 / 267

附录：张光鉴先生大事记 / 269

张正明先生访谈 / 272

第一章 人生经历：顺其自然、把握机遇 / 279

1. 幼年记忆 / 279

2. 喜欢读书 / 280

3. 早年学校学习 / 281

4. 插队经历 / 282

5. 在面粉厂当工人 / 283

6. 报考研究生 / 283

7. 人生经历 / 285

8. 对当前教育的看法 / 287

9. 到山西省社会科学院的经过 / 289

10. 和同事的交往 / 290

11. 研究晋商的家族渊源 / 290

12. 赴日本讲学 / 292

13. 赴新加坡讲学 / 293

第二章 做学问先做人 / 294

1. 做学问先做人 / 294

2. 老师秦佩珩 / 295

第三章 做学问：方向、资料与方法 / 297

1. 选好方向，结合本地、本人能力 / 297

2. 做学问的方法 / 299

3. 要了解前人学术成果 / 299

4. 资料是做学问的基础 / 300

5. 明清晋商：诚信是本，创新是魂 / 302

6.《山西商人及其历史启示》研究过程 / 304

7. 研究王文素的经过 / 307

8. 翻译《山西商人研究》的经过 / 308

9. 编辑出版《明清晋商商业资料选编》 / 309

10. 晋商精神 / 311

11. 关于晋商的衰落 / 311

12. 晋商与其他国内商帮异同 / 312

13. 与晋商研究学者的交往 / 313

14. 对日本学者研究晋商的成果的评价 / 313

15. 2005年举办晋商国际学术研讨会的经过 / 314

第四章　以史为鉴，古为今用 / 315

1. 学术研究的意义 / 315

2. 研究历史要有梦想 / 316

3. 对晋商研究发展的思索 / 317

附录：张正明先生大事记 / 317

温端政先生访谈

【温端政先生简介】

温端政,1931年9月生,浙江省平阳县人,现任山西省社会科学院资深研究员、终身研究员,语言研究所名誉所长、语汇研究与辞书编纂中心主任;曾任山西省社会科学院语言研究所所长,《语文研究》主编、编委会主任,山西省语言文字工作委员会专家咨询组组长,山西省语言文字工作委员会副主任以及中国语言学会理事、全国汉语方言学会

温端政先生近照(2015年6月)

理事、中国辞书学会理事、山西省语言学会副会长兼秘书长、山西省语言学会名誉会长等;被评为山西省优秀专家、山西省劳动模范、国家中青年有突出贡献专家,享受国务院特殊津贴。

温端政先生的主要研究领域之一是汉语方言学。他致力于晋语研究,是著名语言学家李荣提出的"晋语分立"说的主要支持者之一。在晋语研究方面,温先生先后独立主持和联合主持国家"六五""七五"哲学社会科学规划国家重点项目"山西省各县(市)方言志"和"山西省方言通志",参与国家"八五"哲学社会科学规划国家重点项目的研究工作,项目成果《山西省方言志丛书》(主编,41种,《语

文研究》增刊、语文出版社、山西高校联合出版社等于1982—1991年陆续出版)、《山西方言调查研究报告》(联合主编,山西高校联合出版社1993年出版)、《忻州方言词典》(合著,江苏教育出版社1995年出版)等获得了多项国家级和省级奖励,推动了汉语方言学的研究。他在晋语研究方面的系列论文,如《试论山西方言的入声》(《中国语文》,1986年第2期)、《试论晋语的特点与归属》(《语文研究》,1997年第2期)、《晋语区的形成和晋语入声的特点》(《山西师大学报》,1997年第2期)、《〈方言〉和晋语研究》(《方言》,1998年第4期)、《晋语"分立"和汉语的分区问题》(《语文研究》,2000年第1期)、《论晋语研究中的几个问题》(《语言文字学研究》,中国社会科学出版社,2005)、《论方言的特征和特点——兼论用综合判断法观察晋语的归属问题》(《语文研究》,2003年第1期)、《从晋语定义谈李荣先生的学术思想》(《中国方言学报》,2010年第1期)等,在大量调查研究的基础上提出了许多重要的观点,论证了"晋语分立"的可能性和重要性。除此之外,温端政先生情系桑梓,曾受邀调查了浙江省18个县的方言,代表作有《苍南方言志》(语文出版社1991年出版)和论文《浙江闽语的语音特点》(《方言》,1995年第3期)、《从浙江闽南话形容词程度表示方式的演变看优势方言对劣势方言的影响》(《语文研究》,1994年第1期)等。

温端政先生的另一个重要研究领域是汉语语汇。他首倡"语词分立",是汉语语汇学的构建者。早在20世纪60年代,温端政就密切关注对"语"的搜集和整理,他于20世纪80年代初发表的《关于"歇后语"的名称问题》(《语文研究》,1980年第1辑)、《引注语(歇后语)的性质》(《晋阳学刊》,1980年第1期)、《引注语(歇后语)的来源》（《晋阳学刊》，1980年第3期）、《歇后语的语义》（《中国语文》，1981年第6期）、《谚语的语义》（《中国语文》，1984年第4期）等论文和1985年由商务印书馆出版后又译成日文在日本东京出版的《歇后语》和《谚语》二书，对"语"进行了初步研究。21世纪以来，他发表的《"龙虫并雕"和"语"的研究》（合作，《语文研究》，2000年第4期）、《论语词分立》（《辞书研究》，2002年第6期）等系列论文论述了"语"的性质，认为"语"是"大于词、结构相对定型、具有多功能的叙述性语言单位"，主张用"语汇"来总称"语"，建立与词汇学并行的语汇学学科。2002年他申请的国家社科基金项目"汉语俗语语料的计算机处理及相关语言学问题研究"建立了第一个用计算机操作的现代化的汉语俗语语料库，为语汇研究和语典编纂提供了扎实的语料基础。2005年他在商务印书馆出版了《汉语语汇学》，全面、系统地阐述了汉语语汇学理论，后来又在《汉语语汇学教程》（主编，商务印书馆，2006年出版）、《汉语语汇研究史》（合作，商务印书馆，2009年出版）、《惯用语》（合作，商务印书馆，2014年出版）等著作和《也谈语汇重要，语汇难》（《语文研究》，2006年第3期）、《再论语词分立》（《辞书研究》，2010年第3期）、《"语词分立"和方言语汇研究》（《语文研究》，2005年第2期）、《树立正确的语词观》（《辞书研究》，2016年第1期）等系列论文中进一步阐述汉语语汇学理论。

温端政还长期致力于语典编纂，主编和联合主编了《中国俗语大辞典》（上海辞书出版社1989年出版，2011年再版）、《古今俗语集成》（山西教育出版社1989年出版）、《谚海》（联合主编，语文出版社1999年出版）、《中国歇后语大词典》（上海辞书出版社2002年出版)、《中国格言大辞典》(联合主编,上海辞书出版社 2007 年出版)、《中国谚语大辞典》(上海辞书出版社 2011 年出版)、《中国惯用语大辞典》(联合主编,上海辞书出版社 2011 年出版)、《新华谚语词典》(商务印书馆 2005 年出版)、《新华惯用语词典》(商务印书馆 2007 年出版)、《新华歇后语词典》(商务印书馆 2008 年出版)、《新华格言词典》(商务印书馆 2016 年出版)以及《新华语典》(商务印书馆 2014 年出版)、《俗语大词典》(商务印书馆 2015 年出版)等四十多种大、中、小型语典。温端政还努力从事语典编纂理论的研究,倡导建立汉语语典学,代表性成果有 2011 年国家社科基金项目结题成果《语典编纂的理论与实践》(商务印书馆 2014 年出版)及《语典的兴起及其对文化传承的贡献》(《辞书研究》,2007 年第 6 期)、《语汇研究与语典编纂》(《语文研究》,2007 年第 4 期)、《树立正确的辞书编纂苦乐观》(《辞书研究》,2009 年第 6 期)、《论字典、词典、语典三分》(《辞书研究》,2014 年第 2 期)等一系列论文。

目前,温端政先生正以 87 岁高龄,致力于主持国家"十三五"重点辞书规划项目《语海》(与《辞海》配套)的编纂工作。

【语言学学科综述】

1. 山西方言研究

山西方言指山西境内的方言。山西方言如同山西的煤一样,蕴藏深厚,特点纷呈。早在 1910 年,瑞典汉学家高本汉就注意到山西方言的特殊性和复杂性,从研究古音出发,调查了山西大同、太原、文水、太谷、兴县、平阳(临汾)、凤台(晋城)七个点的方言,并将资料收入他的重要学术著作《中国音韵学研究》中。20 世纪 30 年代末,曾留学日本的山西徐沟人刘文炳撰写了《徐沟语言志》，揭示了山西方言中有入声这一重要现象。20世纪50年代末，由山西省教委组织，以山西大学中文系师生为主的队伍，对山西方言进行了较为全面的普查，其成果为《山西方言概况》（1961年油印本）。日本语言学家桥本万太郎在1956年以侨居日本的山西人为对象，调查了山西朔县（朔州市朔城区）、五台、汾阳、安邑（夏县）四个点的方言，并撰写了长篇专论《晋语诸方言的比较研究》。

从20世纪70年代末开始，对山西方言的调查研究进入了新的历史时期。国家"六五"哲学社会科学重点科研项目"山西全省各县（市）方言志"成果——《山西省方言志丛书》的出版，在全国开编修方言志的先河，同时也为山西省的方言调查和研究培养了一支队伍。

20世纪80年代中期，著名语言学家李荣先生提出了把晋语从北方官话中分出来的观点，使晋语能否独立为第一层级方言区的问题引起了中外学界的普遍关注，同时也掀起了研究山西方言的热潮。主张晋语独立的山西学者，从丰富的语言事实出发，对山西方言的语音、词汇、语法等各个方面进行了全方位、多层面的描写与探索。山西方言研究逐步深入，越来越多的研究成果不再拘泥于单点方言的共时描写，在晋语特点与分区、山西方言比较研究、山西方言的类型和层次、山西方言的历史演变等方面都做了有益的探讨。

2. 汉语语汇学研究与语典编纂

俗语这个名称由来已久，但真正进入汉语语言学的术语体系则是近几十年的事。新中国成立之前，山西乃至全国论及俗语的文章很少，而且对俗语的定义模糊。改革开放以后，随着有关俗语的资料汇编和工具书的陆续出版，俗语研究逐渐引起人们的重视，相关专著和论文相继问世。

山西学者对俗语的学术研究开始于20世纪80年代。温端政的《谚语》（商务印书馆1985年出版）和《歇后语》（商务印书馆1985年出版）开了山西学者研究俗语的先河。之后，山西学者对俗语的性质、范围和分类进行了热烈的讨论。其中的热点是关于歇后语的讨论，温端政发表了一系列文章。在研究通语中的俗语的同时，山西学者还注重对方言俗语的研究。他们注意山西方言俗语的特殊性和重要性，对忻州、孝义、大同、平遥、太谷等地的俗语进行了整理和研究，取得了初步研究成果。进入21世纪，温端政、沈慧云发表《"龙虫并雕"和"语"的研究》（《语文研究》，2000年第4期），正式提出建立与词汇学平行的汉语语汇学。后来，温端政在《汉语语汇学》（商务印书馆2005年出版）等多部著作和系列论文中全面、系统、深入地阐述了汉语语汇学理论。

丰硕的理论研究成果同时也促进了工具书的编纂实践工作。30多年来，温端政先生主编或联合主编了40余部俗语工具书。《古今俗语集成》（山西教育出版社1989年出版）和《中国谚语大全》、《中国歇后语大全》、《中国惯用语大全》（上海辞书出版社2004年出版）、《新华语典》（商务印书馆2014年出版）是山西学者对俗语收集、整理两个阶段的重要成果。其他大中小型工具书从俗语考源出发，在实用性、规范性和释义的准确性方面都做了新的探索。在多年编纂实践的基础上，温先生又提出了"字典、词典、语典"三分的理论（详见《论字典、词典、语典三分》，《辞书研究》2014年第2期），尝试构建汉语语典学。

第一章　年少之时：我的故乡和家庭

1. 小学回忆

问：温老师您好！今天我们是为了《当代山西社科学者访谈》课题，在您的家里对您做一次专访。请您从家庭环境、求学过程等早期的经历谈起吧。

温：我是七虚岁上的小学。我们家在农村【编者注：浙江省平阳县麻步镇雷渎村】，小学没有专门的校舍，就是在庙里弄了一间房，一至四年级的学生都在一间教室上学，条件十分简陋。我从小学一年级到四年级都是在这里上的。我们把它叫作复式教学。

【编者注】复式教学：把两个或两个以上年级的学生编成一班，由一位教师用不同的教材在一节课里对不同年级的学生进行教学的组织形式。

到了五年级的时候，我来到水头镇【编者注：位于浙江省平阳县西部，现北港区区政府所在地】。但是，我没有上五年级，而是一下跳到了六年级，跳了一级我就听不懂老师讲什么，混了一年，最后也没有毕业。当时年纪小，哭哭啼啼的，人家都毕业了我却没有毕业，就又回到麻步。麻步有一个高小，我就在这里重上了六年级。上完了六年级以后，我脑子就开窍了，原来不懂的地方也懂了。

2.考入南雁初级中学

温：小学毕业以后就到了初中。那时正是抗日战争时期，我们那里很多在外面教学的，包括当大学教授的，都回来了，他们建立了一个南雁初级中学。叫南雁是因为我们那里有两个雁荡山，北雁荡山很有名，南雁荡山也还可以，南雁初级中学就设在南雁荡山下。我就在这个中学念了三年【编者注：1944-1947】。当时有个小插曲，我考进去的时候还引起了轰动，因为我数学考了100分，之前还从没有入学考试数学考一百分的例子。

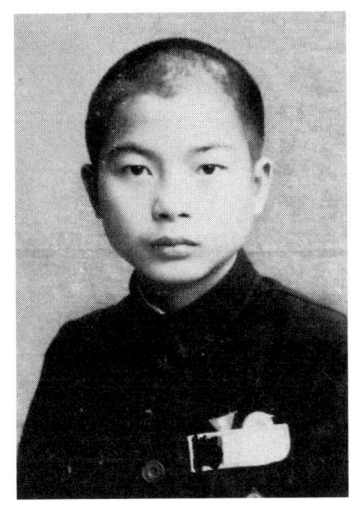

在南雁初级中学时的留影

【编者注】南雁初级中学：1942年9月，陈铎民、吴人鉴等一批平阳籍贤达回乡避难，目睹家乡贫困、教育衰微的状况，决心兴学救邦，遂创办"平阳县私立南雁战时初中学生补习学校"，由苏步青任名誉校董，陈铎民为首任校长。1956年改校名为"浙江省平阳县第二中学"，沿用至今，是浙江省省级重点中学。

问：那初中的时候学习怎么样？

温：初中的时候数学很好，每次考试都得一百分，英语也不错。三年级时，英语老师讲课不用汉语，只用英语，我都能听懂，而且老师提问，我也能用英语回答。国文【编者注：即今语文】原来还算差不多，可是有一次考了 40 几分，国文老师是我们的班主任，他把我训了一顿。我受了刺激，就发奋学习。后来我们麻步乡组织暑假返乡的学生补习古文，我父亲也辅导我《论语》《孟子》，我毕业的时候，国文还可以。比如，考温州中学的时候，国文考试只有一道题目，就是节选了《汉书》上的一段，用的是繁体字，没有标点，让大家翻译成白话文，这就把好多人难住了。考题里边有个人的名字叫程不识，好多人不理解，就翻译不对，我读懂了这一段，翻译对了。

3. 加入读书会

问：高中阶段是怎么样的？

温：初中毕业后，县里没有高中，得去温州市。当时交通不便，从我家里去温州要走两天，我父亲就跟我说："你年纪还小，不要急于考高中。"正好我们村里有一个我的同龄人，他想去考高中，就拉着我去做伴儿。我父亲就说："那你跟他一块去考吧。"当时在温州有两个比较好的学校，一个是浙江省立温州中学，这是一个公办的中学，在温州很有名，苏步青就是从这里毕业的；还有一个是私立的瓯海中学。也许我运气好，考上了温州中学。温州中学在全地区只招收了 50 个学生，录取率很低。我那个同伴考上了瓯海中学。

【编者注】温州中学：1902 年，国学大师孙诒让倡议将温州府属中山书院改为温州府学堂，此即温州中学前身，曾用名有浙江省立温州中学、浙江省温州第一中学，1985 年复名温州中学。学校以培养众多数学人才而被誉为"数学家的摇篮"，我国著名数学家苏步青、杨忠道、谷超豪等都是从这里毕业的。

瓯海中学：1925年由温州著名教育学家谷寅侯先生创办，始名瓯海公学，曾改名瓯海中学，1956年秋改为公立，更名为温州市第四中学。知名校友包括全国新闻泰斗赵超构、中国原子弹之父南延宗等。

问：高中三年有什么值得您回忆的事吗？

温：高中三年正是中华人民共和国成立前夕，当时温州中学有地下党组织。有一个叫卢声亮的地下党员，中华人民共和国成立以后当了温州市的市长，后来又当了温州市人大常委会主任。那时他是我的同班同学，有一次他来联系我。他问我："你认为蒋介石这个人怎么样？"我说："蒋介石这个人不错，坏的是下面这些人，国民党下面这些人都是腐败的，贪官污吏多。"这个观点其实是我父亲的观点，他经常这么说，这就影响了我。卢声亮听了以后说："你说的不对，蒋介石就是个坏人。"他让我读一些进步书籍。后来卢声亮身份暴露了，离开了学校，去了浙南的地下党组织。

【编者注】卢声亮（1929—2016）：浙江省苍南县人，曾参加浙南游击根据地工作，后出任温州市市长、市人大常委会主任等职。

接替卢声亮的人叫林景润，他是温州中学地下党支部书记。他让我参加一个地下读书会。（拿出照片）这个就是林景润，读书会一共8个人，是地下党的外围组织。里面的这个人参军牺牲了，其他后来都是共产党员。

我受读书会的影响，假期回乡以后，就组织在外面念书的一些同龄人开会议论时政，主要就是发表拥护共产党的主张。当时正是新中国成立前夕，白色恐怖十分吓人，我父亲知道我在温州中学参加了进步的读书会，怕我被国民党抓起来，就不让我继续上学。后来读书会派了一个人来做我父亲的工作，我父亲依旧不同意。他为了不让我上学，就不给我钱，我也没有办法上学了。所以那半年我就在家里待着，心里也不痛快。半年以后温州解放了，我才又回去完成最后一个学期的学习。

4. 恩师相助

问：后来直接读大学了吗？

温：中华人民共和国成立后不久就是土改，我家被划成了地主阶级，失去了经济来源。没有经济来源，我高中都毕业不了。那个时候我很丧气，准备到少林寺当和尚。为什么会有去少林寺的想法呢？因为我们老家有练武的习俗，我从小就练武，上高中后还继续练。我有武术的基础，我想少林寺是武术圣地，那里也算是一种归宿吧。

当时我的班主任叫马骅，他兼任语文老师，参加过新四军，是一个有名的诗人，笔名莫洛（从书架上拿出《莫洛集》来），后来成为杭州大学的老师。有一天他组织了一次义务劳动，劳动以后要大家写一篇作文，写义务劳动的体会。我想这是我最后一次写作文了，就任意发挥。没想到马骅先生竟看中了这篇作文，把它当成范文在全班讲解。我那时候是个很老实的学生，平时也不会说话，以前和马骅老师也没有什么接触，没想到他这样赏识我的作文，我就觉得他对我还不错。有一天我敲开他的房门把我的想法说了，他说："你不要走，家庭有困难，我帮你向学校申请补助。"果然，不几天学校补助了我150斤大米。这150斤大米很顶事，有了它我就能高中毕业了。

1950年夏浙江省立温州高级中学毕业照（后排左六是温端政先生）

高中毕业以后，马骅先生介绍我到温州市新华书店工作。温州市新华书店的经理是个翻译家，也是个文学家。马骅先生在书店还有兼职，他和经理是好朋友，所以就介绍我到那里工作。

【编者注】马骅（1916—2011）：浙江省温州市人，著名诗人。1940年赴皖南参加新四军。1949年温州解放后，担任《浙南日报》副刊《新民主》主编，后调任温州中学语文教员、副校长，1954年调任杭州大学中文系写作教研室主任。后任温州市文联第一届主席，代表作有散文诗集《生命树》《大爱者的祝福》《梦的摇篮》，文艺传记史料集《陨落的星辰》等。

5. 在温州新华书店工作

问：能给我们说说您在新华书店的经历吗？

温：在书店4年，故事很多，在这里我经历了两次大的人生考验。我刚进入新华书店时，不是在营业部当营业员。经理安排我坐办公室，做登记工作。登记的内容就是进了多少书，每种书进了多少本，以及卖了多少书，每一种卖了多少本。每天的登记工作很繁杂！为了做好登记，我要做卡片，要学会用四角号码把卡片编起来。每天都是早晨6点起来，干到晚上12点，把我搞得头昏脑胀。

我们的经理很喜欢喝酒，中午喝酒，晚上还喝酒。有一次他问我："你来新华书店有些日子了，你对新华书店有什么意见，对我有什么意见？"他应该是希望我夸他，因为我是马骅介绍来的，他对我一直特别关心，我对他也挺尊重的。但我当时没有多想就说："你喝酒喝得太多，对身体不好，这样脑子也不清醒，会误事的。"他听了很不高兴。书店的人也说："你怎么能戳老虎屁股呢？"后来他不让我做原来的工作了，把我派到泰顺县去筹备新华书店。

问：您在温州新华书店干了多久？

温：在温州市也就待了一个来月。

6. 筹备泰顺新华书店

问：那接下来在泰顺县又是什么样的工作环境呢？

温：泰顺是温州地区西边一个偏僻的县，靠近福建。那时候交通不便，温州到泰顺要走五天，其中四天是坐船，到了百丈口下船，然后就是爬山。哎呀，那个山呐，你是没有见过。我们老家也有山，但是不像那里的山。那是爬了一山以后还有更高的山，爬得眼泪都要掉下来了。爬了一天，到太阳快落山才到了泰顺县。县城虽然是县政府所在地，但冷冷清清的，没有多少人，也没有几家商店。

【编者注】泰顺县：位于浙江省最南端，与福建省相邻，是温州市下辖六县之一，境内山高路远，群峰叠翠，千米以上的山峰就有179座，素有"九山半水半分田"之称。

1950年11月浙江省新华书店泰顺分销处挂牌营业时的照片（右一为温端政先生）

为了筹备新华书店，我头一个找的就是泰顺县委宣传部，以寻求他们的支持。当时宣传部只有一个部长，下面没有干事。部长一听我要筹办新华书店，表示很支持。他亲自给我找地方，不久新华书店就开业了。开业之后，我一个人掌管书店，里里外外一把手。（拿出照片）中间这位就是宣传部部长，旁边这个是温州新华书店临时派来帮忙的。这是1950年11月泰顺新华书店开业时照的，我到现在还保留着这个照片。

7. 家庭变故

问：在泰顺县干了多久？

温：在这个地方没待多长时间，一天老家突然传来消息，说我的后母死了，要我回去处理后事。我听说以后，就赶紧从泰顺跑回家。回去以后，我一看，我的家已经完全不一样了。我后母的后事也有人处理了，我父亲已逃到了温州市。

问：就是等于家也散了？

温：是的，家散了。我跑到温州见我的父亲，他躲在朋友家里。我跟我父亲说："你在这个地方住也不是长久之计，干脆到我那里去吧。"他就跟我到了泰顺县。我那个书店有两层楼，楼下是门市部，楼上是卧室，他就住在楼上。有一天，温州新华书店要开会，通知我去温州开会。那时中华人民共和国刚成立，偏僻的地方土匪还很多，我就跟着县委书记一块儿走，县委书记有卫兵保护着。我让我父亲住在楼上不要下来，门市部也不要营业了。

开完会回去的路上，我就有些担心我父亲。回到泰顺，果然发现我父亲不在了。第二天，泰顺县委书记苏松派人来找我谈话，他问我父亲是什么人，真名叫什么，我只好告诉他我父亲的真名。他就说："你父亲是逃亡地主。"他要求我跟父亲划清界限。

当时县委没有处罚我，而是对我进行教育，帮助我与我父亲划清界限。后来看我基本上跟父亲划清了界限，就让我把新华书店移交了，派我到温州地委党校学习，这是1951年的事情。

8. 在温州地委干部学校学习

问：这个学校是什么性质的？

温：温州地委党校当时叫温州地委干部学校，就是要把有问题的干部集中在这里交代，我的问题就是立场问题，与地主父亲划不清界限，其实这件事来校前我就已经交代清楚。原来说学习两个月，学完以后还回原单位工作。可是刚过两个月"三反运动"就开始了，我就回不去了，继续在干校参加"三反运动"。

【编者注】"三反运动"：1951年12月1日至1952年10月25日，全国各级党政机关、学校、团体、军队、党派中开展了反贪污、反浪费、反官僚主义的运动。运动的重点在于清查和打击严重的贪污分子。

"三反运动"开始以后，我觉得我那个新华书店那么小，不会有什么问题。开始时我还是"打虎"队员，没多长时间就变化了，我也变成"老虎"了。当时他们说我贪污2400万。2400万是旧币，折合成现在大概就是2400块钱。依据呢，就是温州新华书店的经理被打成了"老虎"，他在交代的时候举报我贪污2400万。当时我那个书店总资产也不过四五百万，大部分是几毛钱的书。

问：也就是说，书店的总资产只有四五百万，却说你贪污了2400万，这显然不符合事实啊！

温：这就是"大胆怀疑"么！有人举报你，那就得怀疑你！有天晚上开会，"打虎"队员把绳子撂到我跟前，说："你这个顽固分子，再不交代，今天就拿绳子把你捆起来，送到监狱去！"我当时就想，2400万不是个小数目，要是交代了，我得说清楚是怎么贪污的、贪污的钱存到哪去了。可是我无法说清这来龙去脉啊！这么一琢磨，我也想通了：估计贪污 2400 万最多判 5 年，出来还是一个年轻小伙！我就说："你们抓吧，我不怕蹲监狱！"

问：后来怎么解决的？

温：后来也没有抓我。到了第二天、第三天，气氛就变了，没人管我了，后来才知道，原来情况变了，不再是"大胆怀疑"，而是"定案核实"了。这一"定案核实"，我就没问题了，我就解放了！

问：那您前前后后在干校住了多长时间？

温：好像住了将近一年！把我放出以后，又给我重新分配了工作。

9. 重回新华书店

问：又把您分配到哪里了？还是书店吗？

温：一开始把我分配到温州市文化馆。去报到之前，我到新华书店告别，这个时候书店已经换了一个经理，叫方荣。当时我还拿着新华书店的徽章，我把徽章退给他，说："我已经被分配到文化馆了！"方经理说："你啊不能走，你还得回书店，我们正在跟市委宣传部协调，你还得回来！"这样我就又回到了新华书店。

我回到新华书店后，开头他们让我到门市部当营业员，不久提拔我当门市部主任，接着提拔我当业务股股长，业务股是新华书店的核心部门。后来又提拔我当副经理。

问：这时您大概多少岁啊？

温：大概二十一二岁。

问：按说这个年纪提拔到副经理的岗位很了不起了啊！

温：哦，当时我也觉得挺出乎我意料的。温州新华书店直属于温州市委宣传部，级别不低。后来回想，我被提拔得这么快估计有两个原因：一是当时新华书店的一般人员文化水平都比较低，我是正牌的温州高中毕业生，业务水平还可以；二是我经过了"三反"的考验，他们查来查去不仅没有发现我的问题，还发现我的许多优点！我当时除了在泰顺县办新华书店，还在福建寿宁县办了个分销处，大家都夸奖我能吃苦耐劳。领导可能认为我这个人靠得住，忠诚老实！

问：当时您的待遇如何呢？

温：我刚进新华书店的时候一个月6元，其中4元是伙食费，2元是零花钱。当了副经理后，工资就涨到了一个月30多元。

1994年12月温先生回温州新华书店看望老同志（前排右四是温端政先生）

第二章　求学北大：未名湖畔的乐与痛

1. 报考北大

问：后来怎么又想起考大学了呢？

温：为什么还要考大学呢？我觉得这是个机遇！当时国务院有个通知，就是鼓励符合条件的年轻干部以调干生的身份报考大学。我听说这个通知以后就很激动，这有两个原因吧：一个呢，虽然我在新华书店干得还不错，但是总觉得有机会上大学还是很难得的；还有一个私人的原因，我当时在新华书店谈了场恋爱，失恋了，因为对方也是新华书店的干部，我就不大愿意跟她在一起工作了。这时候正好我们方经理不在，他到浙江省新华书店开会去了，一个管事的副经理同意我报考。

【编者注】调干生：新中国成立初期，来自国营（旧称谓）企业、事业单位和机关、团体以及中国人民解放军等系统的正式职工中经过组织调派或本人申请组织批准到中等专业学校和高等院校学习的"干部学生"。

问：那您一考就考上了？

温：当时准备时间只有半个月，半天复习，半天工作。在高中的时候，我的长项是理科，尤其数学特别突出。那时温州中学用的数学课本是英文课本，老师也用英文讲课，还没讲到一半，我就把所有习题全做完了，老师常夸我有数学天分！

问：那怎么没有报考数学专业呢？

温：因为在书店工作了4年，对数学早生疏了。我拿起数学课本一看，哎呀，基本公式都忘了，理科看来考不成了，只好改考文科。我在书店接触了好多书，考文科还有一定的优势！当时文科考4门课，一门是语文，一门是政治，一门是历史，一门是地理。我想语文凭的是基础，再复习也没用；政治呢，当时我们书店里面很注意政治学习，每天早晨都要进行一个小时的政治学习，所以我不发愁；历史呢，我在中学也学过一些，还有些基础；就是地理，我觉得有些困难，在中学没有好好学习，就找人补习了一下。

当时温州参加高考的在职干部有几十个，有考上复旦大学的，有考上南京大学的。就我一个被北大录取了，进去以后还让我当班长。

后来我们经理回来了，听说我参加了高考，非常生气。他说："你怎么就考走了，还正打算提拔你呢！一个是到浙江省新华书店当业务科科长，还有一个是到台州市新华书店当经理。"

问：所以，中国少了一个新华书店的经理，却多了一个语言学家！

温：呵呵，人都有一个机遇！如果我当时不去考，选择当经理，最后的结局谁知道呢？那就是另外的道路、另外的命运了！

2. 转学语言专业

问：您在北大学的是什么专业呢？

温：进北大的时候，我报考的是新闻专业。当时北大中文系有两个专业，一个是新闻专业，一个是文学专业。我为什么没有报文学专业，而报了新闻专业呢？因为我觉得我在新华书店的经历好像跟新闻专业有点关系。而文学专业呢，比如我们班的刘绍棠，人家都已经是有些名望的作家了，我没法跟他比。

【编者注】刘绍棠（1936—1997）：北京人，中国著名乡土文学作家，"荷花淀派"的代表人物之一。其作品多以京东运河(北运河)一带农村生活为题材，格调清新淳朴，乡土色彩浓郁。

问：您报考的是新闻专业，后来怎么又去语言学专业了呢？

温：刚入学不久，教育部就进行了一次院系调整。原来中山大学有个语言系，王力先生是系主任。后来这个语言系并入了北大，北大就开了一个语言专业。由于语言专业没有招生，所以就临时动员文学专业和新闻专业的学生到语言专业学习。语言专业是学什么呢？当时大家都不了解，好多人特别是搞文学的人就不愿意去。我原来在新华书店工作，对新闻啊、文学啊也没有特别的感情和兴趣。老师动员到语言专业，我头一个就报名了。

【编者注】院系调整：1952年，教育部根据"以培养工业建设人才和师资为重点，发展专门学院，整顿和加强综合大学"的方针，在全国进行了一次大规模的高等学校院系调整。此次调整涉及全国四分之三的高校，初步形成了20世纪后半叶中国高等教育系统的基本格局，对新中国教育改革与发展影响巨大。此后，教育部在此基础上又陆续对部分高校院系进行了一些微调。1954年，当时全国唯一的语言学系——中山大学语言学系并入北京大学，由王力任系主任。

问：那这个语言学专业应该是头一届了，您能说说当时的师资力量、学制设置、课程安排么?

温：当时语言学专业的老师都是大教授啊，像王力先生、魏建功先生、岑麒祥先生、高名凯先生、周祖谟先生、袁家骅先生，都是国内语言学界一流的学者，师资力量很强。语言学专业开的课程也很多，有《现代汉语》《古代汉语》，王力先生开的《汉语史》，吕叔湘先生开的《马氏文通》，还有郑奠先生开的《修辞学》，好几十门呐！

【编者注】北京大学第一批语言学专业教授名单：

王力（1900—1986）：广西壮族自治区博白县人，北京大学教授，曾任全国政协委员、中国科学院哲学社会科学部委员，中国语言学会名誉会长，研究涉及汉语语言学的理论、语言、语法、词汇、语言史、语言学史以及汉语方言、汉语诗律学等各个领域。

魏建功（1901—1980）：江苏省如皋市人，北京大学教授、原副校长，1955年被聘为中国科学院哲学社会科学部委员，主要研究方向为音韵学、文字学和训诂学。

岑麒祥（1903—1989）：广西壮族自治区合浦县人，北京大学教授，主要研究方向为方言和少数民族语言、普通语言学以及历史语言学等。

高名凯（1911—1965）：福建省平潭县人，北京大学教授，主要研究方向为汉语语法学和普通语言学。

袁家骅（1903—1980）：江苏省沙洲县人，北京大学教授，主要研究方向为少数民族语言和汉语方言。

吕叔湘（1904—1998）：江苏省丹阳市人，中国科学院语言研究所（1977年起改属中国社会科学院）原所长、研究员，中国科学院哲学社会科学部委员，曾任《中国语文》主编，主要研究方向为近代汉语研究、汉语语法研究等。

郑奠（1896—1968）：浙江省诸暨市人，北京大学教授，主要研究方向为古汉语和现代汉语语法、修辞。

周祖谟（1914—1995）：北京市人，北京大学教授，主要研究方向为音韵学、文字学、训诂学等。

朱德熙（1920—1992）：江苏省苏州市人，北京大学教授、原副校长，主要研究方向为语法学、古文字学。

梁东汉（1920—2006）：广东省珠海市人，曾在北京大学、内蒙古大学任教，后为汕头大学教授，主要研究方向为文字学。

黄伯荣（1922—2013）：广东省阳江县（今阳江市）人，曾在北京大学任教，后为兰州大学、青岛大学教授，主要研究方向为现代汉语和汉语方言。

杨伯峻（1909—1992）：湖南省长沙市人，中华书局编审，曾任北京大学副教授，主要研究方向为古汉语语法和虚词，也从事古籍的整理和译注工作。

问：您觉得其中哪些课程对于您以后的语言学研究有着重要的影响？

温：一个是《语言学引论》，当时我们弄不清楚什么是语言学，所以《语言学引论》特别重要。这门课是高名凯先生开的。他引进苏联的理论，斯大林不是写了一本书叫《马克思主义与语言学问题》嘛。

另外，《汉语史》和《现代汉语》也比较重要。《汉语史》是王力先生开的，《现代汉语》是周祖谟先生开的。《古代汉语》是魏建功先生讲的，朱德熙先生当时还没有开课。梁东汉先生讲《文字学》，黄伯荣先生讲《写作》，杨伯峻先生也讲《写作》。

问：看来，课程开得很全，而且都是大师级别的学者讲课啊！

温：对，像吕叔湘讲《马氏文通》，这是选修课。他是中国社科院语言所的，是北大聘请的。

问：也就是说，北大不仅让本校的名师全部上阵，还把外面有影响力的学者聘请来了！

温：北大有一点比较好，就是学术气氛很浓。有一件事我印象十分深刻，纪念五四时我们系里开了一个语言学方面的研讨会，讨论的内容是汉语有没有词类和汉语的实词能不能分类。高名凯先生认为不能分类，比如"红"，"脸红了"中的"红"就是动词；"红花"中的"红"就是形容词，所以实词不好分类。王力先生就认为词能分类。两人在研讨会上针锋相对，我当时很受启发：原来学术问题，不是光凭教科书，不是老师说了就算数，是可以争鸣的啊！中学的时候有课本，考试的时候按照课本考试；到了大学呢，学术就自由了，可以有不同意见，对学术问题可以有不同看法，很有百家争鸣的气氛。

问：后来关于词类问题的争鸣还成为一场全国性的大讨论？

温：对，全国性的大讨论。我在北大最大的收获，一个就是明白学术要创新，不要认为老师讲的都是对的；一个是老师们都具有创新的思想，都在不停地搞研究。

3. 师傅领进门

问：当时语言学班有多少学生？

温：开头我也记不太清了，反正毕业的时候有 20 来个人。

问：那这些人后来都成为语言学专家了么？

温：也不是。到 1957 年的时候，学校就停课了。现在在语言学界比较有名的，有曹先擢、李行健、熊正辉等。还有谢自立，他后来当了人大中文系主任，又当了人大书报资料中心总经理、总编辑。中国语言学会编的《中国语言学家传略》里收了我们班四个人，就是曹先擢、李行健、熊正辉还有我。还有的当了普通老师，还有的到了基层。像程羡瑞被分到阳泉市一个偏僻的小学里当教师。后来我到了山西省社科院，就建议院里把他调来。一下调令，当地才知道他是个人才，先把他提拔成校长，后来又提拔他到阳泉市当了一个民主党派的领导【编者注：民盟阳泉市主委】，现在他成为当地的知名人士了。

【编者注】北京大学第一届语言学专业部分毕业生情况：

曹先擢（1932— ）：浙江省长兴县人，北京大学教授，国家原语言文字工作委员会副主任、秘书长，中国辞书学会名誉会长，主要从事汉字研究、辞书编纂工作。

李行健（1935— ）：四川省遂宁市人，语文出版社原社长兼总编辑、研究员，主要从事词汇学、辞书学研究，主编《现代汉语规范词典》等。

熊正辉（1934— ）：江西省南昌市人，中国社会科学院语言研究所原党组书记、研究员，全国汉语方言学会名誉会长，主要从事汉语方言的调查研究工作。

谢自立（1934—2010）：上海市人，中国人民大学书报资料中心原主任、总编辑。

我为什么要研究方言呢？我大学二年级的时候，袁家骅先生开了《汉语方言学》。我当时是班长，所以跟教授联系比较频繁。那时上完课以后还有一个叫质疑答疑的教学环节，这是学苏联的做法，就是学生课后对老师讲的可以质疑，然后老师要答疑。我负责把同学提的问题收集起来交给老师，所以我跟老师们联系的机会就比较多。有的老师，比如王力先生，比较珍惜时间，三言两语讲完，就让我走了。而袁家骅先生不一样，我到他家时，他会把手头的事放下来，坐到客厅里跟我聊，走的时候还送到门口，所以我觉得袁先生很平易近人。

有一次我跟袁先生聊天，他问我是哪儿人，我说我是浙江平阳人，我的母语是闽语，也会说温州话，因为我在温州读书、工作多年。袁先生说："你的方言条件挺好，你有基础，就好好学方言吧。你先练习记音，把你的母语记下来。"当时学校虽然开了《语音学》课，专门讲国际音标，可是我听得一知半解。后来我跟袁先生说："我记录了一些，但不成系统。"袁先生就说："你来当发音人，我来记。"他把我的母语称为"浙南闽语"，把声母、韵母、声调系统都整理了出来。等他把音系整理出来以后，我才发现我从小就说的话居然很有规律，还可以成为科学研究的对象，从此就对方言研究产生了浓厚的兴趣。那时，我电影也不看了，商店也不逛了，一有时间就搞方言研究。我利用假期到北京周边的县一个一个进行调查，什么大兴县【编者注：现为北京市大兴区】、通县【编者注：现为北京市通州区】，我都调查过。

1957年暑假，浙江省教育厅知道我搞方言研究，就叫我去帮他们调查浙江方言。我从杭州到温州，一路上一个县一个县地调查，总共调查了18个县。我根据中国社会科学院语言研究所编制的方言调查简表，进行记录和整理，并把调查研究的成果整理成20多万字的书稿，想请袁先生作序并推荐出版。后来这本书没能出版。我从中整理了两篇文章，发表在《中国语文》上。

【编者注】发表在《中国语文》的两篇论文分别是：《浙南闽语里形容词程度的表示方法》，《中国语文》1957年第12期；《浙南闽语里的"仔"

"子"和"挐"》，《中国语文》1958 年第 5 期。

问：《中国语文》不管在当时还是现在都是很有名的杂志，作为一个在校大学生，给《中国语文》投稿一定需要很大的勇气吧？

温：1954 年我入学以后，就用学到的一些语言学知识练习写语文短评，还有书刊评介。语文短评就是你看到报刊里面哪些话有毛病，就写个评语评论一下。我积累了几条就寄给《中国语文》，《中国语文》发表一条给我 9 毛，还送一本刊物。吕叔湘先生当时是《中国语文》的主编，有一次上《马氏文通》的时候，他就问哪个是温端政，我站起来说："是我。"他说："你写了好多语文短评啊！"另外我还写书刊评介，也在《中国语文》上发表。

我去北大时是调干生，一个月有 25 元生活费。我还有个妹妹，在温州中学念书，我还要管她。一年级的时候，学校看我有困难，给我每个月补助 10 元，这样我一个月有 35 元，就可以供我妹妹了。因为我从温州来么，冬天没有棉衣，还穿的草鞋，学校还给我做了一套棉衣；到二年级的时候，学校又让我到职工中学教学，学生是北大的职工，晚上去上课。我教汉语，袁行霈教文学，我们两个是搭档。讲一节课 1 元，一个礼拜讲 4 节课，一个月就是 16 元。有了这个收入，我就不需要学校补助我的 10 元了；到三、四年级的时候，我就有稿费收入了，我的稿费收入比我的讲课收入还多。我给《文字改革》【编者注：现改名为《语文建设》】投了一稿，他们给了我 60 元，当时 60 元很耐花，我在新华书店一个月的工资才 30 元。

【编者注】袁行霈（1936— ）：山东省济南市人，北京大学中文系教授，现任民盟中央副主席、中央文史研究馆馆长等。研究方向为古典文学。

第三章　蹉跎岁月：辗转山西多地工作

1. 服从分配来山西

问：您是怎么被分配到山西来的呢？

温：分配的时候，我到袁先生家里去，师母当着我的面跟袁先生说："你跟系里讲一讲，让温端政留下来吧。要不跟少数民族研究所【编者注：这里指中国科学院少数民族研究所，1978年后改为中国社会科学院少数民族研究所】联系一下，让他留在少数民族研究所吧。"

我自知自己没有希望留在北京，更不可能留在北大，便对师母说："我单身一人，没有什么牵挂，想到最偏远的地方去锻炼，已经报名去新疆了。"

宣布的时候，我没有去成新疆，另外一个叫佘光清的同学去了，我到了山西。当时要服从分配，都写保证书了。

2. 在晋北教书

问：分配到山西哪里了？

温：我被分配到忻县师专。师专有3个科：数理、生化、语文，其中语文有两个班：语文一班、语文二班。专业教师就两个，一个是我，一个是从中学提拔起来的老教师。我讲语言学、古代汉语、现代汉语、文艺学引论、写作；那个老师讲文学史，也讲写作，反正我们两个把语文班包了。学生原来都是初中教师，后来这个班还出了一些人才，有一个当了山西教育学院党委书记，还有一个当了山西省委常委、省人大常委会副主任。

一年以后【编者注：1959年】，忻县师专跟大同师专合并，成立了晋北师专，校址设在神头。那时忻县、大同两个专区计划合并，打算把专署设在朔县神头，我们师专先行，就在那个地方盖了房子。相对而言，晋北师专就比较正规了，是两年制学校，还成立了教研室，让我当语文教研室主任。学校还推举我参加了县、地、省三级文教战线群英会。

1960年5月1日参加晋北地区文教群英会（前排中间是温端政先生）

【编者注】专区、专署：1949—1966年，我国地方行政体制由省、县、乡构成，专区是介于省（第一级行政区）和县（第二级行政区）之间的准区划形式，专区设专员公署（简称专署）、地委、群众团体，不设人大和政协。其中，专署是省政府的派出机构，地委和群众团体分别是省委和省级群众团体的代表机关。1958年，雁北地区与忻县地区合并为晋北专区，1961年晋北专区被撤销。

到1962年时，因为国家经济困难，师专下马了。晋北师专变成了神头中学，我们那儿的老师都变成神头中学的老师了。可是，领导照顾我，没有让我到中学，而把我分配到了晋北文教干部学校。

问：这个学校是什么性质呢？

温：这个学校啊，有名无实，只有名称没有实体，我在那个地方没有实际的事情可干。这时，我们的校长郭万胜调到山西省教育学院当纪委书记，他向山西省教育学院院长梁文推荐了我。当时上调是很困难的，但因为郭万胜的推荐，我调到了山西省教育学院【编者注：1999年山西省教育学院与山西大学师范学院、太原师范专科学校合并组建了太原师范学院】。

问：在教育学院工作了多久呢？

温：在教育学院教了半年书，然后就是"三清""四清"，又下去了；接着是"文化大革命"，我被下放到运城。

3. 加入中国共产党

问：那到运城农村这些年您干了什么呢？

温：1970年7月30日，我一家五口被下放到运城县北相公社曹允大队当农民，住在生产队收麦时做饭用的茅屋里。我下地劳动，我爱人给生产队养猪。过了几个月,我被调到农业学大寨工作队当队员。北相公社领导发现我是个"笔杆子",调我到公社办公室工作,后来任命我为办公室副主任。

问：听说您在运城农村工作期间,还加入了中国共产党。这是您多年的愿望了,在运城农村终于变成了现实。

温：当时北相公社有十几个干部,他们都是共产党员,唯独我不是,而我的表现又很突出,他们感到很难理解。1972年,上级有个政策,要给下放干部安排工作,让我到运城著名的康杰中学当老师,但我留恋公社,不愿意离开。公社领导认为,虽然我家庭出身不好,社会关系复杂,但我的表现证明我已经达到党员标准。公社党委书记赵文忠拍着胸脯说："我是三代贫农出身,不怕有人说我立场不稳,我当介绍人。"公社分管组织的党委副书记焦兴隆也表示愿意当我的入党介绍人。他们调来我的档案,审查之后,认为虽然问题不少,但都清楚。

1973年11月23日,公社机关党支部召开党员会议,讨论并通过了我的入党申请,公社党委随即批准。按规定,公社党委批准之后,就能成为正式党员,但我的情况比较特殊,需要报请县委批准。那时正好运城县委有个副书记来北相公社蹲点,他很看重我。估计县委讨论时,他的意见起了作用。县委很快批准我入党,当时没有预备期,一批准就成为正式党员了。

终于入了党,这是影响我一生的大事。从1953年在温州新华书店加入共青团之后,我就开始申请入党。但由于家庭出身不好和社会关系复杂,一直未能如愿。没有想到,我居然在下放期间实现了入党的志愿。这对我具有特别重要的意义。从此,我终于可以轻装前进了!

入党之后,我的积极性更高了,我紧跟当时的形势,撰写了大量的通讯。我以运城县北相公社理论组和通讯组名义撰写的通讯和文章，还曾发表在1976年5月15日的《光明日报》和1976年6月6日的《人民日报》上。这些报道和文章，在运城乃至整个晋南地区产生了广泛的影响，我也感到没有辜负组织对我的期望。当然，现在看来，这些报道和文章都没有什么意义了。

在运城县委宣传部当干事时与同事们合影（后排左四是温端政先生）

【编者注】这一时期温端政发表的通讯有：

《历史是奴隶们创造的——运城县北相公社部分干部、社员座谈纪要》，1974年12月6日《山西日报》第二版整版发表；

《学习无产阶级专政理论，深入批判资本主义——运城县北相公社三级干部学习无产阶级专政理论座谈纪要》，1975年5月6日《山西日报》第二版整版发表；

《要看到资产阶级就在共产党内》（作者署名为"运城县北相公社大批判组"），1976年3月24日《山西日报》第二版整版发表。

第四章 人生归位：
调入山西省社会科学所

1. 一波三折

问：您是怎么知道（山西省）社科所要重建的？

温：我之所以调到社科所，里面有一个小故事。

我入党后调到运城县委宣传部工作。运城地委宣传部曾经想要我，运城县委不同意放。在1978年三四月的时候，山西省委党校的副校长王守贤到运城考察干部，运城地委向他推荐了3个人，其中就有我。

【编者注】王守贤（1911—1991）：山西省沁县人，山西省委党校原副校长兼山西省哲学社会科学研究所所长、党委书记。

当时国务院有个鼓励"教师归队"的通知，山西大学中文系也想要我，另外我爱人是搞化学的，山西大学化学系也同意调她，我就向山西省委党校提出，我原来是搞语言学研究的，想回山西大学当教师。所以我拿到山西省委党校的调令后没有去报到。

【编者注】教师归队：1978年，国务院1号文件批准教育部《关于加强中小学教师队伍管理工作的意见》（国发［1978］1号）。其主要内容是为了充分调动广大教师的积极性，努力建设一支又红又专的教

1978年7月调回太原前温端政先生全家在运城合影

师队伍，各部门、各单位不能任意借调或抽调教师做非教学工作；已借调的教师，应一律回学校工作；已调到其他战线工作的教师，应尽量调回教育战线。

正在僵持的时候，有一天中午在党校餐厅吃饭时，我碰见了参加筹备社科所的张国祥同志。他问我："你愿不愿意到我们这里来？"我说："我当然愿意，但有一个条件就是你得把我爱人也想办法调过来。"他说可以，结果他真的想法子把我爱人调到山西省教育学院了。这样我就来了山西省社科所。一般社科所都没有语言所，因为我来了，山西省社科所才搞了一个语言研究室，当时还让我当副主任，就我一个人。我到社科所搞语言学研究，终于"归队"了，回到我的专业了。

【编者注】张国祥（1939—2012）：山西省武乡县人，研究员，曾担任山西省社会科学研究所负责人、山西省社会科学院历史研究所所长、山西省史志研究院副院长等职务，研究方向为山西抗战史。

2. 筹办山西省语言学会

问：可是当时山西社科所刚刚建立，您是如何开展工作的？

温：我来了以后，首先有一个想法，就是要振兴山西省的语言学，改变山西语言学的落后面貌。我想的头一件事就是要成立山西省语言学会，把山西省搞语言学的人团结起来。我走访了山西大学、山西师大，反正只要是搞语言学的人才我就跟他们联系。另外我以山西社科所的名义，给各个学校发通知，让大学、师范学校、中学推荐语言学研究人才。经过两个月的筹备，到1978年10月初，山西省语言学会成立大会就召开了。

1978年10月10日山西省语言学会成立大会（二排左一是温端政先生）

当时大家劲头都很大。吕叔湘先生还派陈章太、熊正辉两个人来参加会议并表示祝贺，还让他们捎来一封贺信。因为这是全国第一家语言学会，所以特别受重视。当时我提议的理事只有5个人：一个是山西大学中文系的副主任孟维智，他是山西语言学的代表人物；一个是山西师大的吕枕甲，他是山西师大语言学教研组的组长；还有一个是于靖嘉,山西大学老一辈的语言学家;再一个是山西人民出版社的张凤瑞。孟维智当会长,我当副会长兼秘书长。

时任中国社科院语言研究所党组书记熊正辉(右三)、副所长陈章太(左三)与首届山西省语言学会理事会理事合影(右二为温端政先生)

【编者注】陈章太(1932—):福建永春县人,曾任国家语言文字工作委员会副主任、研究员,中国社科院语言研究所副所长。主要研究方向为汉语方言学和社会语言学。

第一届山西省语言学会理事会成员:

孟维智(1935—2012):陕西省西安市人,山西大学中文系教授,主要从事汉语语法研究。

吕枕甲(1936—):山西省运城市人,山西师范大学中文系教授,主要从事语言学教学与研究。

于靖嘉(1909—2006):女,山西大学中文系教授,主要从事音韵学研究。

张凤瑞：女，山西省新闻出版局原副局长。

1978年10月4日，山西省语言学会要召开成立大会，山西省委宣传部前一天晚上连夜开会批准成立这个理事会，当时（省委）宣传部的副部长刘贯文分管我们，开会的时候他也参加了。

【编者注】刘贯文（1924—2007）：河北省清苑县人，中共山西省委宣传部原副部长、山西省社会科学院原院长。

问：可见省委宣传部对咱们这个会也很重视啊！

温：对，很重视。当时，山西省语言学会是山西省成立的第一家学会，山西省其他学科的学会都还没有成立；在全国来讲，我们也是头一家语言学会。

问：那时中国语言学会也没有成立么？

温：没有呢！我们效率为什么这么高呢？因为我们能直接向省委宣传部请示，获得他们的支持。沈慧云也参加了会议，她那会儿还没有调来山西省社科所，她给省委宣传部写过一封信，信里说她自己原来是北大毕业的，后来到了晋城一个工厂当技术员，她说她专业不对口，希望能回到语言专业。这封信转到我手里，我就跟沈慧云联系，说："你先参加这个会，调动的事再慢慢地履行手续。"吴建生也参加了这个会议。

【编者注】沈慧云（1940—　）：女，北京市人，山西省社会科学院语言研究所原所长，《语文研究》原主编，研究员。

因为我觉得山西搞方言的学者多，所以我们另外成立了一个方言学会。这两个学会后来都得到了批准，直属于山西省社联。

学会成立以后，我们做了很多工作。首先是跟山西省教育厅联合举办山西省中学生作文竞赛。作文题是我出的，叫"当我学习遇到困难的时候"。评卷也是我负责的。评卷时我一再强调不要讲空话,要有实际内容,后来我们把这些作文结成选集在全省发行,还赚了一笔钱,这样语言学会就有经费了。后来我们还出了几本书,当时语言学会是可以出书的。我知道王力先生写了一本《中国语言学史》,但是没有出版,只在《中国语文》连载过。我就跟王力先生联系,说:"你这个书能不能让我们语言学会出版?"后来政策变了,语言学会不能出书了,所以我把王力先生的书推荐到山西人民出版社了。【编者注:《中国语言学史》,山西人民出版社1985年出版。】

3. 创办《语文研究》

问:《语文研究》是山西省乃至全国非常有影响力的语言学类刊物,不仅是CSSCI南大核心期刊,还是北大核心期刊。您能讲讲它创立的过程么?

《语文研究》的创刊号(1980年6月)

温:要振兴山西语言学,还必须有一个阵地。所以我们就召开理事扩大会,讨论办个什么样的刊物。当时大家倾向于办一个知识性的刊物,觉得山西语言学这么落后,想要一步登天很难,所以要先搞一个《语文知识》类的小刊物。但是,《语文知识》之类的刊物登的文章不能长,只能登小文章,这样编辑就很费劲了。当时沈慧云刚调来,我们两个人本来研究任务就很重,又要办语言学会,又要办刊物,觉得有点吃力。所以后来还是决定办一个以论文为主的刊物,这样我们编辑就不用费太大的劲。刊物叫什么名字呢?我们想了很多,后来想到了《语文研究》。《语文研究》头一辑的刊名是我题的,后来才请王力先生题字。刊名定了以后,我和沈慧云两个人就到北京去组稿了,先到北大,然后到中国社科院语言研究所,主要是这两个地方。特别是北大,因为我和沈慧云都是北大毕业的嘛,熟人多,他们都很支持。那时刚刚粉碎"四人帮",他们很多文章搁在那儿没有地方发表,这下就有用武之地了。

问: 当时具体有哪些老师在《语文研究》发表过文章?

温: 像徐通锵啊、侯精一啊,还有王力先生也给了我们一篇。我也写了两篇:一篇是关于歇后语的,一篇是关于作文竞赛的,后一篇署名"靳雨",那是我的笔名。张志公先生当时在山西讲学,他把讲学的内容也整理出来发表了。1980年6月15日,《语文研究》头一辑作为语言学会的会刊印刷出来了,共160页。

【编者注】《语文研究》第一辑部分作者简介:

徐通锵(1931—2006):浙江省宁海县人,北京大学中文系教授,研究方向为理论语言学。

侯精一(1935—):山西省平遥县人,中国社会科学院语言研究所研究员,荣誉学部委员,曾任中国语言学会会长、《中国语文》主编,研究方向为汉语方言学。

张志公(1918—1997):河北省南皮县人,《语文学习》原主编、人民教育出版社原副总编辑,研究方向为汉语语法学、汉语修辞学、语文教育等。

【编者注】《语文研究》第一期的文章包括:

王力：《推广普通话的三个问题》，《语文研究》1980（1），第1页。

张志公：《语法研究和语法教学》，《语文研究》1980（1），第8页。

陈章太：《语言研究的现代化及其他》，《语文研究》1980（1），第19页。

徐通锵、叶蜚声：《历史比较法和〈切韵〉音系的研究》，《语文研究》1980（1），第29页。

李新魁：《论近代汉语共同语的标准音》，《语文研究》1980（1），第44页。

卢甲文：《现代韵书评论》，《语文研究》1980（1），第53页。

贺巍：《律诗的平仄》，《语文研究》1980（1），第67页。

侯精一：《平遥方言四字格释例》，《语文研究》1980（1），第71页。

于根元：《重叠四字格杂议》，《语文研究》1980（1），第80页。

侯学超：《对层次不同的同形结构的几点认识》，《语文研究》1980（1），第85页。

孟维智：《汉字起源问题浅议》，《语文研究》1980（1），第94页。

胡双宝：《有关汉语拼音文字的几个问题》，《语文研究》1980（1），第110页。

谢自立：《汉字查字法说略》，《语文研究》1980（1），第118页。

温端政：《关于歇后语的名称问题》，《语文研究》1980（1），第128页。

山西省社会科学研究所语言研究室：《引注语（歇后语）例释（选登）》，《语文研究》1980（1），第140页。

辛亮、季恒铨：《谈谈我省小学语文教学三十年》，《语文研究》1980（1），第148页。

靳雨：《从全省语文竞赛谈中学语文教学的几个问题》，《语文研究》1980（1），第153页。

刊物出来以后，我就到山西省委宣传部向刘贯文副部长汇报。我说："刘部长，你看看我们这个《语文研究》，编得怎么样？"刘部长翻了翻说："不错不错。"我就说："这个是我们自己印的，能不能成为正式刊物？"刘部长回答得很干脆："可以！"马上就叫办公室主任罗广德同志办了手续。这样宣传部一批，《语文研究》就成了正式刊物。《中国语文》第4版还给我们发了个广告，第一辑3000本很快就卖完了。从第二期开始我们就出半年刊，还是维持第一辑的篇幅。这时巫建英也调来了，也帮忙发行。

【编者注】巫建英（1955—）：江西省万载县人，山西省社会科学院语言研究所副编审，《语文研究》原副主编。

当时我们都是自办发行，不是邮局发行。到了1983年，我们就想能不能由邮局发行，这样也能减轻我们的负担。但只有是季刊才能由邮局发行，半年刊不行，这样《语文研究》又改成季刊。变成季刊后，一期是64页。那个时候，我们编这个刊物很难，到印刷厂排版时，好多国际音标、难字都没有铅字，但我们都坚持了下来。邮局还有个规定，就是发行费分别按地方性刊物和中央级刊物收费。地方性刊物收费比较严，假如不到1万本，也要按1万本收费；中央级刊物则不受这个限制，按实际发行量收费。《语文研究》的发行量当时还到不了一万本，只有5000多本。

碰到这个难题后，我就去找李行健【编者注：时任语文出版社总编辑】。当时语文出版社名义上是由吕叔湘先生任社长，实际由李行健负责。我跟李行健商量："能不能挂语文出版社的名啊？"李行健就向吕先生汇报，吕先生说《语文研究》办得不错，可以挂上。这样《语文研究》就成为国家级刊物。

问：所以，这个刊物主要是得到了北大和中国社科院语言所以及语文出版社的支持？

温：对。刊物出来以后，全国反响非常热烈，赞扬声一片。当时我们还发了个意见调查："你认为刊物的内容怎么样？对我们有哪些要求、希望等？"寄来意见书的有搞研究的，还有中小学老师，甚至工人，他们对我们的评价都很高。因为我们的刊物没有框框，不分什么学派，文章只要有价值就发。

问：您在《语文研究》主编的岗位上工作了多少年？

温：工作到1993年。

问：也就是说从1980年到1993年，将近15年的时间？

温：对，这个刊物从构思、策划到筹备，得到了山西省语言学会的支持，也得到了咱们社科院领导的支持。当时全国语言学类刊物很少，就有个《中国语文》，好多人说《语文研究》是《中国语文》第二，信誉很好。

问：事实上，它不仅振兴了山西语言学，对全国语言学的发展也做出了很大的贡献。

温：《语文研究》五周年的时候，我请徐通锵先生写一篇总结经验的文章。他写了《语言研究的发展和五年来的〈语文研究〉》，高度肯定了《语文研究》的作用，后来这篇文章在《中国语文》上【编者注：1985年第6期】发表了。

现在很多著名中青年语言学家的处女作都是在我们这里发表的，比如陆丙甫、刘丹青、马贝加等。2008年我到天水师范学院讲学，开座谈会的时候有一位老先生对我说，他曾经写了一篇文章寄给《语文研究》，结果发表了。他为能在《语文研究》上发表文章而感到荣幸。

1992年，北京大学出版社出版了由北京大学图书馆联合其他权威单位编制的《中文核心期刊要目总览》，在语言类期刊中，《语文研究》名列核心期刊前五名。此后出版的1996、2000、2004、2008等年版《中文核心期刊要目总览》，《语文研究》都名列前茅。在山西省内外期刊评奖中，《语文研究》多次获奖，发行量最高时达15000多本，读者遍及全球，只是那时不公开宣传而已。

【编者注】曾经在《语文研究》发表处女作的部分语言学家：

陆丙甫（1947—）：上海市人，南昌大学中文系教授，研究领域为语言类型学、语法学。

刘丹青（1958—）：江苏省无锡市人，中国社会科学院语言研究所所长、研究员，《中国语文》主编，研究领域为语言类型学、语法学。

马贝加（1950—）：女，浙江省温州市人，温州大学教授，研究领域为语法学。

第五章 投身方言研究，积极倡导"晋语分立"

1. 组织编写山西各县市方言志

问：您来到山西省社科院以后做的第一项科研工作就是研究山西方言，方言研究当时好像并不热门，您是怎么考虑的？

温：山西省语言学会成立以后，我们就把研究的主攻方向确定为山西方言。为什么要搞山西方言呢？一是我就是搞方言出身的，在大学的时候就已经积累了一定的基础；二是我们都觉得山西方言很有地方特色；三是山西搞方言的人多，像潘家懿啊、田希诚啊，都很有实力。

【编者注】潘家懿（1938— ）：广东省海丰县人，山西师范大学中文系教授，主要研究方向为汉语方言学、汉语音韵学。

田希诚（1928— ）：河北省宁晋县人，山西大学中文系教授，主要研究领域为现代汉语、汉语方言学和汉语音韵学。

山西方言到底应该怎么搞？我当时想了两条路子：一条是先一个县一个县地调查；另一条是先搞全省的，全省弄完以后再搞一个县一个县的。为此，我到中国社科院语言所请教李荣先生，李先生当时是方言学的权威啊。但是那时我不认识李先生，就找到侯精一。侯精一是山西人，我们早早就联系上了，侯精一向李荣先生介绍了我。我跟李先生见面后，也没有太多寒暄。他见我就问："你找我有什么事情？"我说："李先生，我们想搞山西方言，是先搞基层的呢，还是先搞全省的呢？您给我们做个指导。"李先生说："先搞一个县一个县的吧！"我们就这样把思路定了下来。

【编者注】李荣（1920—2002）：浙江省温岭市人，中国社科院语言所原所长、研究员，《方言》原主编，曾任全国政协委员、全国汉语方言学会会长，研究方向为汉语方言学。

这个时候呢，我们还遇到一个机遇。山西省地方志办公室成立得早，地方志编写走在全国前列，他们有一个关于地方志的编写提纲。我发现提纲里没有方言志，就建议山西省社科所领导给省里打报告，提出地方志应该添加方言志。当时分管地方志的副省长批准了我们的意见。然后我又写了一个报告，就是关于编写方言志的一些设想、具体提纲等，这个也得到了批准。

1981年7月25日至8月1日，中国地方史志协会成立大会暨首届地方史志学术研讨会在太原召开，我也参加了这个会，还提交了一篇论文，题目是《关于编写方言志的几个问题》。山西省当时那么多的参会文章中，最后被送到全国的只有两篇，其中就有我的这篇。后来全国地方志编写会议出的论文汇编，也把这篇文章收录了进去【编者注：《中国地方志》1983年第2期】。在这次会后，还举办了一个小型展览，我把潘家懿、江荫褆、李守秀等人写的方言志包装了一下拿去展览，结果一炮打响，许多县地方志办公室的负责人请我们协助编写方言志。

地方志里的方言志怎么编呢？1981年，在成都召开的首届中国语言学年会上，我跟侯精一说："你先写一本《平遥方言志》给我们做个示范，我自己也编一本。"很快，《平遥方言志》《怀仁方言志》写出来了，我找了一个印刷厂把《平遥方言志》排印出来，把《怀仁方言志》用蜡纸刻印出来。有了这两本做样子，我们就开了一个座谈会，研究方言志的体例。李荣先生、贺巍先生、胡双宝先生，省里的地方志办公室副主任郭忠同志以及我们的所长王守贤都参加了这次会议。会后，山西省地方志办公室和山西省社会科学研究所联合给各个市县的地方志办公室发通知，要求地方志都编写方言志，至于怎么编，由他们跟我们商议。这样呢，地方志中方言志的编写就算起步了。

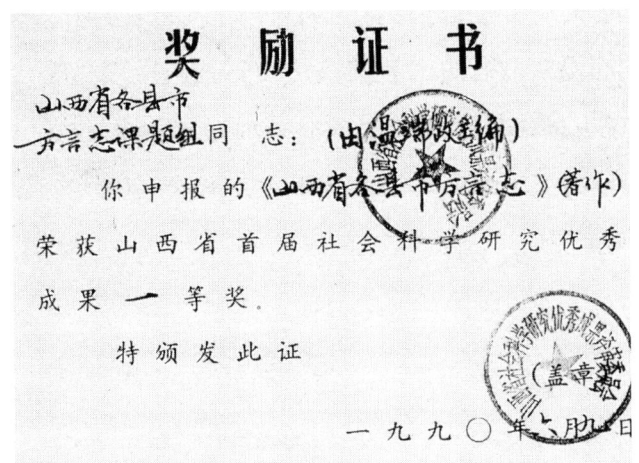

1983—1984年试编的十种方言志获山西省首届社会科学研究优秀成果一等奖

【编者注】贺巍（1935— ）：河南省获嘉县人，中国社会科学院语言研究所原副所长、研究员，主要从事汉语方言的重点调查、方言分区及汉语方言词汇语法的研究工作。

胡双宝（1932— ）：山西省文水县人，北京大学出版社编审，主要从事方言研究和语言文化类图书编辑工作。

1983年3月,全国语言学学科第六个五年计划规划会议在山西太原晋祠宾馆召开,由李荣和朱德熙两位先生主持。当时李荣先生是中国社科院语言研究所所长。李先生对我们很支持,在这个会上,将"山西省各县市方言志"作为"六五"期间语言学的重点项目。

1983年3月21日—3月25日全国语言学科规划会议参会人员合影(前排右八是王力先生,右九是吕叔湘先生,左五是李荣先生,左四是朱德熙先生,右一是温端政先生)

问:重点课题好像只有少数几个吧?

温:(重点)课题很少,包括《汉语大字典》《汉语大词典》,才11个项目。当时能把我们这个课题定为全国重点项目,我根本就没有想到。参加会议的都是全国名家,除了李荣、朱德熙外,还有王力、吕叔湘、周祖谟、俞敏,上海的罗竹风、胡裕树、张斌等,几乎全国的著名语言学家都来了。我们室当时只有我和沈慧云两个研究人员,居然能承担这么重大的课题,实在是想都不敢想。按规定我们必须在1985年底出10种方言志,结果"六五"规划结束之前我们就把10种完成了，还都出版了。

【编者注】参加全国语言学学科第六个五年计划规划会议的专家包括：

俞敏（1916—1995）：天津市人，北京师范大学中文系教授，从事古汉语研究。

罗竹风（1911—1996）：山东省平度市人，曾任上海市社联主席、上海市语文学会会长、《辞海》常务副主编等职。

胡裕树（1918—2001）：安徽省绩溪县人，复旦大学中文系教授，从事汉语语法学研究。

张斌（1920—2018）：湖南省长沙市人，上海师范大学中文系教授，从事汉语语法学研究。

问：开始是以《语文研究》增刊的形式发表的？

温：对。当时期刊可以出书，我们就是以《语文研究》编辑部的名义出版的。

问：这些作者是怎么组织起来的？

温：我们开座谈会的时候，来了好多人，大家都积极响应。胡双宝写了《文水方言志》；吴建生写了《万荣方言志》；乔全生写了《洪洞方言志》；杨述祖写了两本，一个是《太谷方言志》，一个是《祁县方言志》【编者注：和王艾录合著】。这10本出来以后，越写越多，写了80种。

【编者注】吴建生（1954— ）：山西省万荣县人，山西省社会科学院语言研究所原所长、《语文研究》原主编，研究员，主要研究方向为汉语方言学。

乔全生（1956— ）：山西省洪洞县人，山西大学语言科学研究所所长、教授,主要研究方向为汉语方言学、语音史。

温: 后来因为经费问题,只出了 41 种。可是只印这 41 种也是个大问题。开头我们和农科院印刷厂合作,后来他们也不弄了。这怎么办啊?经山西省社科院领导批准,我们自己搞了个排版车间,买了一个铸铅字的铸字机,买了铜模,又买了一些架子,当时想得很简单。但有两个问题特别难解决:一个是人员的问题,我们写布告招来的工人很多,但巩固不住,我教他们怎么排版,他们学会后不久就走了;另一个就是铅字失盗。车间后边有一个窗户,小偷从窗户进来把铅字偷走卖钱。我想了个办法,就是在窗台上撒上灰,被偷之后,我就到派出所报了案。我当时是山西省公安厅的顾问,公安厅要用方言破案,所以请我给他们讲过课。派出所很重视,很快把案子破了,抓住了两个小偷。

中国社科院语言研究所研究员贺巍(右)和张振兴(左)参观排版车间

在排版车间排了一两本书后,我们开了一个鉴定会,李荣先生、语文出版社的人看了后都觉得基本上还可以。这时我考虑,我们已经有了排版车间，是否可以把这个车间搞成方言排版印刷厂，如果全国的方言志都在我们这里出版，那我们的收入肯定非常可观。我将这个想法报告给刘贯文院长，他也十分支持。后来我们以山西省社科院名义给山西省出版局打报告，提出要成立方言出版社，这个报告我到现在还保留着。可是山西省出版局不否定也不肯定，结果这个事情没有办成。

问：在这期间，您又做主编，又写方言志，又写论文，还要做所长，还要当车间主任，一定很辛苦吧？

温：实际上当时我还要参加排版，缺了什么东西，我得赶紧骑上自行车去买。我管这么多人，期刊也不能停，还要审稿，确实很忙，但不觉得辛苦！

问：在做方言志的过程中，李荣先生给了很多支持吧？

温：是的。最大的支持是他把我们的课题列入"六五"计划；第二个，我们的方言志丛书出版以后，李荣先生写了一篇序。他从来不写序的，这个序是怎么写出来的呢？当时，我跑到李荣先生家里去，对他说："李先生，这个序还没写出来，我这个书都快出版了！"他事先也没有想法，就说："我们两个人一起商量吧！"然后我们两个人一边商量一边写，就这样写出来了。

问：李荣先生在序言里对咱们山西方言给予了非常高的评价，他说："对研究语言的人来说，山西的方言跟山西的煤炭一样，是无穷无尽的宝藏，亟待开发。"【编者注：李荣先生于1984年12月在《山西省方言志丛书·序》中所言。】这也成为日后研究山西方言的重要理论依据。

温：对，这是一句名言！

问：开方言志编纂会的时候，李荣先生也亲自来山西参会并给予了指导，这也是一种支持啊！

温：对，他在规划会议上说："这个方言志如果只有一本两本肯定是不能列入'六五'国家重点研究项目的，因为你们是一批，规模上去了，所以才考虑将其列入重点课题。"后来我们弄完以后，山东也出了方言志，其他一些省也陆续开始搞。

问：由此看来，《山西方言志丛书》的编纂引领了全国方言志编写的热潮。

温：对，它具有开创性的意义。当时我也是刚从基层回来，所以丛书的出版主要还是依靠集体力量，特别是李荣先生的指导和侯精一先生的支持。

问：我看到您跟侯精一先生的联系也很多，你们是怎么认识的呢？您能大致讲一讲和侯先生的合作吗？

温：开头怎么认识的，我也不记得了，我就记得他是山西人。他对我们搞方言志很支持，写了两本——《平遥方言简志》《长治方言志》；他还和我一起主持了"七五"期间的重点课题"山西方言通志"。"六五"期间是写一个个县的，"七五"期间就是写全省的了。

问：那"七五"期间的成果体现在哪一本著作或者文章里？

温：成果就是《山西方言调查研究报告》，还有一个阶段性成果——《山西方言研究论文集》。

【编者注】《山西方言调查研究报告》：由侯精一、温端政合作编写，山西高校联合出版社1993年出版。该书上卷描写了山西方言的语音、词汇、语法特点、文白异读等，下卷则讨论了山西全省方言分区的标准。

2. 倡导"晋语分立"

问：您再分享一下晋语研究方面的内容吧！

温：1985年，李荣先生发表了一篇文章，提出把晋语从北方官话里分出来，即所谓的晋语分立。【编者注：1985年，李荣先生在《官话方言的分区》一文里，把山西省及其毗连地区有入声的方言称作晋语，并主张把晋语从北方官话中分出来。】侯精一先生在晋语研究方面走在前头，写了《晋语的分区》【编者注：发表于《方言》1986年第4期】。

"晋语分立"提出来后，有人支持，有人反对，有人不表态。支持者主要以中国社科院语言研究所为主，他们认为晋语能独立。我仔细研读了李荣先生的文章，认为李荣先生的观点是符合实际的，同时有利于提高晋语的地位。所以我很赞同李荣先生的观点，针对那些反对的意见，我写了几篇文章，进行讨论。

问：那您认为晋语分立基于哪些语言事实和理论呢？

温：晋语的入声是有特点的。当时反对的意见主要是，江淮方言也有入声，为什么江淮方言还被归入官话？还不分立？我认为，晋语的入声和江淮方言的入声是有区别的：晋语是连成片的，它跟周边的方言有明显的界线。另外我还根据晋语分立对方言分区的理论提出了一些观点。台湾"清华大学"语言研究所所长张光宇教授，曾经邀请我到台湾讲学。他写文章说："温端政关于入声的理论，证明晋语分立是能成立的。"这篇文章后来发表在《中国语文》上【编者注：《中国语文》1986年第2期】。我对晋语的认识，也得到了李荣先生的赏识。

我有一篇《晋语入声的特点》【编者注：全称为《晋语区的形成和晋语入声的特点》】在《山西师大学报》【编者注：1997年第4期】上发表，李荣先生说："你这个文章应该放在《方言》【编者注：《方言》杂志的主办单位是中国社会科学院语言研究所】发表。"我说："哪儿都一样。"

问：虽然说晋语分立是李荣先生先提出来的，但是您、侯先生还有山西的其他一些学者把李荣先生的这个理论进行了深化和推进，为方言学做出了重大贡献。我们现在一般都提"八大方言""十大方言"，原来"七大方言"的说法已经被替代，这是包括您在内的众位专家多年推动的成果。

温：李荣先生提出来后，侯精一先生做了很多工作，我在他们的理论的基础上又写了一些文章。不管别人怎么说，我觉得我的文章是有根据的。其中比较重要的是《〈方言〉和晋语研究》，发表在《方言》上【编者注：1998年第4期】。在这篇文章里我阐述了我的观点，我觉得晋语到现在还是能站得住脚的。

3. 研究江浙闽语

问：您在山西方言研究之外，在浙江方言研究方面也做了不少工作，不仅发表了文章，还出版了方言志。您可以讲讲这段经历么？

温：我是从研究我的母语开始的，我上大学时不是还在《中国语文》发表了两篇文章嘛。可是后来到了山西，就不便研究家乡的方言了。到20世纪80年代末，我的老家苍南县地方志编委会的主任，我本家的叔叔，他找我编苍南县地方志。苍南县是从平阳县分出来的，平阳是个大县,后来分了一部分出来,就叫作苍南县。碍于关系,我也推不了,就去调查了两次,写了一本《苍南方言志》【编者注:1993年由语文出版社出版】。

问:我看过别的评论和您的自述,苍南方言好像特别复杂。

温:苍南不止有一种方言,而有好几种方言。它有浙南闽语、苍南瓯语、蛮话、金乡话、畲话5种,这就比较复杂了。

问:这本书在学术界影响很大吧?

温:台湾那边买了很多,印了七八百本吧!这个也是我们排版车间排的,由语文出版社出版。那时李行健是语文出版社社长,田树声是总编辑。这里还有一个小插曲,1985年前后,陈章太和李行健到山西来,打算调我当语文出版社的总编辑,我没答应。一是我当时正搞山西方言,还承担着国家项目,正干得起劲着呢;再一个是李荣先生也不同意,他说:"你们把温端政弄回来,山西的方言没人搞了!"后来这事就没成。

4. 外事接待和出国访问

问:在20世纪80、90年代,您和国际学术界的交流很频繁,还曾出国讲学,是这样吧?

温:当时我们研究山西方言搞得很有名气,来访的人很多。大概是1980年,那会对外开放刚刚开始,我们头一个接待的是日本的著名语言学家桥本万太郎【编者注:东京大学中文系教授】。怎么接待的呢?就是山西省外办派了两辆车接他,然后安排他在迎泽宾馆大会议厅做报告,来听报告的有三四百人。尽管听不懂讲什么,但大家听说外国专家来做报告,都十分热情。之后还开了一个小型座谈会,进行了学术交流。

1981年9月日本著名语言学家桥本万太郎(前排右二)来访(前排左二是温端政先生)

问: 后来还来了哪些专家学者呢?

温: 后来还来了一个法国的女的,好像是法国高等社会科学院的秘书,上面发通知说她要来拜访我。怎么个拜访法,这也是有故事的。那时刘贯文是山西省社科院院长,他建议她到我家里拜访。为此,刘贯文专门叫社科院食堂的师傅来我家做饭,在我家招待她,由副院长宋玉岫作陪。后来刘贯文还陪她去汾酒厂参观,也请她作了报告。

问: 后来您还回访了?

温: 对。1985年,中国社科院语言研究所跟法国高等社科院有一个交流项目,中国社科院语言研究所把这个项目给了我们。当时刘贯文院长亲自组团任团长,团员有副院长宋玉岫、张海瀛,再加上我,我们几个人一起去的法国。到法国住了半个月,每天除了参观,每人都要到法国高等社会科学院对口单位讲学。我在该院东方语言研究所做了题为《论山西晋语的合音词和分音词》的报告。听报告的学者不少,该所所长、著名语言学家贝罗贝教授把我报告的论文译成法文,发表在该所创办的杂志上【编者注:《Cahiers de Linguistique Asie Orintale》(《东亚语言学》),1987年1期。】

之后法国外交部还派专人、专车带我们到法国南部参观。从法国回来以后,刘贯文院长建议将语言研究室和文学研究室合并,成为副厅级所,让我当所长。我说:"我搞语言学就可以了,没有那么多精力搞文学所。"但我建议把语言研究室和文学研究室改成所,这个建议得到了院领导的采纳。

1986年5月在法国高等社会科学院东方语言学研究所做学术报告(右一为温端政先生)

后来，美国的华盛顿大学、康奈尔大学也邀请我去讲学。但我觉得刚从法国回来又去美国的话，怕准备工作做不好。后来我手续都办完了，论文也写好了，但终没成行。

1985年，我还去泰国参加了汉藏语言学会议。那时山西省里不仅给我做衣服，还给了我不少美元。我在会上宣读了题为《试论山西晋语的入声》的报告，引起了很大反响，参会的外国学者纷纷向我索要论文，后来经过修改发表在《中国语文》1986年第2期。会议结束后，他们给我安排了五六天的旅游，但我没有去，把省下的钱退回省里了。

第六章　构建汉语语汇学

1. 汉语语汇学的先声——《歇后语》《谚语》

问：我统计了一下，您大概编纂过 40 多种工具书，您是从什么时候开始这项工作的？

温：我最初对歇后语比较感兴趣。我到忻县师专教学的时候，调查了忻县方言。我有个感觉，就是忻县方言里的歇后语非常丰富，我当时做了一些记录，然后又在"山药蛋派"的作品里找了一些歇后语资料。可惜的是，这些资料在"文化大革命"中都散失了。

1978 年我回到山西省社科所，1979 年沈慧云同志也调来了。我跟她商量："我们先收集歇后语资料吧？"她表示同意，高增德【编者注：山西省社科院研究员】也参加了进来。当时我们都在山西省委党校里住着，党校图书馆里的书还是很多的，我们看了不少书，收集了不少资料，最后把这些资料编成《歇后语例释》。在收集歇后语资料的过程中，我还写了一些论文。头一篇在 1980 年《语文研究》创刊号上发表了，题目就是《关于"歇后语"的名称问题》，这是我关于歇后语的最早的文章。

我们找到一个印刷厂，把《歇后语例释》印了出来，然后找山西的出版社,希望能够出版。当时出版社的一个副总编辑看了以后说:"你这里面好多是'四旧'的东西,比如'阎王爷贴告示——鬼话连篇''大姑娘上轿——头一回',都是鬼神、封建的东西。"但我觉得,要把这些东西都删掉的话,那歇后语的精华就没有了。所以我就说:"那我们另找出路吧。"我通过我的同学曹先擢联系上商务印书馆,商务印书馆经过几个月审核,同意出版我们的书。

1984年2月由北京出版社出版的《歇后语词典》

好事多磨,商务印书馆随后发现,在我们之前北京外国语学院【编者注:现为北京外国语大学】的施宝义教授等人已经写了一本《歇后语例释》,商务印书馆曾经答应给他们出版,这样两个稿子就撞车了。当时商务印书馆汉语编辑室的负责人郭良夫先生把两个编辑组召集起来开了一个会,意思就是把两个稿子合在一起,让我当主编。我当时表示同意,但拿回来一看,发现这两稿根本合不到一块,因为二者对歇后语性质的理解、释义的模式都不一样。我只好对郭良夫说:"这两本书合不到一起,你们出版他们的书吧,我们退出。"郭先生也表示理解。后来,北京出版社知道这个事,马上就把我们的稿子接过去,经北大的胡双宝修改后出版了。第一版平装本印了44万册,精装本印了12万册,很快就卖完了。后来又换了封面重印了很多次。

【编者注】施宝义(1935—):山东省莱州市人,北京外国语学院中文系教授,研究方向为古代汉语。

郭良夫（1916—2010）：山东省巨野县人，商务印书馆汉语编辑室原主任、编审，主要研究方向为词汇学。

通过这件事情，我跟商务印书馆建立了联系。不久之后，他们打算出一套《汉语知识丛书》，由商务印书馆和日本达成协议，商务印书馆出中文版，日本出日文版。这套书对作者的选择比较严格，第一本是朱德熙先生写的《语法答问》，第二本是李荣先生写的《文字问题》，第三本是郭良夫先生写的《词汇》，第四本是李思敬写的《音韵》，第五本是刘洁修写的《成语》。他们打算让我写一本《谚语歇后语》。我跟郭先生说："谚语、歇后语写不到一块，能不能分开写？"他同意了。

【编者注】李思敬（1933—2000）：河北省宁化县人，商务印书馆原副总编辑、编审，主要研究方向为语音学。

刘洁修（1937—2011）：中国社会科学院语言研究所副研究员，主要从事成语辞书编纂与研究工作。

关于歇后语，除了《关于"歇后语"的名称问题》外，我还撰写了好几篇论文。我以这些文章的基本观点为立论基础，加上《歇后语词典》里的语料，很快就完成《歇后语》一书的初稿。全书分为七章，我把第一章《歇后语的名称和性质》、第二章《歇后语的来源》先寄给商务印书馆汉语工具书编辑室审阅。在第一章里，我认为"歇后语"这个名称其实"名不副实"，提出"所谓歇后语，其实并不'歇后'，也不能都'歇后'"的论断，第一次给歇后语下了明确的定义：歇后语是汉语中由含有引注关系的两个部分组成的、结构相对固定的、具有口语特色的熟语。在第二章里，我探讨了歇后语这种语言形式是怎样产生的、是谁创造的两个问题，认为这种语言形式最初是从"比""兴"发展而来，是不同时期、不同地域、不同行业的人民群众共同创造的语言财富。

1982年4月20日，商务印书馆责任编辑潘逊皋先生给我来信，对书稿给予了充分的肯定。这给了我很大的鼓舞，增强了我的自信。针对信里提出的一些具体意见和建议，我抓紧进行修改，很快将近8万字全稿寄了过去。商务印书馆汉语工具书编辑室审阅后，于9月23日给我来信，认为书稿"大体上"可用，并提出一些具体的修改意见。

完成《歇后语》一书后，我紧接着撰写《谚语》。我对谚语的研究不像对歇后语的研究那样有基础，一是资料的收集要从头做起，二是观点的提炼需要认真思考。我夜以继日地阅读一些明清小说和现当代小说，从中收集谚语资料，还阅读了前人撰写的有关谚语的论著，从中获得理论滋养。《谚语》一书也参照《歇后语》的体例，分为七章。在第一章《谚语的名称和性质》里，我提出"如果广义的谚语相当于俗语，狭义的谚语可以看成是以传授知识为目的的俗语"的论断，指出"内容上是否具有知识性，是否以传授知识为目的，这是谚语区别于其他俗语的关键所在"。

在《歇后语》一书里，我单写了《歇后语的语义》一章，填补了歇后语研究的一个空白。在《谚语》一书里，我也把《谚语的语义》列为专章，这被认为富有新意，提前在《中国语文》1984年第4期获得发表。这篇文章和《中国语文》1981年第6期发表的《歇后语的语义》，都被收入《二十世纪现代汉语词汇论文精选》【编者注：周荐编，商务印书馆，2004年出版】。完成《谚语》一书后，我根据收集到的谚语资料编成《汉语谚语小词典》，1989年7月由商务印书馆出版，郭良夫先生写了序言。

《歇后语》《谚语》出版之后，得到学术界的好评。《歇后语》一书第一次就印了131000册,《谚语》一书第一次印了116000多册。后来又都再版,并先后由日本学者译成日文,分别于1989年5月、1991年9月由株式会社光生馆在东京出版。我感到,俗语研究不仅有助于弘扬中华民族的传统文化,还有助于国际学术交流,这更坚定了我继续从事汉语俗语研究的信心和决心。

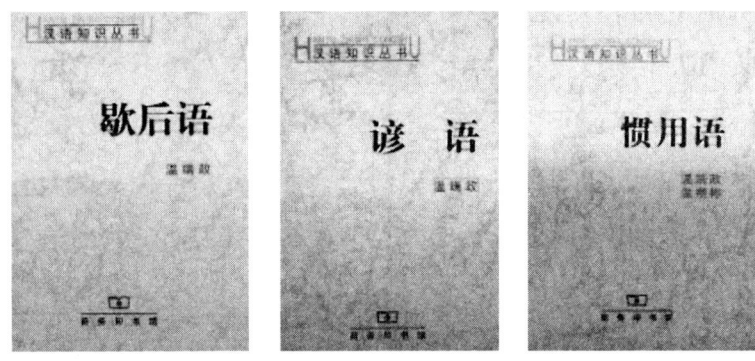

《歇后语》《谚语》《惯用语》分别于1985年、2015年由商务印书馆出版

2. "语词分立"观的提出

问:咱们接着谈谈语汇学方面的内容吧。我们都知道您首倡"语词分立",是汉语语汇学的构建者。这一理论是如何提出的?

温:2000年,当年正值王力先生百年诞辰,我因为忙于打官司【编者注:郭建荣抄袭温端政著作案,前后历时12年,以温端政先生胜诉告终】没有去参会,心里十分愧疚。我跟沈慧云同志说:"咱们合写一篇纪念文章吧。"【编者注:温端政、沈慧云:《"龙虫并雕"和"语"的研究——谨以此文纪念王力先生百年诞辰》,发表在《语文研究》2000年第4期。】在这篇文章里我们讲了对"语"的一些看法,这标志着研究"语"的开始。之前《常用语词典》有个前言,我在里面也大概谈了一些对"语"的看法,但那个时候还不够成熟,这篇文章就谈得比较系统了。

我们不是凭空提出来"语词分立"的。我们编了很多词典,搜集了很多资料,感觉"语"的性质和"词"的性质有相同的一面,也有不同的一面,而不同的一面过去一直被忽视。"词"是最小的语言单位,"语"不是最小的语言单位,两者从形式上就不一样;从内涵上讲,"词"是概念性的,"语"不是概念性的。所以把"语"和"词"揉在一起讲不清楚,而把它们分开来研究,建立不同的体系,这样对研究"语"好,对研究"词"也好。这都是我们从学术实践中得来的。为什么用"分立"两个字呢?这是从"晋语分立"中得到的启示。

2002年,苏宝荣先生邀请我参加在河北石家庄召开的第四届全国汉语词汇学学术研讨会。我在会上宣读了《论语词分立》一文,引起了强烈反响。李红印教授后来撰文说:"21世纪汉语词汇学最引人注目的动向是'语词分立'新主张的提出;'语词分立'新主张加深了我们对'语'的认识,也加深了我们对'词''词汇'的认识,其提出本身就具有重要的理论意义和很广的应用前景。"

【编者注】苏宝荣(1945—):北京市人,河北师范大学原校长、教授,研究方向是词汇学和词典学。

李红印(1964—):河南省新乡市人,北京大学对外汉语教学学院副院长、教授,研究方向为词汇学。

3.《汉语语汇学》的出版

问：《汉语语汇学》【编者注：商务印书馆于2005年1月出版】是语汇学理论研究的著作，标志着您创建的汉语语汇学理论的正式提出。您能详细介绍一下这方面的情况么？

温：还是在2002年河北召开的第四届词汇学会议上，商务印书馆周洪波先生跟我交谈时，我就表达了撰写《汉语语汇学》的想法。他表示支持，这给了我很大的鼓舞，我很快完成初稿，经商务印书馆审阅后被列入他们的出版计划。责任编辑刘玲认真审读了全稿。本来他们希望把篇幅控制在20万字，但是感到内容比较充实，也就不限字数了。书于2005年1月顺利出版。第一次印刷了10000本，当年就基本卖完，2006年4月第二次印刷，又印了10000本。为了让语汇学进入高校的课堂，我后来又组织山西省内高校的部分骨干教师编写了《汉语语汇学教程》，由我担任主编，这本书也于2006年由商务印书馆出版了。

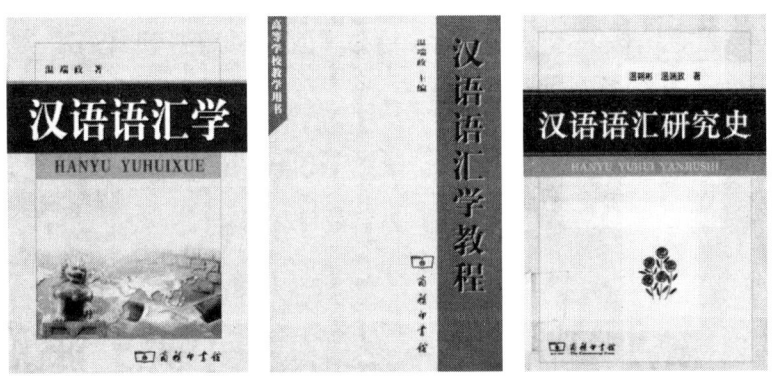

《汉语语汇学》《汉语语汇学教程》《汉语语汇研究史》分别于2005、2006和2009年由商务印书馆出版

《汉语语汇学》出版之后，我收到许多朋友的来信。青岛大学师范学院李行杰教授来信说，他看了几遍，正在写书评。不久，他把书评寄来，题目为《创建中国语言学特有的语汇学——读温端政〈汉语语汇学〉》。我建议把"创建"改为"构建"，他表示同意。我把书评转给《语文研究》编辑部，《语文研究》主编吴建生女士觉得这篇书评很有分量，就把它作为《语文研究》2006年第1期的首篇。

【编者注】李行杰教授在《创建中国语言学特有的语汇学——读温端政〈汉语语汇学〉》里写道："《汉语语汇学》指明了语跟词以及其他语言单位的区别，证明语是独立的语言单位；论证了语汇内部的划分标准，构建了语汇学的研究框架，从而建立了汉语语汇学这门新学科。作者不囿于现成的语言理论，从汉语实际出发，对大量语言现象进行归纳排比，得出了全新的结论，是语言学中国化的一个成功的案例。"

除了李行杰的这篇文章以外，还有许多专家学者也对我的《汉语语汇学》表示肯定。当然，正如李行杰先生所说："一种新理论或新主张出现之后，应当有支持，有质疑，有反对，有补充。支持的意见固然十分重要，但是，反对和批评的意见更有价值。"【编者注：参见《语词分立势在必行》，《汉语语汇学研究》，商务印书馆2009年出版。】几十年来学术研究的实践，使我深深体会到学术交流的重要性。我也十分欢迎大家对我的书和观点提出不同意见，以供交流。

【编者注】有关《汉语语汇学》的评论文章：

张星：《汉语言研究领域的新拓展——温端政〈汉语语汇学〉读后感》，《文汇读书周报》，2006年1月27日第13版；

曹瑞芳：《实事求是，锐意创新——温端政〈汉语语汇学〉正式出版》，《语言科学》，2006年第2期；

沈怀兴：《读温端政著〈汉语语汇学〉》，《语文建设通讯》（香港），2006年4月第83期；

马贝加、朱赛萍：《汉语语汇学的开山力作——评〈汉语语汇学〉》，《汉语语汇学研究》，商务印书馆，2009年；

杨蓉蓉：《一门新兴的有待完善的学科——读〈汉语语汇学〉〈汉语语汇学教程〉》，《汉语语汇学研究》，商务印书馆，2009年；

张振兴：《语汇学之成立》，《汉语语汇学研究》，商务印书馆，2009年；

李如龙：《语汇学三论》，《汉语语汇学研究》，商务印书馆，2009年；

黄忠廉：《创立语汇学有学理支撑》，《中国社会科学报》，2011年3月8日；

周荐：《中国词汇学发展需明晰定位》，《中国社会科学报》，2010年5月18日；

舒春晖：《语言学中国化的一个成功案例——读温端政〈汉语语汇学〉》，《语文学刊》，2012年第4期。

2002年，我们申请了一个国家社科基金课题——《汉语俗语语料库的建设与相关语言学问题研究》，这个课题是怎么想出来的呢？当时院里有意让我们申请一项国家项目，我和沈慧云同志就寻思申报什么课题。侯精一先生给我们出了个主意，他说："你们研究西北方言吧。"我觉得这个题目挺有意义，但做起来太难。好像是2001年的时候，在扬州召开中国语言学会年会【编者注：2001年11月3日—6日，中国语言学会第十一届年会在扬州举行】，正好开会的时候，我跟苏宝荣住在一起，晚上我们两个人聊天，我说："我们想申报国家课题，报个什么课题好呢?"他说:"俗语是你们的优势,你们就报个俗语方面的吧。"后来,填写申请书的时候,我想来想去报了这个题目,申请书也修改了很多次,最终获得了通过。那俗语语料库怎么个搞法呢?说到底就是要引入计算机。把俗语输到计算机里这个好说,但怎么检索出来呢?这需要有一个懂计算机的人。我建议院领导把王海静同志调来,她经过反复试验,终于把语料库建起来了。

【编者注】王海静(1979—):山西省运城市人,山西省社会科学院语言研究所副研究员。主要从事汉语语汇学和辞书编纂研究。

第七章 "字典、词典、语典"三分理论与语典编纂

1. 我国第一部俗语辞书《中国俗语大辞典》的出炉

问：20世纪80年代，您主编了很有影响力的《中国俗语大辞典》，能说说这方面的情况吗？

温：1983年11月，上海辞书出版社的编辑卢润祥带着一个助手来访问我，约我主编《中国俗语大辞典》。但我有一点犹豫，因为当时我正主持方言方面的国家重点项目，手头事情太多。我就跟山西大学的孟维智先生商量，看能不能合作编写这个书，孟维智表示不想参与。但我想，既然上海辞书出版社找到我们，如果推辞的话就等于失去一个机会，加上院领导很支持，于是我找到山西省教育学院的陈庆延。陈庆延是从晋南调来的，也是我的北大校友，跟陆俭明是同班。他在晋南认识了运城师专的一些老师，另外我们还找了山西省图书馆的两个人，这样班子就搭起来了。

【编者注】

卢润祥（1937—）：上海辞书出版社《辞书研究》编辑部原主任。

陈庆延（1936—2004）：北京市人，太原师范学院中文系教授，曾

任山西省语言学会会长,研究方向为汉语史、山西方言。

陆俭明(1935—):江苏省吴县人,北京大学中文系教授,中国对外汉语教学学会会长,主要研究领域包括现代汉语句法、现代汉语虚词、对外汉语教学、中文信息处理以及中学语文教学等方面。

但是编这本书有很多困难,当时我们分了三个组——古代组、近代组、现代组,大家对什么叫俗语都不清楚,做的卡片中有的都不是俗语,而是格言。比如"学而时习之不亦说乎",有人认为流行得广就是俗语。我想可不是这么回事,孔子说的话太多了,这不能算俗语。而且,当时没有前人做过俗语词典,这就需要我们自己摸索,先从搜集资料做起。那个时候确实看了很多书,做了很多卡片,反复地修改、修改!

问:虽然我国古代就有不少俗语汇编著作,但就现代词典编纂的模式来说,当时你们编的这本《中国俗语大辞典》是同类辞书中的第一本。您觉得研究的成果主要体现在哪些地方呢?

温:主要就在我写的《中国俗语大辞典》的前言里,我把什么是俗语、俗语怎么释义这些学术思想都概括进去了。

我们编这本书时最艰苦的就是收集资料。我们的资料都是从源头收集起来的,从先秦著作开始一本一本地看,完全是一手资料。后来我们又利用这些资料编成了《古今俗语集成》,因为收集到的资料中,有一部分被收进《中国俗语大辞典》,还有一部分没有被收进去,就以《古今俗语集成》的形式出版了。

这本书从1983年启动,之后的两三年里我们都在收集资料。当我们推进到释义阶段的时候,吕叔湘先生到太原来访问,在山西省社科院做了一次报告,之后我又陪着他去了忻州、大同。在火车上,我跟吕先生说:"我们正在编《中国俗语大辞典》,您看能不能给写个序啊?"吕先生说:"我也没搞过俗语,这个序言怎么写啊?"后来吕先生写了几稿,都觉得不太满意,就给我写信,叫我把最精彩的部分讲给他,后来我经过翻来覆去修改才写成今天这稿。这本书的书名和《古今俗语集成》的书名都是王力先生题写的,具体是多会我也不大记得了。

这本书的编写过程也可以写成一本小书了,当时也是很曲折的。实际上,编这本书还花了不少钱。当时,我们也没有问上海辞书出版社要启动费,院里也没有给我们资助。我们把初稿给了出版社后,他们审稿非常认真,一审、二审、三审,最后提出了一千多个问题。为此,我去上海住了一个月,把这些问题分了几类:一类是他们改对的,一类是他们改错的,还有一类是可以商讨的,最后都处理完了。事后我给出版社开了一个会,阐述了我的理由,我说俗语解释是要有生活经验的,南方人不理解北方人的生活,比如什么是炕啊、锅台啊,他们都不知道。我说:"我在南方长大,又在北方工作,所以南北的情况我都清楚。"

1985年我参加了在舟山开的一个会【编者注:1987年在舟山召开的全国汉语方言学会第四届年会】,郭良夫先生也去了,我们两个人住在一个房间,郭先生约我编一本《俗语词典》。我跟他说:"哎呀,很对不起,我已经答应给上海辞书出版社做了,不能给你们编了。"后来他约北京语言学院的几个人编了一本【编者注:此书为徐宗才、应俊玲主编的《俗语词典》,商务印书馆于1994年出版】。他们那本书举的例子都是现代的,我们这本书举的好多(例子)都是古代的。当时上海辞书出版社要求例子只能收1965年以前的,"文化大革命"以后的不收。我们这本《中国俗语大辞典》的销量还是很好的。

问：《中国俗语大辞典》的重要之处就在于它具有开创性，在当时也引起很多评论。包括它的资料集《古今俗语集成》在香港等地也得到很高的评价。

温：对，香港《文汇报》专门对这两本书做了评论。《古今俗语集成》吧，它实际上等于我们的第一代资料库。我就想，我们辛辛苦苦弄出来的资料，如果不整理出来而丢弃的话挺可惜的，正好山西人民出版社也愿意出版，所以就出了。这两本书是互为补充的。

1989年6月《中国俗语大辞典》由上海辞书出版社出版

问：《古今俗语集成》也成为研究俗语发展的一本很重要的参考书，非常有价值。

温：《中国俗语大辞典》出版以后，上海辞书出版社又让我主编《常用语词典》。这本书不仅包括俗语，还包括成语、格言，实际上就是"语典"的雏形！到20世纪末，我们又和上海辞书出版社合作了三本小词典——《谚语小词典》《歇后语小词典》《惯用语小词典》，这主要适用于中小学生。

2. 编纂"通用"系列丛书

问：除了商务印书馆、上海辞书出版社，您还和哪些大型出版社合作过？

温：在 20 世纪 90 年代，我们曾经给语文出版社编过一本《谚海》，收集谚语两万来条，全书 200 万字，是当时收录最多、释义最准确的大型谚语辞书。后来，我们又和语文出版社合作编了"通用"系列辞书。为什么要编"通用"系列呢？这里头也有个故事。大概是 2001 年，我做疝气手术时，躺在床上灵机一动："既然国家通过了《通用语言文字法》，我们是不是也可以编《通用语词典》或者《通用语语典》呢？"

【编者注】《中华人民共和国国家通用语言文字法》是我国第一部语言文字方面的专项法律，明确了普通话和规范汉字作为国家通用语言文字的地位，于 2001 年 1 月 1 日起正式施行。

当时国内已经出版了许多系列，比如许嘉璐搞了一个"标准"系列，李行健搞了一个"规范"系列，我想我们是不是也可以搞一个"通用"系列！后来语文出版社的李守业【编者注：语文出版社副总编辑】来看望我，我就跟他说："作为语文出版社，你们要贯彻国家《通用语言文字法》，最好编一套通用系列辞书。"他对这个很重视，回去马上向社里汇报，没几天总编辑就带人来和张成德院长进行商议，聘请张成德院长担任编委会副主任。后来我们编了 5 种"通用"系列，包括成语、谚语、歇后语、惯用语、格言，由我和沈慧云同志联合主编。王铁锟【编者注：教育部语言文字信息管理司原副司长】也编了一本，其他人也编了一些，这个系列就是这么来的。

【编者注】"通用语言文字系列工具书"，由许嘉璐担任特别顾问，江蓝生等担任顾问，由袁贵仁（时任教育部部长）担任编委会主任。目前已经出版的有：

温端政、沈慧云主编：《通用成语词典》，语文出版社，2002 年 1 月。

温端政、沈慧云主编：《通用歇后语词典》，语文出版社，2002年1月。

温端政、沈慧云主编：《通用惯用语词典》，语文出版社，2002年1月。

王铁昆主编：《通用汉字正形字典》，语文出版社，2003年1月。

张林川主编：《通用典故词典》，语文出版社，2003年6月。

温端政、沈慧云主编：《通用谚语词典》，语文出版社，2004年1月。

温端政、沈慧云主编：《通用格言词典》，语文出版社，2004年1月。

问：贯彻《国家通用语言文字法》，这样做意义重大！

温：主要是使用"通用"这个词，语文出版社也好接受。这个系列的销路还是很好的，后来他们换了封面，又重印了好几回。在这套书的基础上我们又编了《现代汉语通用语典》，这个书已经交稿了，语文出版社预付了20万元稿费，但目前还没有出版。

3. 语典学思想的萌芽——"字典、词典、语典"三分观的提出

问：您后来根据多年的辞书编纂实践，又提出了"语典学"，并倡导"字典、词典、语典"三分观。这方面的成果集中反映在国家社科基金项目结题成果《语典编纂的理论与实践》中吧？

温：2007年，首届汉语语汇学学术研讨会在太原召开，我写了一篇文章——《语汇研究与语典编纂》，这个文章后来登在《语文研究》【编者注：刊登在2007年第1期】上。

【编者注】2007年7月28日—29日，由山西省社会科学院和商务

印书馆联合主办的首届汉语语汇学学术研讨会在山西太原召开。

后来,在晋城又召开了一次海峡两岸《康熙字典》学术研讨会,在这次会上我宣读了《语典的兴起及其对文化传承的贡献》,初步提出语文辞书"字典、词典、语典"三分的想法。我没有想到的是,这个文章特别受重视,不仅在网站【编者注:中国台湾网】上刊发了,后来在《辞书研究》上也发表了【编者注:2007年第6期】。在这两篇文章里,我提出了"三分法",即语典应该从词典里独立出来。根据这个思想,我想撰写《语典编纂的理论与实践》,把编语典的经验总结一下。

【编者注】2007年5月25日—26日,海峡两岸《康熙字典》学术研讨会在《康熙字典》编纂组织者陈廷敬的故居——山西晋城皇城相府举行。

《语典编纂的理论与实践》于2014年1月由商务印书馆出版

在撰写《语典编纂的理论与实践》的过程中,我们想得到国家的支持,于是申请了国家社科基金项目,获得批准之后,我们继续撰写,并做了较大的修改和调整。结项之后,由商务印书馆出版【编者注:2014年1月出版】。我在这本书中系统地讲到"字典、词典、语典"三分的观点,认为专门收语的辞书应该叫语典,并且对语典的编纂方法进行了总结。

4.《新华语典》的问世

问：《新华语典》的问世，使"新华"系列辞书形成了《新华字典》《新华词典》和《新华语典》相互配套的格局，事实上也等于实践了"字典、词典、语典"三分的观点。能和我们分享一下"新华"系列的编纂过程么？

温：2002年，我应邀参加在河北师大召开的第四届全国汉语词汇学学术研讨会。在这次会上，我宣读了《论语词分立》，出乎我意料的是，文章居然引起了不小反响。当时《辞书研究》杂志主编徐祖友先生立即向我约稿，嘱咐我把这篇文章在《辞书研究》上发表【编者注：《辞书研究》2002年第6期】，我同意了。时任商务印书馆汉语编辑室主任的周洪波先生听了我的文章后跟我进行了长谈。他说："温先生，我们想请你主编《新华谚语词典》《新华惯用语词典》《新华歇后语词典》三本书，在这个基础上再筹备编一本《新华语典》。《新华语典》定位为一部中型语典，与《新华字典》《新华词典》相配合。"我欣然接受。到现在，经过十几年的努力和合作，这些计划已经全部实现。《新华谚语词典》《新华惯用语词典》和《新华歇后语词典》先后于2005、2007和2008年问世；《新华语典》也于2014年7月出版。

问：我算了一下，从编写《新华谚语词典》《新华惯用语词典》《新华歇后语词典》，到《新华语典》的出版，新华系列的编写跨度长达12年！

温：这个是2002年有了意向，2006年才真正启动的。《新华语典》跟之前三本不同的是，它还包括成语，对于成语我们之前只编过小型的《通用成语词典》。2006年1月，我起草了《新华语典》的编写说明，并编了样稿。2008年2月，在太原召开了第一次《新华语典》编写会议，周洪波先生亲临指导，并作了讲话。时任责任编辑的马志伟和乔永先生出席了会议，也作了发言。编写组全体同志参加了会议。我主持会议并作了发言。

【编者注】

这次会议的主要收获：

明确了编写《新华语典》的意义，统一了思想，即要把《新华语典》编成一部具有原创性的精品辞书。

明确了分工，成立了4个编写组：成语编写组，惯用语编写组，歇后语编写组，谚语、格言、名言编写组。

讨论2007年10月24日改定的编写说明和样稿，并进行修订，通过了《新华语典》的凡例和样稿。

2008年7月18日在太原召开了《新华语典》第二次编写工作会议。这次会议的主要内容是各编写组汇报工作进展、交流样稿。

会议倡导结合《新华语典》的编写工作撰写相关的论文。会后完成的论文有：

《〈新华语典〉立目和释义的思考》（温端政）

《〈新华语典〉惯用语立目问题研究》（吴建生）

《略谈〈新华语典〉惯用语例句的编写》（巫建英）

《〈新华语典〉成语的立目和释义》（辛菊、杜雪芬）

《〈新华语典〉歇后语的编写实践》（张光明）

《歇后语的暗示义与释义——编写〈新华语典〉歇后语部分的一点体会》（张梅梅）

《略谈编写〈新华语典〉名言部分的体会》（周文芳）

《创新思维在〈新华语典〉编纂中的运用》（温朔彬）

《从结构变化和细微差别辨析"语"的类型——编写〈新华语典〉的一点体会》（王海静）

【编者注】《新华语典》编写说明的要点：

(1) 本书是一部以中等文化程度读者为对象的中型语典。

(2) 本书除收成语、谚语、惯用语和歇后语外，还酌收格言、名句。

(3) 本书收成语6000条，谚语、惯用语各4000条，歇后语3000条，格言、名句3000条，合计20000条。全书约200万字。收条注意实用性，古今兼收，源流并蓄。

(4) 条目按汉语拼音顺序排列。语目后注明所属语类：成语、谚语、惯用语、歇后语、格言、名句，分别简称成、谚、惯、歇、格、名。

2010年3月27日，《新华语典》第一稿完成之后，为了听取专家学者的意见，山西省社科院和商务印书馆联合召开了《新华语典》审稿暨学术研讨会。参加会议的有来自北京大学、中国社会科学院、河北师范大学、山西大学、山西师范大学、山西省社会科学院和商务印书馆的50多位专家学者。会上，宣读了时任山西省委宣传部部长胡苏平和时任副省长张平的书面讲话，山西省社会科学院院长李中元、时任商务印书馆副总编周洪波也先后发言。会上还宣读了时任中国社会科学院副院长江蓝生的书面发言稿。

【编者注】《新华语典》审稿暨学术研讨会上，时任中国辞书学会会长的江蓝生研究员提交了题为《把〈新华语典〉编成一部原创性的

2010年3月27日新华语典审稿暨学术研讨会召开（前排右六是山西省社会科学院李中元院长，右四是山西省社会科学院孙丽萍副院长，右七是国家语委曹先擢，右五是河北大学苏宝荣，右三是北京大学李红印，左五是中国社会科学院晁继周，左三是商务印书馆周洪波，左六是温端政先生）

传世辞书》的书面讲话；曹先擢研究员接受了《山西日报》记者的采访，阐述了编纂《新华语典》的意义；《新华语典》主编温端政作了题为《继承·借鉴·创新》的汇报；商务印书馆责任编辑乔永作了题为《〈新华语典〉的立项与构想》的发言。应邀参会的嘉宾——中国社会科学院语言研究所晁继周研究员、河北师范大学校长苏宝荣、北京大学对外汉语教育学院副院长李红印教授等也先后发言。

会后我们听取了专家学者的意见，对初稿进行了全面的修改，并提交商务印书馆。但责编审阅后，认为问题较多，特别是自编例句有待推敲。于是商务印书馆决定召开审稿会，集中进行审订。审稿会于2011年11月16日在北京召开，参加会议的有《新华语典》的三位责任编辑：冯爱珍、马志伟、陈玉庆；编写《新华语典》的骨干成员，包括主编温端政，副主编吴建生、辛菊，编写者张光明、巫建英、温朔彬。另外，还聘请沈慧云研究员参加审订。审订的程序：先由《新华语典》三位责编分别提出问题；参加审订的人员根据责编提出的问题分头进行修改；最后由主编把关。审稿会开了一个星期，只审订了四分之一的问题，剩下的由参加审订的人员带回本单位继续审。这次审订，除了统一体例、修改部分释义外，主要的精力都放在自编例句上，对原稿很大一部分例句作了不同程度的修改，有的增加了例句，有的干脆重编。经过这次修改，书稿的质量有了很大的提升。

2014年7月《新华语典》由商务印书馆出版

【编者注】《新华语典》审稿会参会人员：

辛菊（1958—）：山西省稷山县人，山西师范大学文学院教授，从事现代汉语、语汇学研究。

张光明（1949—）：山西省忻州市人，忻州师范学院方言与文化研究中心副所长，教授，长期从事汉语方言学及汉语语汇学的研究，尤其是忻州方言语汇的研究。

温朔彬（1968—）：浙江平阳人，山西省社会科学院语言研究所副研究员，温端政先生次女，主要从事汉语语汇学和辞书编纂研究。

2014年7月，《新华语典》正式出版。这次出版有点遗憾，那就是在出版说明中没有明确指出山西省社会科学院为编纂工作提供了多方面的支持和帮助。对此，我们已经和商务印书馆做了沟通，将来在重印或者再版时给予补充吧！

5. 主持编纂《语海》

问：您正主持编纂《语海》，这是一部以汉语语汇学理论为指导的贯彻"字典、词典、语典"三分理论的大型辞书，并且还入选了国家"十三五"重点辞书出版规划，也得到社会上的普遍关注。这部辞书从什么时候开始策划的？目前的进展如何？

温：说起《语海》编纂的设想，要追溯到 1996 年。这一年，上海辞书出版社出版了我主编的《汉语常用语词典》。这是一本中型语典，共收约 11000 条，其中成语约 5000 条，谚语约 3000 条，歇后语、惯用语和格言各约 1000 条。我们想在此基础上，增加收条数量，改进释义，增加例证，编成一部大型语典，暂名为《中华大语典》。这个设想得到上海辞书出版社的支持，但后来因为忙于别的事情而被搁置起来。到了 2005 年，上海辞书出版社为了与《辞海》配套，又重新提出编纂《语海》的计划，并约我们承担这个任务。

2005 年 10 月，我起草了《大型辞书〈语海〉编纂计划》，内容包括目的、意义、收条规模、编纂体例、样稿等。后来，我们又多次召开座谈会，对《语海》编纂涉及的问题进行讨论。在这个过程中，我又撰写了《〈语海〉编纂若干问题的思考和初步意见》的长文，确定了本书的编写体例。经过反复协商，2012 年 4 月，时任上海辞书出版社社长的彭卫国率团来山西省社会科学院，与院领导签订了《语海》的出版合同。合同确定：由山西省社会科学院院长李中元和彭卫国担任工作委员会主任，由我担任编辑委员会主编；篇幅预计为 1250 万字左右，争取于 2016 年 12 月 30 日前完成初稿。

2016年10月29日《语海》编纂工作会议在太原召开(前排从左至右：山西省社会科学院吴建生研究员，沈慧云研究员，山西省社会科学院党组成员、纪检组组长宋建平，山西省社会科学院终身研究员温端政，山西省社会科学院党组书记、院长李中元研究员，上海辞书出版社陈崎副总编辑，山西省社会科学院范瑞婷副研究员)

此后，我们这一项目不断增补人员。2015年7月，在长治召开的编纂工作会议上确定吴建生和范瑞婷为副主编。2016年10月，在太原召开的编纂工作会议上增补安志伟为副主编，负责日常工作、与出版社的联系以及统稿工作，并且设置了《语海》分编委会，明确了分工，保证了课题的有序推进。

【编者注】《语海》分编委会设置情况：

"歇后语"分编委会主编是温端政、史素芬（长治学院）；

"谚语"分编委会主编是温端政、马建东（天水师范学院）；

"惯用语"分编委会主编是吴建生；

"成语"分编委会主编是范瑞婷。

第八章 寄语未来:对青年学者的期望

1. 新的计划

问：您接下来还有什么新的计划呢？

温：其实我有一项新的计划，就是要写一本《语典学》。当时，国家社科基金评委提出评阅意见："你这个虽然叫《词典编纂的理论与实践》，但实际上已经是'语典学'的基础了。"但我觉得，恐怕真正的《语典学》还要重写。因为我那个强调的是语汇理论研究对辞书编纂的指导作用，真正的《语典学》还应该包含其他的内容，目前我还没有具体考虑。这只是一个想法。

还有一个想法，2008年我参加了河北大学召开的第七届全国汉语词汇学研讨会，在会上宣读了《再论语词分立》【编者注：发表在《辞书研究》2010年第3期】。在这篇文章里我提出了"语词合一"的思想。我认为，"语词分立"是一个方面，但它不是"语词对立"，语和词还有相同的方面，所以我提出在"语词分立"的基础上实现"语词合一"。这个不是简单的合一，是在"语词分立"基础上的合一。比如，现代汉语教材的词汇部分，都是先讲词汇，再讲俗语，好像是合一，但不是真正的合一。我提出我的观点后，有人对我这个"合一"提出了质疑，认为："'语词分立'还没有消化完呢，怎么又'语词合一'了？"我说："'语词合一'是从另外一个角度谈的。"对此，我很长一段时间以来都想写一本《语词学》。

辛菊曾经主编了一本《现代汉语》，她写的词汇部分想合一，但是不大理想，还没有真正合在一起。我写这个东西也是写写停停，停停写写，难就难在我对词汇学不熟悉，而要把"语"和"词"合在一块，不仅要对"语"熟悉，也要对"词"熟悉。后来我咬咬牙写了十几万字，书名叫《语词学基础》，现在已通过审稿，即将在商务印书馆出版，我希望你们能在我的基础上对它继续扩展、增补、深化。

2. 治学经验

问：您47岁才进入山西省社科院，后来在建立学术阵地、培养人才、编纂语典等方面，为山西省的语言学复兴做出了很大的贡献；您70岁左右的时候，又开始倡导语汇学和语词学，始终坚持理论创新、知识创新和文化创新。那么，在治学和研究方面您有哪些好的经验要传递给年青一代的学者呢？

温：我的一个学术思想就是事实生出理论。研究一定要从语言实际出发，不能从现有的理论出发，现有的理论要通过实践来检验。比如"语是词的等价物"，这个理论并不是所有语言学家都同意的，但是没有一个人批驳过，所以它就被写到了好多论著和教科书里，似乎成为定论。后来我查出它是苏联人提出来的，而我们中国人直接照搬过来了。那"语"是不是"词"的等价物呢？它等价不了，我就批驳"语是词的等价物"这个说法。但是光从事实出发还不够，还要从整体出发。所以我强调两条,一个是从事实出发,一个是从整体的事实出发。不能只强调某一种事实,那就跟瞎子摸象一样,可能只摸到象的一个头,也可能只摸到一只脚,但是不了解象的整体。我们语言学中有一些人并不是从全部的事实出发,而往往是从局部的事实出发,没有整体的观念。比如歇后语,我说是引注关系,而不是譬解关系,因为譬解关系只能管住一部分事实。

我的第二个学术思想就是要有批判的意识。我们做学问的时候,不能人云亦云,不能说:"凡是权威讲的话我就要相信。"而要对现成的理论、对传统的说法持批判的态度,在接受的时候要有所怀疑。也就是说,我们既要继承,也要批判。但不能胡乱地批判,要尊重事实,要用事实说话。对不符合事实的要否定,对符合事实的则要坚持,不能因为反对的人多就屈服。比如传统的说法是"词汇"就是"语汇","语汇"也可以叫"词汇",对于这种说法我表示怀疑,所以我提出了"词语分立"的观点。但是,新的观点不是那么容易就能被接受的,会受到很多惯性思维的阻碍,即所谓"先入为主"。但只要是真理,总能站得住脚,要有信心,要有信念。不要因为听了一些人的不同意见就屈服了。我们也要考虑别人的不同意见对还是不对,对的我们也要吸收。这才是真正的做学问!全国科学技术名词审定委员会公布的《语言学名词》【编者注:商务印书馆2011年出版】同意"语词分立",把语汇学确定为"语言学的一个分支",这表明语汇学得到了国家的认可。语汇学还处在草创阶段,需要不断完善和发展,可谓任重而道远。

 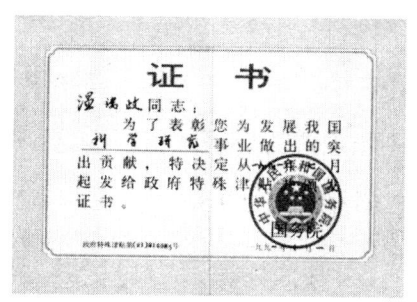

1986年国家人事部授予"中青年有突出贡献专家"称号　　1991年10月，国务院授予国务院政府特殊津贴获奖证书

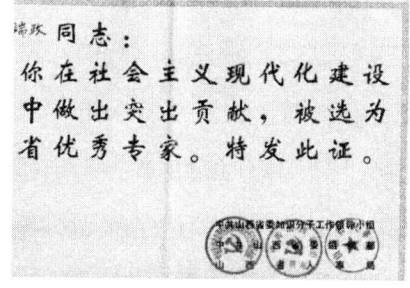 

1991年4月山西省委、省政府授予"山西省优秀专家"称号　　2012年3月被聘为山西省社会科学院终身研究员

温端政先生获得的部分荣誉

第三个想法是，做学问既要独立思考，刻苦钻研，又要集中集体的智慧，发挥群体的作用。20世纪80年代，我们除了办学会（山西省语言学会和山西省方言学会）、办刊物（《语文研究》）外，还要研究方言，完成"六五"国家重点项目"山西省各县（市）方言志"和"七五"国家重点项目"山西省方言通志"，并编纂《中国俗语大辞典》《古今俗语集成》，进行俗语研究，任务十分繁重。可是我们语言室【编者注：1986年后改为语言所】，当时的研究人员只有我和沈慧云同志两人，后来调来巫建英同志做科辅人员，直至1987年才调来吴建生同

志。仅靠我们这几个人,是不可能完成这么多任务的。全靠在山西的语言学者和在山西省外工作的山西籍语言学者的支持,才组成有战斗力的、能协作攻关的科研队伍。在这个过程中,既完成了任务,又锻炼了队伍,培养了新生力量。

第四个想法是,要把研究的成果转化为社会的财富,必须与出版社通力合作。商务印书馆从20世纪80年代初期就开始跟我们合作,30多年来出版了许多我们的科研成果,有著作、工具书各7本,论文集3本,共17本。上海辞书出版社也是从20世纪80年代初期就开始跟我们合作,30多年来出版我们编纂的工具书达26种,其中既有小型的,也有大中型的,还出版了2本我们的论文集。教育部所属的语文出版社,不仅支持了《语文研究》,还出版了我们编写的9本方言志和1本俗语志、7本工具书,还有2本大型的工具书已经预付了稿费,正准备出版。此外,还有人民教育出版社和山西教育出版社、书海出版社等,也都曾大力支持我们,出版了我们的不少研究成果。在长期的合作中,我深感我们和出版社是"命运共同体",是相互支持的合作伙伴。他们推动和促进了我们的科研,也从中获得经济效益。

最后,也是最重要的,是离不开领导的关怀和支持。我是1978年7月调入正在筹备的山西省社会科学研究所的。所领导王守贤和张国祥为我专门设置了语言研究室。我们之所以能顺利筹建山西省语言学会和方言学会,顺利筹办《语文研究》,以及方言志能作为地方志的组成部分并且后来能被列入"六五"国家重点项目,都是和他们的大力支持和无微不至的关怀分不开的。所改院之后,山西省社科院院长刘贯文和副院长宋玉岫、陈家骥、张海瀛等都全力支持我们,指导和参加我们的学术活动,包括外事活动。方言排版车间也是在他们的支持之下才得以办起来的。张成德当山西省社科院院长之后，也十分重视和支持我们，专门成立了语汇研究和辞书编纂中心，中国社科院副院长江蓝生、省政协副主席张正明等亲临揭牌仪式。李中元院长更是重视和支持语汇学，先后亲临在内蒙古大学和长治学院举行的全国性的语汇学学术研讨会，并发表讲话；亲自担任《语海》工作委员会主任，并参加编纂工作会议，指导编纂工作。几十年来，我一直为有领导的支持和关怀而感到无比荣幸。

此外，我还感到，做学问是十分辛苦的，有时需要夜以继日、忘我攻关。这就需要得到家庭的支持，还得有个好身体。我的爱人陈秀娟十分支持我的工作，遗憾的是她于 2007 年早逝；我得益于年轻时重视体育锻炼，现在虽已 86 岁高龄，但仍能从事力所能及的科研活动。我当下有一个愿望，就是希望能看到《语海》的问世。

附录：温端政先生大事记

1931 年：

9 月 28 日出生于浙江省平阳县麻步镇雷渎村。

1937 年，6 岁：

入下堡村初级小学读书。

1941 年，10 岁：

跳了一级，入水头镇小学读六年级。

1942 年，11 岁：

回麻步小学再读六年级。

1943 年，12 岁：

报考南雁初级中学,以高分被录取。

1946 年,15 岁:

初中毕业。

1947 年,16 岁:

考取温州中学高中部。

1948 年,17 岁:

加入中国共产党地下党的外围组织——群峰读书会;参加温州中学 46 周年校庆活动中校学生自治会组织的壁报比赛活动,荣获第一名。

1949 年,18 岁:

组织暑期回乡的同龄人阅读进步书刊,交流进步思想,抨击时局。后因父亲担心有危险,被迫在家休学一个学期。

1950 年,19 岁:

7 月,从省立温州中学高中部毕业,并进入温州新华书店工作。不久,被派往浙江南部的泰顺县筹备新华书店。

11 月,新华书店泰顺分销处正式开张。后来又在福建省寿宁县设立了新华书店寿宁代销处。

1951 年,20 岁:

10 月,被派往温州地委干部学校学习,后被怀疑为"贪污分子",成为"老虎"。

1952 年,21 岁:

7 月,摘掉"老虎"帽子,被分配到温州市文化馆。后经原单位领导申请,重返温州市新华书店,任门市部主任、业务股长。

1953 年,22 岁:

加入中国共产主义青年团。任温州新华书店副经理。

1954 年，23 岁：

7 月，考取北京大学中文系新闻专业。后响应学校号召，第一个自愿报名改学语言专业。

1955 年，24 岁：

学习了袁家骅教授开设的《汉语方言学》课程，开始对方言调查产生浓厚的兴趣。在袁先生的指导下调查了母语——浙南闽语，写成了近 20 万字的《浙南闽语的调查报告》；还利用寒暑假调查了北京市郊的通县、怀柔、密云、大兴、房山等地的方言。

1956 年，25 岁：

开始在《中国语文》发表语文短评（5 篇）和书刊评介（5 篇）。

1957 年，26 岁：

暑假应浙江省教育厅邀请，调查了从杭州到温州沿途富阳、桐庐、建德、兰溪、金华、武义、永康、缙云、丽水、青田等 18 个县市的方言。在调查瑞安方言期间发现了失传已久的清末温州语言文字工作者陈虬的语言学著作《欧文新字七音铎》，买回来献给中国文字改革委员会，获得奖励。

12 月，在语言学权威刊物《中国语文》1957 年第 12 期上发表论文《浙南闽语里形容词程度的表示方法》，这是第一次在学术刊物上发表论文。

1958 年，27 岁：

3 月，在《文字改革》1958 年第 3 期发表论文《对于废除汉字改用拼音字母的商榷》一文。

5 月，在语言学权威刊物《中国语文》1958 年第 5 期发表论文

《浙南闽语里的"仔""子"和"崽"》。

7月,在北大中文系领导发动的"批判资产阶级学术思想的运动"中,撰写了《批判汉语方言研究中的资产阶级方向》《批判王力在语法体系问题上的唯心主义观点》和《反对粗制滥造的写作态度》(合作)等文,被收入《语言学研究与批判》第一辑(高等教育出版社,1958年)。

9月,被分配到忻县师范专科学校。

1959年,28岁:

8月,在《文字改革》1959年第8期发表《用拼音字母教语法》一文。

10月,在《山西教育》1959年第15期发表《谈谈语文教学中的政治思想教育问题》一文。

1961年,30岁:

忻县师范专科学校与大同师范专科学校合并为晋北师范专科学校,随学校迁往朔县神头镇。任语文教研室主任,先后参加了朔县、雁北地区和山西省的三级文教战线群英会。

1962年,31岁:

晋北师范专科学校下马,被分配到晋北教师干部学校。

1963年,32岁:

3月,调入山西省教育学院。一个学期后,被派往农村参加"三清""四清"工作队,先后进驻洪洞、潞城等地的生产大队。

12月,在《文字改革》1963年第11、12期合刊上发表《陈虬和他的〈新字瓯文〉——纪念陈虬逝世六十周年》一文。

1970年,39岁:

7月，被下放到运城县北相公社，不久被派往安邑等地参加农业学大寨工作队。

1971年，40岁：

调入北相公社，任办公室副主任。

1973年，41岁：

11月，在运城县北相公社被批准加入中国共产党。

1976年，45岁：

调入运城县委宣传部任理论干事。

1978年，47岁：

7月，调入筹备中的山西省社会科学研究所，筹建语言研究室。

10月，牵头成立山西省语言学会，任学会副会长兼秘书长。

1979年，48岁：

牵头组织出版《语言学通讯》，当年出版了10期，该刊一直到20世纪90年代中期才停刊。

11月，去北京参加中国语言学会筹备会议。

1980年，49岁：

编成《引注语（歇后语）例释》（与沈慧云、高增德合作），在内部征求意见。

2月，《引注语（歇后语）的性质》一文发表于《晋阳学刊》1980年第1期。

6月，牵头创办的语言学专业刊物《语文研究》创刊号（第1辑）出版。

6月，《关于"歇后语"的名称问题》一文发表在《语文研究》创刊号上。

6月，署名"靳雨"的文章《从全省语文竞赛谈中学语文教学的几个问题》发表在《语文研究》创刊号上。

6月，署名"山西省社会科学研究语言研究室"的文章《引注语（歇后语）例释（选登）》发表在《语文研究》创刊号上。

6月，《引注语（歇后语）的来源》一文发表于《晋阳学刊》1980年第3期。

7月，撰写《关于山西省志中增加山西方言志的建议》并呈报山西省地方志编委会，很快得到省地方志编委会批准。

9月，起草了《关于编纂山西方言志几个具体问题的意见》，呈报山西省地方志编委会。

10月，去武汉参加中国语言学会成立大会。

1981年，50岁：

7月—8月，参加山西省地方志编写工作会议，宣读了题为《关于编写方言志的几个问题》的论文。

9月，邀请日本著名学者桥本万太郎在太原做报告，报告题目是《西北方言和中古汉语的硬软腭音韵尾——中古汉语的鼻音和塞音韵尾的不同作用》。与他人合译讲稿，经桥本先生审阅后全文刊登在《语文研究》1982年第1辑上。

10月，去四川成都参加中国语言学会首届年会，并宣读论文。

11月，《太原方言词汇》一文发表于《方言》1981年第4期。

12月，《歇后语的语义》一文发表于《中国语文》1981年第6期，后被收入《二十世纪现代汉语词汇论文精选》（周荐编，商务印书馆，2004年）。

《试谈引注结构》一文发表于《语文研究》1981年第2辑。

以《语文研究》编辑部的名义撰写《纪念著名语言学家袁家骅教授》一文，发表于《语文研究》1981年第2辑。

接受怀仁县地方志编纂委员会邀请，调查怀仁方言。

应商务印书馆之约，撰写《歇后语》《谚语》。

1982年，51岁：

6月，《怀仁方言简志》油印本问世。

7月，组织召开山西省方言志编写研讨会。

11月，《略谈方言志的编写问题》一文在《山西地方志通讯》1982年第11期发表。

1983年，52岁：

2月，以《语文研究》编辑部的名义撰写《为开创语文研究的新局面而努力》一文，发表于《语文研究》1983年第1期。

2月，《略论"歇后语"前后两部分的关系——对几种流行说法的商榷》一文发表于《语文研究》1983年第1期。

3月，承办全国语言学科规划会议，并作为正式代表出席会议。主持的"山西全省县（市）志中的方言志"课题被列入语言学学科"六五"期间全国重点研究项目。随即山西省方言志编纂委员会成立，成为委员会的五名委员之一，并担任主编。

3月，组织召开了第二次方言志编写研讨会。

5月，《关于编写方言志的几个问题》一文发表于《中国地方志通讯》1983年第2期，后被收入《中国地方志论丛》（中国地方史志协会编，中华书局，1984年）。

6月，参加中国语言学会第二届年会（安徽合肥），提交并宣读论文《太原方言的文白异读和新老两派的语音差别》。

7月，《怀仁方言志》以"山西省方言志丛刊"为名义，由《语文研究》增刊出版。

11月，应上海辞书出版社之约，开始主持编写《中国俗语大词典》。

12月，组织召开《中国俗语大词典》编写组第一次工作会议。

1984年，53岁：

2月，《歇后语词典》（与沈慧云、高增德合作）由北京出版社出版。

2月，组织召开《中国俗语大词典》编写组第二次工作会议。

2月，接待法国高等社会科学院专家来访。

2月，《晋北方言词"抬"》一文发表于《语文研究》1985年第1期。

8月，译作《语言学中马克思经典作家的论述和历史主义》（原作者克里莫夫）发表于《语文研究》1984年第3期。

8月，《谚语的语义》一文发表于《中国语文》1984年第4期，后收入《二十世纪现代汉语词汇论文精选》（周荐编，商务印书馆，2004年）。

年底，提前完成"山西全省县（市）志中的方言志"项目规定的试编10种方言志的任务，1990年获山西省首届社会科学研究优秀成果一等奖。接着又以《山西省方言志丛书》的名义正式出版31种方言志。

1985年，54岁：

4月，《忻州方言志》作为《山西省方言志丛书》之一由语文出版社出版。

7月，《歇后语》《谚语》由商务印书馆出版，后被译为日文由株式会社光生馆在东京出版。

7月，承办全国汉语方言学会第三届年会（山西忻州），作了《关于山西方言调查的设想和现状》的报告。

8月，参加第18届国际汉藏语言学和语言学家会议（泰国曼谷），宣读论文《试论山西晋语的入声》，后发表于《中国语文》1986年第2期。

8月，《〈春秋左传〉俗语选注》（合作）一文发表于《语文研究》1984年第4期。

11月，参加中国修辞学会华北分会召开的学术研讨会，宣读《重视研究俗语的修辞问题》一文，后被收入《修辞丛谈》（中国修辞学会华北分会编，河北人民出版社，1986年）。

1986年，55岁：

2月，《忻州俗语志》（与张书祥合作）由语文出版社出版。

2月，以《语文研究》编辑部名义撰写的《五年来的〈语文研究〉和今后的设想》一文发表于《语文研究》1986年第1期。

2月，署名"靳雨"的《忻州话四字组俗语的构成方式和修辞特色》一文发表于《语文研究》1986年第1期，后被收入《山西方言研究》（论文集，山西人民出版社，1989年）。

5月，王力先生去世后，以《语文研究》编辑部的名义，在北京组织召开纪念王力先生的座谈会，邀请在京的同班同学参加。

5月，随山西省社会科学院访问团赴法国高等社会科学院访问，并在东方语言研究所作报告，题目是《山西晋语的合音和分音词》。后来由该所所长、著名语言学家贝罗贝教授译为法文发表在该所主办的语言学刊物《东方语言学》1987年第1期，为首篇。

6月，与侯精一、田希诚合作撰写的《山西方言的分区》一文发表在《方言》1986年第2期。

8月，组织召开《中国俗语大词典》编写组第三次工作会议。

9月，受邀参加第19届国际汉藏语言学会议（美国俄亥俄州哥伦布市），提前写好题为《试论山西晋语的文白异读》的论文，后因故未能成行。

国家人事部授予"中青年有突出贡献专家"称号。

合作主持"七五"期间哲学社会科学国家重点项目"山西省方言通志"。

1987年，56岁：

1月，评上研究员职称。

3月，组织召开"山西省方言通志"课题组第一次工作会议。

5月，《〈中国俗语大词典〉样条》发表在《语文研究》1987年第2、第3期。

7月，筹办方言志排版车间。

9月，参加全国汉语方言学会第四届年会（浙江舟山），会上提交并宣读了《论山西晋语的舒声促化》一文。

1988年，57岁：

2月，组织召开排版技术鉴定会。

2月，组织召开"山西省方言通志"课题组第二次工作会议。

6月，《方言与民俗》一文发表在《中国语文》1988年第3期。

6月，与田希诚、潘家懿合作撰写的《关于改进新编县志方言部分编写工作的几点建议》一文发表在《语文研究》1988年第2期。

1989年，58岁：

1月，组织召开"山西全省县（市）志中的方言志"课题组总结表彰大会。

5月，《歇后语》一书由日本学者相原茂、白井启介译成日文，由东京光生馆出版发行。

5月,以《语文研究》编辑部名义撰写的《沉痛悼念丁声树研究员》一文发表于《语文研究》1989年第2期。

5月,访谈录《山西方言研究正走向世界》发表于《山西日报》1989年5月18日第4版。

6月,主编的《中国俗语大词典》由上海辞书出版社出版。

7月,《汉语谚语小词典》由商务印书馆出版。

7月,《古今俗语集成》(主编)先由山西人民出版社出版,后由山西教育出版社出版。

10月,《太原方言词汇的几个特点》一文被收入《庆祝王力先生学术活动五十周年语言文字学术论文集》,由知识出版社出版。

11月,参加中国语言学会第五届学术讨论会(杭州),宣读《山西方言构词成分"圪"研究》论文。会后应邀到苍南实地调查方言,并与苍南县领导商定编写苍南方言专志。

11月,"山西省方言通志"课题的阶段性成果《山西方言研究》(论文集)出版。

《语文研究》1989年第2、第3、第4期连载了《忻州方言"圪"头词语汇释》(1—3)。

1990年,59岁:

5月,再次赴浙江省苍南县调查方言。

《语文研究》1990年第2期继续连载《忻州方言"圪"头词语汇释》(4)。

组织召开"山西省方言通志"课题组第三次工作会议。

1991年,60岁:

3月,《苍南方言志》由语文出版社出版。

4月,被山西省委、省政府授予"山西省优秀专家"称号。

参加《现代汉语方言大词典》编纂论证座谈会。

6月,《关于方言语法入志问题的探讨》发表于《温州方志通讯》1991年第2期。

7月,参加山西省教育委员会、山西省社会科学院等联合举办的安子介语文学术思想座谈会,宣读《试论安子介先生的"声旁有义说"》一文,后发表在《汉字文化》1991年第4期。

9月,《谚语》一书由日本学者高桥均、高桥由利子译成日文,由东京光生馆出版发行。

10月,荣获国务院政府特殊津贴。

1992年,61岁:

4月,出席中国社科院语言研究所和《中国语文》杂志社在北京联合召开的中国语文研究四十年学术研讨会,在会上宣读了《山西方言调查研究和方言志的编写》一文,后被收入《中国语文研究四十年纪念文集》(北京语言学院出版社,1993年)。

7月,为《标点符号用法解》(山西高校联合出版社,1992年)作序。

8月,《重视语言学理论对语言研究的作用》发表于《语文研究》1992年第3期,后被收入《现代语言学理论建设的新思考》(语文出版社,1994年)。

8月—11月,《太原方言同音字汇》(与陈子明合作)在《语文研究》1992年第3、第4期连载。

11月,以《语文研究》编辑部的名义撰写《沉痛悼念朱德熙教授》一文,发表在《语文研究》1992年第4期。

1993 年，62 岁：

7 月，"山西省方言通志"课题的最终成果《山西方言调查研究报告》（与侯精一联合主编）由山西高校联合出版社出版。

8 月，《山西方言调查研究的回顾》一文发表于《学术论丛》1993 年第 3 期。

10 月，参加中国语言学会第七届年会（北京），宣读了论文《从浙南闽南话形容词程度表示方式的演变看优势方言对劣势方言的影响》，后发表于《语文研究》1994 年第 4 期。

1994 年，63 岁：

1 月，被聘为山西省出版专业高级技术职务评审委员会委员。

2 月，《〈忻州方言词典〉引论》（与张光明合作）发表于《方言》1994 年第 1 期。

5 月，应邀赴台湾讲学，在声韵学学术讨论会上提交《浙南闽语的语音特点》一文，后发表在《方言》1995 年第 3 期。还应邀在台湾师范大学讲学，在中正大学与学生座谈，并参观"中央研究院"历史语言研究所。

1995 年，64 岁：

2 月，《关于〈汉语常用语词典〉编写中的几个问题》一文发表于《语文研究》1995 年第 1 期。

5 月，《略谈汉语俗语的"俗"与"雅"——兼谈俗语文化研究》一文发表于《学术论丛》1995 年第 2 期。

7 月，参与组织并参加首届晋方言国际学术研讨会（太原），致开幕词，后将开幕词发表于《语文研究》1995 年第 4 期，并被收入《首届晋方言国际学术研讨会论文集》（山西高校联合出版社，1996 年）。

7月，在首届晋方言国际学术研讨会上宣读《晋语区的形成和晋语入声的特点》一文，后被收入《首届晋方言国际学术研讨会论文集》（山西高校联合出版社，1996年）。

8月，应中国社科院语言研究所之邀，担任博士研究生博士论文答辩委员会委员。

11月，《歇后语词典》（与沈慧云、高增德合作）更名为《中国歇后语辞典》再版。

12月，《忻州方言词典》（与张光明合作，李荣主编）由江苏教育出版社出版。

1996年，65岁：

2月，访谈录《开发"山西方言"的语言宝藏》发表于《山西日报》1996年2月14日第6版。

6月，联合主编的《语文新论——〈语文研究〉15周年纪念论文集》由山西教育出版社出版。

6月，《顺应语言研究新趋势，推进现代语言学发展——纪念〈语文研究〉创刊15周年》一文，被收入《语文新论——〈语文研究〉15周年纪念论文集》。

9月，由山西省人民政府补授"山西省劳动模范"称号。

11月，主编的《汉语常用语词典》由上海辞书出版社出版。

1997年，66岁：

2月，参加全国汉语方言学会第九届年会（广东汕头），并宣读了论文《试论晋语的特点和归属》，后发表于《语文研究》1997年第2期。

5月，《苍南县志·方言》被收入《苍南县志》（浙江人民出版社，1997年）。

9月,《山西通志·方言篇》(主编)由中华书局出版,获山西省政府颁发的一等奖。

1998年,67岁:

5月,参加《方言》创刊20周年学术讨论会(四川成都),宣读了论文《〈方言〉和晋语研究》,后发表于《方言》1998年第4期。

10月,《温州方言与温州话概说》一文发表于《温州会刊》第4、第5期合刊。

1999年,68岁:

1月,与王树山、沈慧云联合主编的《谚海》由语文出版社出版。

1月,与沈明合写的《太原话音档》(侯精一主编)由上海教育出版社出版。

4月,赴北京参加《现代汉语方言大词典》分卷本出版座谈会。

9月,主编的《谚语小词典》《歇后语小词典》《惯用语小词典》由上海辞书出版社出版。

11月,参加全国汉语方言学会第十届年会(广西桂林),宣读了论文《晋语'分立'与汉语方言分区问题》,后发表于《语文研究》2000年第1期。

2000年,69岁:

1月,与周荐合著的《二十世纪的汉语俗语研究》由书海出版社出版。

1月,担任总审订的《语海》由上海文艺出版社出版,并为《语海》作序。

3月,《妙趣横生的歇后语》一文发表于《新民晚报》2000年3月16日。

6月,联合主编的《常用歇后语分类词典》由上海大学出版社出版。

8月，由山西省人民政府办公厅授予"新编地方志先进工作者一等奖"。

12月，与沈慧云合作的《"龙虫并雕"和"语"的研究》发表在《语文研究》2000年第4期。

2001年，70岁：

1月，主持的国家社科基金项目"汉语俗语语料的计算机处理及相关语言学问题研究"获批。

1月，《现代汉语歇后语规范词典》（第一作者，李行健主编）和《现代汉语谚语规范词典》（第一作者，李行健主编）由长春出版社出版。

3月，被聘为山西省社会科学院资深研究员。

10月，参加全国汉语方言学会第十一届年会（西安），宣读了论文《山西方言研究的回顾与新世纪的展望》。

2002年，71岁：

1月，参编的《敬谦语小词典》由语文出版社出版。

1月，与沈慧云联合主编的《通用成语词典》《通用歇后语词典》《通用惯用语词典》由语文出版社出版。

3月，参加第一届中国语言文字国际学术研讨会（香港），宣读了论文《论晋语研究中的几个问题》，后被收入《语言文学研究》（中国社会科学出版社，2005年）。

5月，参加第四届全国汉语词汇学学术研讨会（河北石家庄），宣读了论文《论语词分立》，发表在《辞书研究》2002年第6期，后被收入《词汇学理论与应用（二）》（商务印书馆，2004年）和《〈辞书研究〉三十年论文精选》（上海辞书出版社，2009年）。

5月，受商务印书馆之邀开始酝酿编纂《新华语典》。

6月，参加在江西南昌举行的庆祝《中国语文》创刊50周年国际学术研讨会，宣读论文《50 年来的歇后语研究》，后被收入《庆祝〈中国语文〉创刊 50 周年学术论文集》（商务印书馆，2004 年）。

7 月，《忻州方言俗语大词典》（与张光明合著）由上海辞书出版社出版。出席《忻州方言俗语大词典》出版后召开的座谈会，发言中建议编纂《忻州方言语汇系列辞书》。

9 月，参加晋语学术讨论会（山西太原），宣读了论文《论方言的特点和特征——兼论用"综合判断法"观察晋语的归属》，后发表于《语文研究》2003 年第 1 期。

12 月，主编的《中国歇后语大词典》由上海辞书出版社出版，获第五届国家辞书奖二等奖。

2003 年，72 岁：

3 月，个人论文集《方言与俗语研究——温端政语言学论文选集》由上海辞书出版社出版。

8 月，《汉语方言语词综合比较研究的里程碑》一文发表于《方言》2003 年第 3 期。

9 月，《山西社科院试建"汉语俗语语料数据库"》一文发表于《中国社会科学院院报》2003 年 9 月 2 日第 4 版。

10 月，出席北京大学中文系召开的岑麒祥、袁家骅先生百年诞辰纪念会，作了《难忘恩师慈父情——缅怀袁家骅先生》的发言，后发表于《语文研究》2003 年第 4 期、《南大语言学》2004 年第 1 辑。

11 月，日本横滨市立大学名誉教授波多野太郎撰写《方言与俗语研究读后》一文，发表于日本《东方》杂志 2003 年第 11 期，高度评价了《方言与俗语研究——温端政语言学论文选集》。

2004 年，73 岁：

1月，与沈慧云联合主编的《通用谚语词典》《通用格言词典》由语文出版社出版。

5月，国家社科基金项目"汉语俗语语料的计算机处理及相关语言学问题研究"的阶段性成果、主编的《中国歇后语大全》《中国惯用语大全》《中国谚语大全》由上海辞书出版社出版。

5月，应暨南大学之邀，担任该校汉语言文字学专业2004届博士研究生博士论文答辩委员会委员。

7月，《漫谈俗语的释义》一文发表于《文汇读书周报》2004年7月27日第14版。

8月，参加吕叔湘100周年诞辰暨《现代汉语词典》发行30周年纪念大会，宣读了论文《"语词分立"和方言语汇研究——重温吕叔湘先生〈中国俗语大辞典·序〉》，后发表在《语文研究》2005年第2期。

9月，被聘为山西大学兼职教授。

2005年，74岁：

1月，《汉语语汇学》由商务印书馆出版，获山西省第五次社会科学研究优秀成果一等奖。

5月，国家社科基金项目"汉语俗语语料的计算机处理及相关语言学问题研究"的阶段性成果、主编的《俗语研究与探索》（论文集）由上海辞书出版社出版。

7月，为《忻州歇后语词典》（张光明主编，上海辞书出版社出版）作序。

8月，主编的《分类谚语词典》《分类歇后语词典》由上海辞书出版社出版。

12月，主编的《新华谚语词典》由商务印书馆出版。

12月，参加中国辞书学会编辑出版专业委员会主办、中国社科院语言研究所和商务印书馆联合承办的中国辞书学会编辑出版专业委员会第五次学术研讨会，宣读《〈现代汉语词典〉"前言""说明"中几个问题的思考》一文，并提交《〈现代汉语词典〉第5版语类条目中"也说"条的出条、表达方式类型及修改建议》（合作）一文，后都被收入《〈现代汉语词典〉学术研讨会论文集（二）》（商务印书馆，2009年）。

2006年，75岁：

4月，《〈新华谚语词典〉简述》一文发表于《文汇读书周报》2006年4月28日第12版。

8月，《语汇重要，语汇难》一文发表于《语文研究》2006年第3期（百期纪念）。

9月，主编的《汉语语汇学教程》由商务印书馆出版。

10月，作为《中国语言文字大词典·俗语卷》主编，应邀参加《中国语言文字大词典》和《中国语言文字学大辞典》审定会（重庆）。

12月，主编的《分类惯用语词典》由上海辞书出版社出版。

2007年，76岁：

5月，参加海峡两岸《康熙字典》学术研讨会，宣读了《语典的兴起及其对文化传承的贡献》一文，后发表在《辞书研究》2007年第6期，并被收入《中华字典研究》第1辑（中国社会科学出版社，2009年）。

6月，主编的《新华惯用语词典》由商务印书馆出版。

7月，参加首届全国汉语语汇学学术研讨会（山西太原），宣读了论文《语汇研究与语典编纂》，发表于《语文研究》2007年第4期，后被收入《汉语语汇学研究》（论文集）（商务印书馆，2009年）。

7月，《关于汉语语汇教学的几个问题》一文载入《语苑撷英（二）——庆祝唐作藩教授八十华诞学术论文集》（中国大百科全书出版社2007年版）。

8月，参加第三届晋方言国际学术研讨会（山西太原），宣读了《论晋语语汇学研究》一文，后被收入《晋方言研究——第三届晋方言国际学术研讨会论文集》（乔全生主编）（希望出版社，2008年）。

2008年，77岁：

2月，主持《新华语典》第一次编写工作会议（山西太原）。

4月，主编的《常用谚语词典》《常用歇后语词典》由上海辞书出版社出版。

5月，主编的《现代汉语小语典》由人民教育出版社出版。

6月，应邀访问甘肃省天水师范学院，作了《"语词分立"与"语词合一"》的学术报告，被聘为该校文史学院客座教授。

7月，主持《新华语典》第二次编写工作会议（山西太原）。

10月，参加第七届全国汉语词汇学学术研讨会（河北保定），宣读了论文《再论语词分立》，后发表于《辞书研究》2010年第2期，并被收入《词汇学理论与应用（五）》（商务印书馆，2010年）。

11月，主编的《新华歇后语词典》由商务印书馆出版。

12月，与范瑞婷联合主编的《中国格言大辞典》由上海辞书出版社出版。

2009年，78岁：

7月，参加在山西晋城皇城相府举行的《康熙字典》暨词典学国际学术研讨会，宣读了论文《树立正确的辞书编纂苦乐观》，发表于《辞书研究》2009年第6期，后被收入《中华字典研究》第二辑（中国社会科学出版社，2010年）。

7月，与吴建生联合主编的《汉语语汇学研究》（论文集）由商务印书馆出版。

7月，参加第二届全国汉语语汇学学术研讨会（浙江温州），并宣读了论文《〈新华语典〉立目和释义的思考》，后被收入《汉语语汇学研究（二）》（商务印书馆，2011年）。

10月，与温朔彬合著的《汉语语汇研究史》由商务印书馆出版。

11月，《为了补救失去的时光》一文被收入《未名湖萦思》（外语教学与研究出版社出版）。

2010年，79岁：

1月，为《三晋俗语研究》（吴建生、李淑珍著，书海出版社出版）作序。

2月，由山西省社科院党组授予"敬业奉献标兵"荣誉称号。

3月，参加《新华语典》审稿暨学术研讨会（山西太原）。

11月，《从晋语定义谈李荣先生的学术思想》一文发表于《中国方言学报》，后由商务印书馆出版。

2011年，80岁：

2月，主编的《中国歇后语大辞典》（新一版）由上海辞书出版社出版。

3月，主编的《中国谚语大辞典》《中国俗语大辞典》（新一版）和联合主编的《中国惯用语大辞典》由上海辞书出版社出版。

4月，为《忻州方言系列辞书》（张光明主编，上海大学出版社出版）作序。

5月，主编的《小学生惯用语谚语歇后语词典》由上海辞书出版社出版。

5月，主编的《小学生歇后语词典》由上海辞书出版社出版。

6月，主持的国家社科基金项目"语典编纂的理论与实践"获批。

8月，参加第三届全国汉语语汇学学术研讨会（浙江杭州），宣读《论语汇学与相关学科的关系》一文。

10月，与吴建生、马贝加联合主编的《汉语语汇学研究（二）》（论文集）由商务印书馆出版。

11月，参加《新华语典》审稿会（北京）。

2012年，81岁：

2月，《歇后语》一书被韩国学者诸海星译成韩文在韩国出版。

3月，被聘为山西省社会科学院终身研究员。

4月，担任主编的《语海》出版合同签订。

4月，因故未出席第四届全国辞书理论与辞书史学术研讨会（安徽芜湖），但提交了论文《论字典、词典、语典三分》。

6月，主编的《谚语10000条》《歇后语10000条》《俗语10000条》，联合主编的《惯用语10000条》由上海辞书出版社出版。

2013年，82岁：

4月，主编的《中学生歇后语谚语惯用语辞典》由上海辞书出版社出版。

5月，《汉语方言语汇研究的开创之作——评介盛爱萍〈瓯越语语汇研究〉》（与应李淑合作）一文发表于《绍兴文理学院学报》2013年第3期。

6月，主持的国家社科基金项目"语典编纂的理论与实践"顺利结项。

7月,与吴建生、徐颂列联合主编的《汉语语汇学研究(三)》(论文集)由商务印书馆出版。

8月,参加第四届全国汉语语汇学学术研讨会(内蒙古呼和浩特),在会上宣读论文《论语汇学的建立、发展和完善》。

10月,为《中华成语辞海》(《中华成语辞海》编委会编,湖南教育出版社2014年出版)作序。

2014年,83岁:

1月,《语典编纂的理论与实践》(合作)由商务印书馆出版。

2月,与温朔彬合著的《惯用语》由商务印书馆出版。

3月,为《汉语成语大词典》(字词语辞书编研组编,湖南教育出版社2014年出版)作序。

4月,主编的《常用谚语辞典》《常用歇后语辞典》《常用俗语辞典》,联合主编的《常用惯用语辞典》由上海辞书出版社出版。

6月,与辛菊联合主编的《学生成语辨析小词典》由人民教育出版社出版。

7月,主编的《新华语典》由商务印书馆出版。

7月,《语典编纂应加强语汇理论研究》(与温朔彬合作)一文发表于《语言文字报》2014年7月4日第4版。

2015年,84岁:

5月,主编的《语海》入选国家"十三五"工具书重点出版项目。

5月,《回首北大》一文发表于《瓯风》第九集(中国文史出版社出版)。

6月,主编的《俗语大词典》由商务印书馆出版。

7月,参加第五届全国汉语语汇学学术研讨会(山西长治),提交了论文《树立正确的语词观》《论〈新华语典〉的学术意义》《〈新华语典〉新华语典编纂的回顾》。

7月，参加第一次《语海》编纂工作会议（山西长治）。

10月，《回首〈歇后语〉〈谚语〉的出版》一文发表于《温州读书报》2015年第10期。

12月，主编的《中国歇后语大辞典》（第3版）由上海辞书出版社出版。

2016年，85岁：

1月，《回首书店四年》一文发表于《瓯风》第十集（上海远东出版社出版）。

2月，《树立正确的语词观——兼与周荐〈语词分合问题引发的若干思考〉一文商榷》发表于《辞书研究》2016年第1期。

3月，主编的《新华格言词典》由商务印书馆出版。

3月，《两次参加词汇学学术研讨会的回忆》一文被收入《漫漫求索路，悠悠语词情——汉语词汇学学术研讨会二十年》一书（商务印书馆，2016）。

6月，出席在渤海大学召开的第八届官话方言学术研讨会和汉语方言高端论坛，宣读了《汉语方言语汇调查重要，汉语方言语汇调查难》（合作）一文。

6月，为《朱子语类语汇研究》（黄冬丽著，语文出版社，2016年6月第1版）一书作序，后以《建立〈朱子语类〉语汇研究理论框架》为题发表在《语文建设》2016年第10期。

8月，出席全国汉语俗语发展学术研讨会（山西运城），宣读了论文《关于汉语俗语发展研究的若干思考》，后收入论集《汉语俗语发展专题研究》（安志伟主编，山西人民出版社 2018 年出版）。

11 月，参加第二次《语海》编纂工作会议（山西太原）。

2017 年，86 岁：

7 月，个人回忆录《回首人生》被收入"瓯风文丛"，由文汇出版社出版。

8 月，担任顾问的《汉语语汇学（四）》由商务印书馆出版，收录《树立正确的语词观》和《论〈新华语典的学术意义〉》两篇论文。

8 月，参加第六届全国汉语语汇学暨中华谚语研究学术研讨会，宣读了《在不同意见的讨论中发展语汇学》一文。

8 月，与马建东联合主编的《谚语辞海》由上海辞书出版社出版。

2018 年，87 岁：

4 月，《先秦谚语研究》一文收入《中华谚语研究》（李树新、付建荣主编，内蒙古大学出版社出版）。

访谈者：安志伟

访谈时间：2016 年 7 月；2016 年 8 月 11 日；

2016 年 8 月 24 日；2016 年 10 月 9 日；

2016 年 10 月 31 日

访谈地点：温端政先生家中

录音整理：刘碧田

编写者：安志伟、刘碧田

【编者注】本文经温端政先生审订。

陈家骥先生访谈

【陈家骥先生简介】

陈家骥，1932年9月生，山东莱州人。1949年3月参加工作，1953年4月加入中国共产党，1959年毕业于中国人民大学农业经济系。1983年5月任山西省社会科学院副院长兼经济研究所所长，至1994年12月离休。曾任第六、第七届山西省政协委员，第三、第四届山西省科协副主席，第二届山西省经济学会和山西省农业经济学会理事长，第三届至第五届中国农业经济学会常务理事。现任山西省社会科学界联合会副主席。享受国务院政府特殊津贴。

陈家骥长期从事我国农业经济和山西经济改革与发展方面的理论研究工作，著述颇丰。主持完成国家及省部级重点科研课题22项，出版专著20部，发表论文160余篇。创办并主编过《经济问题》（1979年）、《农村发展探索》（1981年）、《农业投资效果》（1983年）、《集体经济》（1987年）、《乡镇论坛》（1989年）等学术理论期刊。

主要学术成就：论文有《太谷县农业生产力发展现状与未来的趋势》（1980年山西省农业现代化学术讨论会论文集）、《试论农业田间劳动管理的客观依据及其规律性》（《经济问题》1981年第1期）、《昔阳县农村经济调查报告》（《农村发展探索》1982年第1期）、《山西经济发展战略异议辨析》（《山西日报》1988年2月1日和2月8

日)、《论包干到户》(《农村发展探索》1982年第3期)、《经营方式、家庭经济与社会主义》(《农村发展探索》1982年第8期)、《山西省农业投资方向结构与政策的研究报告》(《农业投资效果》1983年增刊)、《试析限制因素的类型与投资方向的抉择》(《晋阳学刊》1984年第1期)、《山西能源重化工商品经济区的探索》(《经济问题》1988年第2期)、《建立"宏观经济分级管理责任制"的探讨》(《理论探索》1988年第4期)、《关于实行以农业为重心的工业化方针的构想和建议》(《农业经济问题》1990年第5期)、《山西工业产业结构调整中的几个基本问题》(《改革先声》1990年第6期)、《保障粮食稳定增长的投入战略》(《中国粮食发展战略对策》,中国农业出版社1990年出版)、《加速发展山西经济,努力赶上发达地区》(《政协之友》1994年第4期)、《山西由能源大省迈向文化生态经济大省的构想》(《山西能源》1995年第2期)、《农民进入市场的一种中介组织形式——关于山西省建立农民服务协会试点情况的调查》(《山西日报》1995年5月21日)、《中国农业生态与环境》(《山西经济管理学院学报》1997年第3期)、《关于未来发展的一些思索——生态经济学理论与实践》(《山西农经》1997年第6期)、《日本农协与中国实践——农业市场中介服务组织的实证研究》(《日本的农业、农民和农村——战后日本农业的发展与问题》,上海财经大学出版社1997年出版)、《再论持续发展实力强省的构想》(《山西农经》1999年第4期)、《山西发展中的观念问题》(《经济发展环境纵横谈》,山西经济出版社2002年出版)、《生态经济学需要深入研究的重要理论问题》(《经济问题》2007年第2期)、《论农业经营大户》(《中国农村经济》2007年第4期);主持的课题有《昔阳县农村经济调查》(1980年1月立项)、《山西省经济结构研究》(1984年3月立项)、福特基金项目《中国农民合作服务组织比较研究》(1994年)、《山西省工业产业结构调整战略方案——"14888"工程建议方案》(1990年)、《中国农村的现实与未来发展趋势》(1984年6月立项)、《我国宏观经济分级管理责任制研究》(1988年4月立项)、《中国农民的分化与流动》(1988年5月立项)、《山西省工业产业结构调整战略研究》(1990年2月立项)、《山西省"四荒"治理对策研究》(2000年8月立项);主编著作《昔阳农村经济史记》(山西省社会科学院1984年内部出版)、《新趋势——中国农村的现实与未来》(农村读物出版社1985年出版)、《中国农民的分化与流动》(农村读物出版社1990年出版)、《新世纪发展之路》(山西经济出版社1996年出版)。

【农经学科综述】

中国农经学成为一个独立的学科,是从20世纪初到20世纪30年代完成的。当时西方新古典经济学和马克思主义经济学先后传入中国,在此历史背景下,中国农经学自初建便存在着不同理论方法、不同学术观点的争鸣与创新。后人称马克思主义农经学者为传统学派,非马克思主义农经学者为西方学派。20世纪70年代末,传统学派和西方学派的学者们都试图用所掌握的理论与中国农民、农业和农村的实际相结合,提出深化改革、推进发展的新思路、新方法和新途径。这是新时期农经学界展开学术争鸣与创新的一个基本特征。学者们围绕不同主题开展学术争论,在争鸣中达到了交融与互补,特别是运用马克思主义的立场、观点和方法,揭示农业经济运行的一般规律和特殊规律,提高了理论水平,推进了农经学科理论方法的升华与创新。

陈家骥先生访谈

国际农经学从创建之初就定位成为社会提供服务的应用学科,我国的农经学亦如此。我国农经学面向现实,紧密联系中国农村的实际,为社会经济单位提供决策信息、理论和方案。孙冶方是我国农经学科的主要开拓者,《论农村调查中农户分类方法》(1935)一文是其代表作。中华人民共和国成立后,特别是党的十一届三中全会以后,我国农经学科建设与发展进入了黄金时期。这个时期中国农经学的领军人物是我国农村政策理论家杜润生,他从两个方面做出了积极贡献,一方面主持中国农经学会——党和政府联系专家学者的纽带和桥梁,形成一个全国性的紧紧围绕党和政府的农村决策开展学术活动的学术团队;另一方面是主持党和政府的政策咨询机构,把全国农经学界中的科研和政策咨询骨干组织起来,形成一支能够反映当代学术水平和政策水平的高级智囊团队。

这就在我国农经学界形成两条为党和政府提供咨询服务的"绿色通道",即民间学会智囊团和官方政府智囊团。山西省农经学科建设就是在这个大背景下进入了最兴盛的时期。当时的领军人物是农村政策理论家王庭栋,《调查研究与解放思想——农村经济切身经验》(1994)是其代表作。王庭栋通过咨询机构和学术团队将各方人才凝聚起来,这些人才在为山西省委省政府提供咨询服务中各显其能,做出了贡献。当时,山西构筑起一个三代人共捉刀笔、共建农经学科事业的兴旺局面。北京同业学者曾评析,山西省农经学科在全国得到的评价是"事业加友谊,人少能量大"。

农家(农户)是农村最基本的也是最微观的社会经济决策单位,我国农经学科从一开始就将此作为研究对象的客观基础。中华人民共和国成立后,特别是改革开放以来,大兴农户调查之风,成为农经学界的时尚。山西省进行了"十村千户"1986年至1998年的连续跟踪观察,获得农民福利变化的一手信息资料,促进了农经学的深入研究与理论创新。

农经学科发展的趋势:多学科相互交叉,不同经济学派相互融汇;综合、批判和应用多种分析手段,进行理论的突破和创新;把农户经济纳入经济学框架,蕴涵着微观分析的创新。

第一章 应省农委约请，总结农业学大寨的经验教训

1. 接受山西省农委的任务

问：您是山西省经济学界老一辈著名专家，参与过许多山西省委、省政府的重大决策，我们想请您谈一下参与决策的情况。

陈：感谢采访。从农业学大寨运动谈起好吗？

问：好啊！1964年，毛泽东同志发出农业学大寨的号召，全国开始开展农业学大寨运动，直到1978年底结束，持续十多年之久，对中国农业的影响巨大而深刻。农业学大寨运动成就很大，也有教训。

陈：是的。我今天主要回顾和介绍一下改革开放初期参与总结农业学大寨运动经验教训的情况。那是1980年7月，时任国务院副总理万里指示农业部撰写一本总结农业学大寨历史经验的书，以配合中央关于农村改革重大决策的实施。于是，中央派中国农业出版社总编罗涵先【编者注：有误，应为副总编辑】来咱们省组稿，罗涵先是中国元老级农业经济专家，当时是全国民盟的秘书长【编者注：有误，应为民盟中央副秘书长】。他到山西省委，把他的意图说了，省委把任务交给了山西省农委，省农委的领导最后让我来办。他明确告诉我中央要调

整政策，让山西配合中央的重大决策，写一本小册子，总结学大寨的经验教训，批判农业学大寨"左"的做法，肃清影响，扫清道路。当时我意识到这件事政治性很强，比较敏感，马上提出："我写这个不适合，当然，我是搞经济学研究的，让我搞也可以，给我一年的时间，我要经过调查研究，从经济学的角度总结一下学大寨的经验教训，做一些科学的分析。"他说一年时间太长，要有时效性，要配合中央。我跟他讲，农业学大寨是有个过程的，毛泽东同志号召农业学大寨是针对全国的形势提出来的，当时，经济很困难，又没有外援，只有依靠自力更生的精神，所以就找大寨这个典型，这是完全正确的。这一运动后来出了问题，这个过程很值得总结，而不能简单否定。他也理解，觉得我讲的也不是没有道理，所以同意按我的思路搞，我就开始把它当成一件重要事情来办。

2000年9月，陈家骥在大寨虎头山调研

陈家骥先生访谈

2. 到大寨和昔阳调研

问：这件事是山西省农委安排的，当然应该在省农委支持下做了？

陈：做这件事用的是山西省农业区划办的钱。此前，在1978年，全国科学大会定了一个研究项目，就是搞农业区划。当时万里把何康调去当国家农委副主任兼农业区划委员会的主任，后来何康当了农业部部长。何康之前是西双版纳热带植物研究所的所长。1979年8月，山西省农委也成立了农业区划委员会，调刘锡田当山西省农委的副主任兼农业区划委员会主任，他是咱们省首席水利专家。我当了农业区划委员会农业经济组的组长，副组长是山西财经学院计划统计系的系主任夏兴农。当时农业经济组的第一项任务是搞县域农业经济调查，我们在全省一个地区搞一个试点县，列了七八个县，有太谷、兴县等。我抓的是太谷县，带着山西省委党校的一些大学生去做调查。在这个过程中罗涵先找到了我。我和夏兴农主任商量后就把昔阳列了进去，开始着手这项工作，带着党校毕业生王新义、陈克毅等，进驻大寨大队实地调研，时任大寨公

2000年9月，陈家骥（左一）在大寨与宋丽英合影

社党委书记耿怀英和大寨大队党支部书记梁便良支持我们开展工作。这项工作历时两年多，1982年底基本完成。

3. 调查报告回答了当时人们普遍关心的三个问题

问：这次调查的收获是什么？

陈：昔阳县调查有两个成果，一个是《昔阳县农村经济调查报告》（以下简称《报告》），另一个是《昔阳农村经济史记》。《报告》有五六万字，正式发表于1982年，在《农村发展探索》第8期【编者注：有误，应为第1期】刊登，红旗出版社《经济调查》1983年第2辑全文转载。这个调研报告是按照马克思主义经济学的基本原理，按生产、分配、交换、消费四个过程写的。当时我们把《报告》和太谷县（太谷县当时是山西省"四化"典型县）的调查报告一起交给了中央，两个县都很有代表性，引起了中央农业区划办的重视，何康在全国大会上提出让全国参考，并发向全国，影响很大。后来，红旗出版社来找我，又做了些压缩就公开发表了。修改过程中，删去了一些专业图表和敏感问题，比如当时虚报产量的问题。我调研时把虚报的计划书底稿都翻了出来，我和当时的昔阳县委书记刘树岗熟，就让他作顾问，做调查时也都用昔阳县的人，有昔阳县委宣传部部长刘维楼、办公室副主任孔令贤等，材料很实，都是一手材料、原始档案，我的基本观点也都在这个《报告》里了。

问：这个《报告》的主要观点是什么？

陈：《报告》回答了当时人们普遍关心的三个问题：一是怎样评价农业学大寨运动；二是怎样评价昔阳县农村经济的运行模式；三是怎

样进行县域农村经济调查。关于怎样评价农业学大寨,我的基本观点:毛泽东同志提出农业学大寨是完全正确的;"四人帮"利用它推行极"左"路线,大寨也是受害者;拨乱反正后大寨和全国一样继续前进。我认为学大寨是一个探索过程,不能完全否定,大寨当时存在平均主义(大寨工),但是初衷不是这样的,因为山区自然环境很复杂,很难计件定额,陈永贵就批判这个定额,也一直在探索解决这个事,后来一步步发展成大寨工,所以否认这个过程是不对的。

4. 正确评价改革开放前昔阳的经济运行

问:这里涉及如何评价这段历史。

陈:这里头的一个重要问题就是怎么评价改革开放前昔阳县的经济运行,这个问题很复杂。我一开始的立足点:从经济效益的角度做科学评价,简单讲就是计算投入产出,根据这个原则展开探讨。那时这个在全国也是比较新的。我用了很大精力搞清楚了当时的投入量和产出量,衡量后发现投入与产出不合理,成本高,附带损失、浪费很大,经济效益很低,最后得出的结论就是"高投入、低产出"。这个结论符合当时大搞农田建设的基本实情,(人们)都能接受。

5. 这个调研报告的国际影响

问:听您介绍后,感觉这个《报告》的影响很大。

陈:《报告》在国际上也产生了很大的影响。1980年夏,日本派了一个很大的学术代表团来中国考察农业学大寨,团长加藤是东京大学的教授、当时日本农经学会的会长,很有学问。他们来到山西后,主要是采访我。(我)当时回答他提出的一些问题时也没有可参照的答案,只能按照我研究的成果来讲。1985年,山西省第一次派社会科学考察团去日本,我参加了。团长是刘贯文,我们的老院长。考察带有政府性质,接待规格很高,对方提出要我们介绍大寨经验和山西的经济结构,我做了报告,还是原来的观点。后来,我到印度去考察山区经济,对方也要求我们介绍大寨的经验,我就介绍我的研究成果。

第二章 论证和解说农业生产责任制，推动农村改革

1. 研究室每次开会山西省委书记、省长都参加

问：改革开放初期，山西在总结农业学大寨运动经验教训的同时，开始落实党的农村经济政策，推行家庭联产承包责任制，农村改革起步。请您回忆一下当时的情况。

陈：记得1982年2月春节刚过，山西省委、省政府想派一些人到农村改革走在前面的先进省、市做调查研究，借鉴一些经验。那时，（山西）省里专门成立了农业经济和农业系统工程研究室，是虚设机构，聘请我当主任，负责把省里各方面的农业经济人才都聚到一块，研究室实行人员聘任制，设专项课题，拨专项经费。研究室每次开会，山西省委书记、省长都参加，十分重视，有名的留美学者张秉新、廖少云，还有山西财经学院的夏兴农、山西农大的刘蓉芬都应邀参加。后来，我们组织考察团，到川、沪、皖、鲁四个省市，对农村改革进行考察，两个重点：第一个是四川广汉县，是赵紫阳负责的点，全国农村改革第一县，也是中央取消公社的试点县，而取消公社是当时的一个重大举措；第二个是安徽肥西县，是万里负责的点，这里包干到户搞得

好。所到省、市，省委书记、市委书记都亲自接待并介绍情况。后来，我们把考察的录音作了整理，大家又分别写了调研报告，最后把真实情况汇集成十来万字的《川、沪、皖、鲁农村经济考察报告》，报给山西省委省政府和有关部门，得到省领导的重视。

1991年9月，陈家骥（前排左四）在定襄召开完善农村社会化服务体系研讨会

2. 山西省委指定我写农村改革十个"为什么"

问：中国的改革从农村开始突破。改革开放初期，中央对农村改革非常重视，从1982年开始，每年印发的一号文件都是关于农业的，连续5年。那几年，农村改革的步伐很大很快。

陈：是这样的。当时山西的农村经济体制改革都是按照中央的重大决策推进的，省里没有单独出台相关决策。其实，全国都是这种情况。为了贯彻中央的决策，山西省委指定我具体承办，围绕中央一号文件写农村经济改革十个"为什么"，既要理论联系实际，又要通俗易懂。我紧紧张张用了三个月时间完成,印了五万册,发到当时的人民公社和一些大的村。那时,咱们省里农村改革的步伐大概比全国慢两到三年,原因就是受农业学大寨的影响很深,从群众到干部,特别是基层干部转变起来难度比较大。这一措施得到中央农村政策研究室主任杜润生的肯定。他还在全国转发了这个小册子,推广我们的经验。

1995年12月,陈家骥(左二)在上海复旦大学美国研究中心参加"市场经济与中国农业:问题与前景"国际学术讨论会

问: 这个办法很新颖啊!

陈: 我把中央的决策变成通俗易懂的十个"为什么",这也算开了个先河,在当时是新提法,在全国影响很大。

3. 参加全省农业生产责任制调查

问: 家庭联产承包责任制的实行,在农村乃至整个社会引起巨大震撼。农民欢欣鼓舞,农村一片喜气洋洋,农民由衷拥护这一改革。

这一改革顺应了民心，也彻底改变了中国农村的面貌。

陈：是的。在1981年冬天到1982年春天，山西省委安排了一次全省农村生产责任制的调查。我的调查结果是，60%以上的农户拥护生产责任制。实际上，比例应该更高。老百姓喜欢什么，不喜欢什么，主要是由经济利益决定的，而不是其他因素。

问：可以说，生产责任制更符合老百姓的切身利益。当时这个制度是怎样提出来的？

陈：在1981年12月9日到16日，中国社会科学院农业经济研究所和云南省社会科学院在昆明联合召开了全国农业生产责任制讨论会。这次会议也是改革开放以来第一次讨论包干到户的大会。包干到户也就是后来的家庭联产承包责任制。会上提出了三种看法：一种是包干到户是符合公有制和按劳分配的，也就是属于社会主义性质；第二种认为包干到户使生产资料所有制起了质的变化，丧失了实行按劳分配的客观条件；第三种认为从静态看包干到户是社会主义性质，从动态看它滑向个体经济。我的发言《包产包干到户具有社会主义经济特征和社会主义属性》被列为第一种意见的代表作。这次讨论会反映了当时学术界对家庭联产承包责任制的看法。

第三章　主持山西能源重化工基地建设决策中农业规划部分的制定工作

1. 提出山西农业现代化建设规划并得到省委省政府采纳

问：山西最大的特点是煤多。改革开放初期，中央决定把山西建设成全国重要能源基地。山西省委省政府多次组织专家研究论证。山西省社科院（当时还是社科所）还主持召开过一个全国性的研讨会。山西省政府先后制定了《山西能源基地建设规划纲要》和《山西能源重化工基地建设综合规划》。山西能源重化工基地建设为全国做出了重大贡献，对山西自身也产生了深刻影响。从"煤炭能源基地"变为"能源重化工基地"也有一个过程。请您谈一下参与决策的情况。

陈：我参与了这一决策中农业规划部分的制定，组织完成了《山西农业投资的方向、体制与政策的研究报告》（以下简称《报告》），提出山西农业现代化应该选择高投入高效益的发展途径的观点，得到了山西省委省政府的采纳。在《报告》一开头我就说，一要吃饭，二要建设，不管搞什么基地，都要重视农业。我用了很大篇幅论证了农业投资问题，提出了几个重要数字：第一个是山西省农业的基本建设投资额，这个数字在当时各类统计中都没有。最后得出一个结论——新中国成立后 30 年山西省农业用于扩大再生产的总投资为 180.6 亿元，年均 5.64 亿元，此前在山西搞了一辈子农业的人都一直没弄清楚这个数字，这次搞清楚了。第二个是区别国家投资多少、集体投资多少、个人投资多少，这个也是多少年没搞清楚的问题，这次搞清楚了。山西农业总投资的结构——国家占 28%，集体占 70.5%，集体投资的 70.5% 里头有 50% 是劳动积累。劳动积累就是把老百姓的劳动投入积累起来。我用这个统计说明，这些年来，山西的农业投资中国家投资很少，集体投资也很少，主要靠劳动积累。第三个数字是全省农业平均动态盈利率（加上劳动积累部分）为 0.88，小于 1，这是反映传统农业"高劳低效"的典型数据。这几个数字是这个《报告》最大的成果。别小看这几个数字，这几个数字解答了一个问题，就是为什么山西农业收成每年都在下降。其原因就是农业基本建设投资太少，就像一个企业，不投资，不扩大再生产，慢慢就萎缩了。这个《报告》很长，数字很翔实，也是我本人做的第一个关于农业投资的报告，在山西省里也是第一个，之前还没有从这个角度研究问题的。我认为这个《报告》有三个破旧立新的成果：第一，把山西新中国成立以来形成的基本建设投资结构改变了，这是很重要的。新中国成立以来，山西农业投资在山西基本建设总投资中所占的比重始终在 8% 以下，我们这个建议使它提高到 10%，不要小看这两个百分点啊，这是一个大台阶，我们当时的建议是必须达到 10% 或 10% 以上，才能满足农业发展的要求。第二，农业基本建设中国家投资的比例提高了。现在常说的农业投资的两个比例，一个是大比例，即农业投资在基本建设总投资中所占的比例；一个是小比例，即农业投资中国家投资占的比例，原来国家投资占比是 28%，现在要求增长到 34.1%，增加了 6.1 个百分点，这个幅度也是很大的,也是一个重大的突破。另外就是把集体投资当中的劳动积累所占比重由50%降到7.6%,这也是一个很大的突破,就是说将来集体投资不能再光靠劳动积累。第三,就是改变了农业内部的投资结构,也就是农业本身农、林、水、气、机的投资比例。过去60%的农业基本建设资金被投在了水利上,这次我把它给改了,把水利投资占比减少了,增加了农业和林业投资占比。水利投资占比被压缩到50%左右,减少了10个点左右,增加了林业投资和农业投资这两块的占比然后,这样农业和林业基本投资一下子就多了。这个对咱们省里的部门结构也是一个破旧立新,我刚才说的那个结构三十来年没变过,所以,《报告》写得有突破,总的来说就是加强了农业基础建设。对于这个《报告》,山西省里从书记到部门领导都赞成,最后采纳了,并体现在了《山西能源重化工基地建设综合规划》中。

《保障农业稳定增长的投资战略研究》,1989年12月

《农业投入与农业持续、稳定、协调发展的关系研究》,1991年12月

《推进农业第二个飞跃是解决农民收入问题的根本之路》,2003年10月

2. 我与王森浩省长的最大分歧

问：在山西的能源重化工基地建设中，到底要不要挖煤炭呢？

陈：为了搞能源重化工基地建设，挖了那么多煤炭，但最后把山西自己的环境破坏了，谁来管，我说应该由国家来管。当时为煤炭价格问题开过两次会，由大家讨论山西到底是越挖越富还是越挖越穷。结论是越挖越穷，因为收益低于成本，国家调拨太厉害。所以，后来我和王森浩省长最大的分歧就是这个问题，直到他离开山西也没解决。

3. 山西解决农业灌溉问题不应该主要靠修水库

问：您刚才讲了，您主张把农业基础建设投资中水利建设的投资占比降一点，提高农业、林业投资占比。水利建设的很大一部分是水库建设。中华人民共和国成立前，山西没有水库。新中国成立以来，山西修了很多水库。二十世纪五六十年代修建了汾河水库、文峪河水库、漳泽水库、册田水库等几十座大中型水库，七十年代又修建了几百座小型水库。应该说，这些水库在农业发展中发挥了很大的作用。

陈：山西省农业基础建设主要是水利，（更具体的）主要是修水库。水利建设在咱们国家是很受重视的，因为十年九旱，山西花好多钱办这个事，过去修水库的目的就是灌溉。对修水库，我保持怀疑，不赞成。我在研究山西农业的特殊性时讲到了这个问题，主张建立节土节水的种植业，后来在钱学森科学思维指导下做过旱作农业的研究。在古代，山西的农业比较稳定，清代山西的农业还排在前头，我们的传统农业节水抗旱，主要就是靠旱作农业，利用雨水，后来在雁北地区做的研究也证实把雨水保存好了就够用。比如咱们的万荣县，是个给馍馍吃都不给碗水喝的地方，那地方的确旱，但种的小麦都很好，就是因为长期使用一种旱作技术，形成雨养农业，这是对传统思路的再利用，在耕作上想办法，专门有一套技术把雨水都蓄在地里，从而节约很多地面水。这个跟修水库的效果截然不同，修水库第一投资很多，第二会破坏很多土地，第三会把下游的水切断，把天然水域切断，导致许多新的旱地。山西把很多农业投资都投在水利上，结果效果不佳。山西的水库都偏小，不能发电，而且水库容积小，再加上黄土高原（独特的）地质结构，水库中的水慢慢就渗透蒸发了，存不住水。我并不是完全排斥水库，我的主要思想是不能靠它。我们院里搞旅游研究的杨晓国，对水库做过调查，说现在很多水库都年久失修，报废了。要

1991年9月，在定襄召开完善农村社会化服务体系研讨会时，陈家骥（第一排左二）进行参观

解决农业问题,我认为光靠修水库,就像在一棵树上吊死。在山西,解决农业灌溉问题不应该主要靠修水库,而应该走雨养农业的路,以色列就是这样,他们国家主要是沙漠,没地方修水库,但他们走了一条独到的雨养农业的路,很成功。

2000年9月,根据山西省政府安排,《山西省拍卖"四荒"工作政策》课题组在和顺调研,左一为陈家骥

2000年9月,陈家骥与《山西省拍卖"四荒"工作政策》课题组在和顺调研

第四章　主张大户治理小流域，有关部门据此制定了实施方案

1. 最早提出大户治理小流域

问：山西山多，大部分地区是山区，千沟万壑。户包治理小流域是山西农民的一大创举。20世纪80年代初，山西吕梁、忻州地区出现（这一创举），后在全省得到推广，也得到中央的肯定，在陕西、内蒙古等地得到推广，产生了很大影响。这也是山西农业的一件大事。请您谈谈参与决策的情况。

陈：山西的一个很重要的问题，就是小流域治理。小流域治理最早是王庭栋提出的，他提出让"千家万户治理千沟万壑"。小流域面积很大，怎么治理呢？分家分户治理吗？这是包干到户以后提出的方针，我也曾经肯定过这个东西，后来到了20世纪90年代，直到21世纪初，情况就不一样了，这一治理方式逐渐显露出历史局限性，几近停顿，治理速度明显减慢，包而不治问题突出。后来提出了大户治理，这个最早是我在我主持的调查报告提出来的，《山西日报》上都登了。中央来人也跟我一块考察并交流过。我主张大户治理，不是凭空想出来的，因为当时我们调查了很多大户，实践证明是可行的。大户占有较

多的资金、技术、信息和人才，能解决单家独户农民无力解决的问题，治理速度快、效果好，能起到带动作用。所以我就提出小流域治理方式应该改变，要由一家一户的小户治理变成大户治理，并写过文章，写过建议，2002年5月还在晋中组织开了个会，规模很大，最后形成了一个关于大户治理小流域的书面建议并报给山西省委，省委批了。霍泛副省长当时跟我说过，他对大户治理有怀疑。现在看来，大户治理也有很多困难。搞治理三年五年都没有收入，比如搞林业：种树，有些树木不成材就不能卖；种水果，交通不方便。另外，需要追加投资，却没人给贷款，这些都没有配套解决，所以有些人干不成，半道就垮了，自生自灭。我觉得这个问题很严重，应该解决。小流域治理实际搞起来后，对国家的生态改善会起到很大作用。咱们省里的小流域有六千多万亩，咱们的耕地才八千多万亩。山西小流域面积几乎相当于耕地面积，这么大的地方没有得到利用，不是损失吗？另外小流域治理对解决农村一部分人的就业能起到很大作用，还能增加一部分收入。比如，养鹿、鸡等一些动物，养得多了就厉害了。这些问题都是山西该认真考虑的问题，我认为山西农业潜力很大。

2000年10月，根据山西省政府安排，陈家骥（左四）率领《山西省拍卖"四荒"工作政策》课题组在河曲县调查小流域治理工作

2001年6月，太原市经济技术开发区内的山西北方种业（股份）有限公司主办沿黄河小流域治理资讯专业委员会成立大会，左二为陈家骥。

2002年9月，陈家骥（前排左三）率领国家社科基金课题组成员在内蒙古自治区鄂尔多斯市响沙湾调研

第五章 推动山西率先试办农民专业合作社

1. 与山西省体改办主任联名发表调查报告

问：农民专业合作社是改革开放后的一个新鲜事物，在这一问题上，山西省委、省政府是怎么决策的？

陈：记得在中央决策出台之前，是各省搞各省的，百花齐放。1995年5月21日根据山西省政府安排，通过联合署名的方式，我在《山西日报》发表了我和山西省体改办主任的联合调查报告，题目是《农民进入市场的一种中介组织形式》，副标题是《关于山西省建立农民服务协会试点情况的调查》。同日，《山西日报》在头版头条还发表了一篇评论员文章，明确肯定了调查报告中提出的专业合作社的做法。当然，当时不叫专业合作社，而叫农民服务协会。

问：这个"农民服务协会"是怎么想到的？

陈：早在1990年我国就成立了一个专门研究日本"农协"的经济研究会。"农协"是日本农业的一个特色，在国际上都是得到过公认的。这个专业研究会由我的一位老师负责，当时经他提议，并且经山西省委同意，在定襄召开了专门研究"农协"的全国性会议。会议的成果之一,就是确定定襄县为推广日本"农协"经验的实验基地。在这个前提下,山西省开始试验,这比全国提出专业合作社早了三年。

1997年4月,陈家骥(第一排右二)在上海参加复旦大学日本研究中心主办的以"日本的农业、农民和农村"为主题的第七届国际学术研讨会

1997年4月陈家骥在上海参加复旦大学日本研究中心主办的以"日本的农业、农民和农村"为主题的第七届国际学术研讨会

问：那么，农民服务协会在山西是怎么发展的？

陈：1994年以后，全国确定了若干个农民专业合作社的试点省，山西省争取了一个试点名额。当时，王文学副省长对此很重视，在省内成立了五个比较有代表性的试验点。第一个是由我负责的定襄农民服务协会，有1900多户参加，办了8个专业协会；第二个由山西省农业厅厅长负责，在祁县，名称直接学日本叫"协同组合"，搞了一个奶业，一个果业。第三个、第四个是在临汾和霍州，叫农民服务协会。还有一个是由山西省供销社主任负责的，在万荣县，叫农民专业合作社，由供销社牵头，老百姓种大葱、药材等，供销社负责卖。万荣定的名称和中央后来定的是一致的。王文学副省长为了管理好这几个试点，专门成立了协调联络组，组长是山西省农业厅的刘耀宗厅长，各试点单位的领导定期汇报进展，调拨专项经费。同一年，王文学还带着试点单位的领导及相关人员，去日本岩手县做了一次关于农民合作的考察，考察团规模很大。经过考察，山西省政府下定决心，确定咱们省的"农协"叫农民服务协会。

2. 农业合作社是个大决策，应继续研究

问：那后来又是怎么发展成专业合作社的？

陈：发展专业合作社是改革开放以来全国的一个大决策。中央针对农村的重大问题制定了一个章程，山西就是围绕这个章程开展相关工作的。我认为，中央这个章程不完整，也不成熟，直到现在遗留问题还很多。从起步到最后决策大约用了十几年时间，这是在农村新事物中，时间拉得最长的一个。为什么？因为举棋不定。决策有三个思想

来源，也是当时国际上对农民合作问题的三种观点，一是国际上大多称农民合作社联盟。最早的合作社联盟是由英国纺织工人自发形成的一个消费互助组织，即罗虚戴尔公平先锋社。这是一种传统的模式，也是一大主流派，现在西方国家就按照这种模式形成了国际合作社联盟。二是美国称"农庄联盟"。三是日本称"农协"。最后中央选择了英国的罗虚戴尔模式。我个人认为，这个模式不适合中国，中国应该从自身的实际出发。因为，他们的合作社强调的是生产，咱们的强调的是服务。搞生产，土地一集中，农民的土地权益就让别人拿走了，这恰恰是老百姓所最反对的。这给我们带来了很多的后遗症。

第六章 领导编制"14888"工程报告

1. 领导开展山西经济发展战略研究

问：随着能源重化工基地建设的推进，山西逐步形成了单一经济结构，这种结构对市场波动的抵御能力很差。全国煤炭市场需求旺盛，山西经济就红红火火；需求疲软，山西经济就萎靡不振。所以，如何调整产业结构，发展多元支柱产业，是山西面临的一个大问题。山西也一直在调整产业结构。请您谈谈参与决策的情况。

陈：我很早就注意到了山西经济结构的问题。早在1984年，我就撰写了《山西经济结构研究》的论文。这年3月，山西省政府召开研究山西经济发展战略和长期规划设想会议，提出了这一课题。王森浩省长把这个课题委托给山西省社科院的刘贯文院长，要求尽快提出一个研究报告，作为省委、省政府的决策参考。这个任务在当时没有经验可参考，不光山西，据我所知全国其他各省也没有做过。当时缺乏研究山西的发展战略和长期规划问题的资料，尤其是对山西全面情况，没有一个完整的、综合性的参考资料。当时部门分割，煤炭说煤炭，石油说石油，要对整个社会经济进行综合研究，难度是很大的。后来，这个课题被山西省社科院列为1984年的重点课题，指定由经济研究所来承担。我作为社科院副院长兼经济所所长,义不容辞地承担起了这个任务,组织全所力量,齐心协力完成了70万字的报告。报告里有一个总论是我亲自写的,大概10万字。

问:您这个报告的主要观点是什么?

陈:这个报告,我认为有价值的地方就是总论开头部分提出的"山西的总体结构属于哪种类型"。这是关于山西整体经济研究的一个

《山西经济结构研究》,1984年11月

重要问题,在山西是首次被提出,对我来说也是一个重大收获。属于什么类型?就其基本特征而言,山西的产业部门结构及其分配、交换和消费结构都建立在得天独厚的矿藏资源基础上,是属于资源优势型的经济结构。这个结论在全国也是第一次被提出来。1979年8月18日,当时的国务院副秘书长马洪来山西,在山西省委党校作了关于山西经济结构问题的报告,讲山西是重型经济结构,并提出把山西建成全国的煤炭基地,后来的山西能源重化工基地建设政策就是从这儿来的。此后,1983年以前,在酝酿山西能源重化工基地建设方案的过程中,"山西是重型经济结构"的提法成为学术界的主流观点。但是,我认为山西是资源优势型经济结构,这就是我和他们的分歧点。这里的"资源优势型经济结构"的提法与"重型经济结构"一说不完全一致。为什么?其实我说的这个结构,是对山西经济资源物质特征(不可再生的矿藏资源)的概括,是从实质上说的;而他们说的结构是对山西产

业部门结构（重工业产值占工农业总产值50%以上）特征的概括，是从表面说的。我们是从不同的角度说的，但是，两种不同认识引出来的决策分歧是根本性的，两者的发展导向和前景截然不同。"重型经济结构"说站在调整政策的角度，其方向是把政策调整为接近重轻型或轻重型的结构；而"资源优势型结构"说是站在转型发展的角度，其方向是把经济转变为接近技术优势型或资本优势型。调整产业政策是策略性的阶段预期措施，而促进经济转型发展则是战略性的发展远景。我认为山西资源优势型的经济结构是存在于不同历史时期的古老的经济模型，太落后了，煤炭产业是以采掘当地自然资源来获取廉价的矿产资源为目的的产业，这种产业在资源储备和市场需求增长的条件下能够继续发展。当时的背景是，1979年，国家最需要的是人吃的粮食和工业需要的煤炭。而山西有资源储备，能继续发展。可是我认为，一旦资源枯竭，或者新材料、新能源出现致使煤炭失去市场，山西经济就会萎缩下去，最后，煤挖完，一片荒凉，连人吃的水都没有，会是个悲剧。我曾经去过江浙和日本考察，人家都是资金优势型和技术优势型的产业结构，是以雄厚的资本和高新技术为基础的产业结构，不受当地的传统原料资源影响。这种产业结构具有能适应市场需求、好调头的产业灵活性，更接近现代化。所以，要走江浙地区的路子。充分认识山西经济结构的局限性是一回事，加强山西能源重化工基地建设又是一回事，要统一起来。两者的关系是什么？只有认识其局限性，才能从战略上、决策上绘制好建设蓝图。

2. 提出把山西建成机械加工业大省

问：您对山西的经济结构还提出过哪些想法？

陈：关于经济结构主要就是提出这个问题。这个问题在当时是涉及全面、长远的重大问题。当时我的个人观点是不赞同山西继续挖煤，我专门做过论证，并明确提出了转型的建议。我的指导思想是在国家急需煤炭的时候继续挖煤，但长远目标是转型。怎么转型呢？咱们省基础好，有煤炭，煤炭可作为手段，挖煤由国家投资，我们山西应利用国家投资，争取一些高新技术产业，发展新的支柱产业，发展未来可替代煤炭的产业，把山西建设成一个以高新技术为基础的机械加工业大省。

3. 编制山西工业结构调整方案

问：20世纪以来，山西先后曾提出多个调整产业结构的文件，1987年一个，1989年一个，1991年一个。1991年制定的"14888"工程影响很大。一直到现在，我们还一直强调调整产业结构。请您谈一些参与制定山西工业结构调整方案的情况。

陈："14888"工程是王茂林1990年2月提出来的，当时他是山西省委副书记。他分别给山西省委政研室和山西省社科院写了信，内容是关于山西经济结构调整的，信中要求我们拿出一个有科学依据的、适合山西经济实际的、可操作的实施方案，经过组织论证，然后纳入"八五"规划。两部门接到信后，商定由我具体负责。在短时间里搞一个经济结构调整的方案,涉及那么多部门,难度太大,恐怕完成不了。我提出只搞工业结构调整方案,理由很简单,山西结构最不合理的就是工业。王茂林同意了,集中了七八个部门的骨干一起完成这件事,任命我为课题组组长。我们先后考察了西北五个省,用了几个月的时间研究。1990年9月向山西省委提交了《山西省工业结构调整战略的研究报告——关于实施"14888"工程的建议》,包括1个主报告和8个分报告,约18万字。最重要的成果体现在三个方面:第一,回答了山西工业结构究竟合理不合理的问题,结论是基本合理,但是存在产业素质低的问题,主要体现在煤炭产业,干这个产业只要一不怕苦、二不怕死就行,没技术含量。第二,针对支柱产业单一和产品初级化的问题,提出了建立多元支柱产业体系的战略构想。第三,解决了怎样把调整思路转化成政策并付诸实施的问题,提出搞"14888"工程,即:1个传统重点支柱产业——煤炭工业;4个新的支柱产业——冶金、机电、化工和轻工食品;8个产业链;88个新产品。这样,就把调整方案变成一个系统的配套工程项目,直接纳入中长期发展计划,并可具体实施。

问:这个报告是什么时候完成的?

陈:这个报告于1991年3月正式面向全省各地市、各厅局印发,广泛征求意见。同年4月山西省委、省政府在北京举行了更高决策层次的讨论会,邀请了50多位过去在山西担任过主要领导职务或山西籍的老同志、国家有关部委领导和著名的专家学者。像这种性质的、大规模的规划讨论会对于山西来说还是首次。参会的领导和专家对"14888"方案给予了很高的评价。经过反复论证,最后山西省委、省政府全部采纳了这一工程方案,并将其列入"八五"规划。1994年4月,这个报告获得了山西省科技进步软科学一等奖。

4. 第一个提出在山西发展文化产业

问：您曾提出"把未来山西建设成为能源大省 + 文化生态经济大省"的构想，请问当时您是如何设想的？

陈：在1994年山西省政协七届二次全会上，我向山西省委、省政府提出一个建议。当时胡富国书记参加了会议，山西省政协常务副主席张长珍主持会议。我的大会发言是《关于要下好全国和山西"两盘棋"的建议》。这个题目本身引起了很多人的关注，大家都说："全国是一盘棋，你怎么说'两盘棋'？"就下好这"两盘棋"，我还做了解释。一是希望山西首先要当好全国一盘棋中的兵卒；二是还要当好山西两千万人这盘棋的将帅。我具体讲了三个问题：第一，为什么要提出下好两盘棋？我提出一组数字，1985年，山西地区生产总值占全国国内生产总值的比重是2.47%，山西人均国民收入比全国平均水平低10元，可是到了1990年，山西地区生产总值占全国国内生产总值的比重下降为2.16%，降得很厉害，山西人均国民收入比全国平均水平低224元，差距拉大了。这是什么造成的，原因是什么？我认为，一是中央实施的地区倾斜政策总体来说对于东西部有利，对中部不利；二是山西地方政府实施的地区改革与发展战略和策略有问题，比如，山西应该从实际出发，制定并实施既符合全国统一战略又符合本地区长远发展的目标战略和规划，把这个搞好了，才有可能避免出现区域发展的较大差异。第二，能不能下好两盘棋？我认为能。第三，怎么才能下好两盘棋？我明确提出，山西不能只发挥煤炭资源这一个优势，山西还有其他的优势。山西积累了大量华夏文明人文古迹，这些都是稀世珍宝，其价值和数量堪称中国之最。经陕西、山西、河南三个省勘察证明，山西人文资源第一，但是开发落后。所以只要有必要的投资和现代的科技手段加以保护、修缮和开发，这些人文资源就是一笔巨大的财富和无限增值的资本。从长远意义上说，它是比煤炭资源更有开发价值的宝贵资源。我们有这么好的资源可以开发利用，若用生态建设和基础设施建设这两项建设来支撑中国之最的人文资源优势，创造一个三足鼎立的支柱产业格局是完全能够实现的。后来，我连续发表了《加速发展山西经济，努力赶上发达地区》《山西由能源大省迈向文化生态经济大省的构想》两篇文章，还主编了《新世纪发展之路》一书，全面系统地描述了山西建设文化生态经济大省的构想，设想未来的山西将以大文化为龙头产业，带动相关产业体系发展，形成"巨人型"经济结构。"巨人"的头就是大文化产业，"巨人"的两条腿是绿色产业和基础设施产业，"巨人"的双脚踏在能源重化工基地之上。在山西这是第一次提出发展文化产业的问题。当时，为了让决策层采纳我的建议，尽快做好转型发展的战略决策，1997年我通过学习生态经济学理论，结合我们山西的实际，撰写并发表了《关于未来发展的一些思索》一文，提出并论述了发展观的问题；2002年10月，又撰写了一篇《山西发展中的观念问题》，把发展观提到决策观念高度加以论证，指出新中国成立以来，山西经济发展的得与失与决策是密切相关的，我的意思就是，山西发展这么慢，就是因为山西的决策观念落后。

1996年8月,陈家骥(左二)在西安参加黄河中上游地区经济发展研讨会

1998年3月,陈家骥(第一排左二)参加山西省生态经济学会第二届会员代表大会

5. 山西应逐步转型最终脱离煤炭

问：您对山西的转型发展进行了周密的思考，对山西未来的发展您有什么建议？

陈：2015年3月我接受了《中国环境报》关于山西转型的专访。我的一个中心意思是，山西转型没有抓住实质问题——产业，没有脱离原来的资源基础。资源都是有限的，产业的原料都是不可再生的，如煤炭及由煤炭转化的电力。我的主张也包含了国际上所谓的可持续发展，它实质上是产业、生活等都建立在可再生资源的基础上。我建议山西应该建立新的可持续发展的产业园区，比如，阳泉搞了一个煤矸石再利用工厂，我认为这是个好典型，变废为宝，这才是转型；另外一类是新能源，如植物性能源等，植物可代替石油，而忻州就有个甜玉米基地，有大量的玉米秆可以利用；再一个是畜牧

《陈家骥论文集》

业，雁北搞了个畜牧基地，养猪，利用粪便搞沼气，很成功；还有太钢的不锈钢，就地加工，增值数倍。所以我觉得要利用现有的原料和经验，利用国家的有利政策，建立若干园区、群落，逐步扩大，逐步转型，最终脱离煤炭。山西是大有作为的，也是大有前途的。

附录：陈家骥先生大事记

1932 年：

9月，出生于山东省莱州市。

1949 年，17 岁：

3月，参加工作。

1953 年，21 岁：

4月，加入中国共产党。

1959 年，27 岁：

毕业于中国人民大学农业经济系。

1979 年，47 岁：

1月，在《经济问题》第1期，与夏兴农合作发表论文《编制农业区划一定要进行经济科学的评价》。

5月，山西省农业区划委员会成立，受命担任农业经济专业组组长。

1980 年，48 岁：

5月，与夏兴农、李宝瑜合作完成《太谷县农业生产力发展现状与未来的趋势》，原载于《山西省农业现代化学术讨论会论文集》。与赵彦庄合作完成《山西省农业经济结构的形成与变化》。

7月，在《经济问题》第7期发表论文《浅议农村人民公社劳动计酬制度的变革》。

8月，主持完成课题《太谷县农业生产力发展现状与未来趋势》。该课题于1979年10月立项，委托单位为山西省人民政府。

11月11日，在山西省农业经济调查训练班作学术报告《科学的社会主义才是实现农业现代化的指导思想》。

1981年，49岁：

1月，在《农村发展探索》第1期发表论文《略论我国农民集体所有制的经济特征及其优越性的实现》。在《经济问题》第1期发表论文《试论农业田间劳动管理的客观依据及其规律性》。

5月，完成《关于农业工程管理的几个理论和方法问题》，载于《水土保持讲义》，该讲义由黄河水利委员会印发。5月4日作内部报告，题为《经济的利益是决定农民情绪的主要根据——对皋落大队落实农业生产责任制问题的考察》。

1982年，50岁：

1月，在《农村发展探索》第1期发表《昔阳县农村经济调查报告》，被红旗出版社1983年《经济调查》第二辑全文转载。

3月，在《农村发展探索》第3期发表论文《论包干到户》。发表《对包干到户性质的几种不同意见——全国农业生产责任制讨论会论文摘要》（《农业经济丛刊》1982年3月14日）。

4月，主持完成山西省人民政府委托的重点课题《川、沪、皖、鲁农村经济考察研究》，立项时间为1982年2月，同年4月完成。率队赴川、沪、皖、鲁进行农村经济考察后，执笔完成《四川省农村经济改革试点情况考察报告》和《体会与建议——川、沪、皖、鲁农村经济考察报告》。在《农村发展探索》第4期发表论文《试论农村经济的全面改革——受川、沪、皖、鲁经验的启示而作》。

8月，在《农村发展探索》第8期发表论文《经营方式、家庭经济与社会主义》，这也是陈家骥1982年9月初在一个农村经济研讨会上的发言稿，会后又作了必要的补充和修改。

11月，在山西省内首次提出发展山西特色农业的构想，并进行了充分论证。

12月，主持完成国家农业区划委员会委托的重点课题《昔阳县农村经济调查》，该课题1980年1月立项，1982年12月完成。

1983年，51岁：

1月，在《农业投资效果》第1期发表《略谈农业劳动投资及其经济效果评价》。

3月，在《农村发展探索》第3期发表《探索山区经济良性循环的锁钥》。在第二次全国农业辩证法学术讨论会上提交论文《山西农业发展战略思想的研究》，这是陈家骥先生1982年11月19日在山西省农牧业规划研究论证会上的发言，会后又作了必要的补充和修改。

5月，任山西省社会科学院副院长兼经济研究所所长。提出山西农业现代化应该选择高投入高效益的发展途径，这是对山西省自1950年至1980年30年间的农业投资效果系统研究和总结后得出的结论。主持并执笔完成重点课题《山西能源重化工基地建设综合规划》，与刘英麟、孙序五、陈常益、宋维翰、吴晋安、周德胜、张佐国、姚明亨、赵芝凤、韩亚珠合作完成《山西省农业投资方向结构与政策的研究报告》（《农业投资效果》1983年增刊）。在一个干部培训班上做了题为《中国农村的未来》的学术报告。

6月，在《农村发展探索》第6期发表《战略地位·适度规模·决策理论——对户包治理小流域的一些见解》，这是陈家骥先生在山西省户包治理小流域政策技术经济讨论会上的发言，发表时作了一些必要的文字改动。

1984 年，52 岁：

1 月，在《晋阳学刊》第 1 期发表《试析限制因素的类型与投资方向的抉择》。

5 月，主持完成国家农业委员会委托的重点课题《昔阳县农村经济社会历史考察》，立项时间为 1980 年 10 月，1984 年 5 月完成。

8 月，在《理论探索》第 8 期发表《农村经济改革中若干理论问题的初步探讨》。

10 月，在山西省内首次提出"山西经济的基本特征，是属于资源优势型的结构"，并进行了全面系统论证。

11 月，主持完成山西省人民政府委托的重点课题《山西经济结构研究》，并撰写该课题研究报告中的总论部分《论山西经济结构》。该课题立项时间为 1984 年 3 月，1984 年 11 月完成。主编《山西经济结构研究》，这是当时第一部全面系统论述山西经济结构现状与未来的专著，全书 71 万字，获 1989 年度山西省科技进步一等奖。

12 月，完成《昔阳县农村经济历史考察的启示》和《昔阳县农村生产力调查》，见于《昔阳农村经济史记》（内部资料）。主编《昔阳农村经济史记》（内部资料）。

1985 年，53 岁：

4 月，主编《当前农村经济政策讲座》，由农村读物出版社出版。在山西省政协举办的报告会上作学术报告《农村发展的新趋势》，修改后发表于《农村发展探索》第 4 期。

5 月，在《经济问题》第 5 期，与杨维廉、薛拣民、杨国玉、张纪宏合作发表论文《当前农村经济决策中若干理论问题初探》。主持完成中共山西省委委托的重点课题《学习中央（1985）一号文件辅导讲座

(十个为什么)》，立项时间为 1985 年 2 月，1985 年 5 月完成。

6 月，主编《纽带·桥梁·结合部》，由山西人民出版社出版。在《农村发展探索》第 6 期发表论文《自然经济剖析》。

7 月，在《经济调查》第 7 期发表论文《山西家庭消费结构的特点和变化趋势》。

8 月，在《经济问题》第 8 期至第 11 期连载论文《论山西经济结构》，该文是陈家骥先生主持并执笔完成的《山西经济结构研究》课题报告中的总论部分。

10 月，赴日本学术交流，与野村综合研究所进行座谈，并作了题为《简论山西经济结构现状》的演讲。在立明馆大学作了题为《今天的大寨》的演讲。主持完成国务院农村发展研究中心委托的重点课题《中国农村的现实与未来发展趋势》，立项时间为 1984 年 6 月，1985 年 10 月完成。策划并主编《新趋势——中国农村的现实与未来》，由农村读物出版社出版，获全国优秀图书"金钥匙"奖。

11 月，发表论文《我国农村的产业革命》，见于《中国农村发展战略问题》（中国农业科技出版社出版）。

1986 年，54 岁：

1 月，在《山西科技研讨》第 1 期发表论文《顺乎时代大趋势的科技发展战略思想》。

2 月，在《农村发展探索》第 2 期与米有录合作发表论文《进一步引申农村改革的几个理论问题》。

6 月，在《农业经济效果》第 6 期发表论文《论农业市场》。完成《山西小城镇的地方特色》，见于《纽带·桥梁·结合部》（山西人民出版社出版）。与张希圣、张福生合作完成《未来的影子——河曲县开发建设的成功尝试》。

7月,在《农村发展探索》第7期发表论文《商品经济与法治思想》,本文是陈家骥先生同年5月在山西省运城地区干部训练班上的学术报告,发表时作了必要的删节。

12月,发表论文《山西巨人经济发展的构想结构》,载于陈家骥等主编的《新世纪发展之路》(山西经济出版社出版)。

1987年,55岁:

8月,在《农村发展探索》第8期发表论文《试论决策观念的更新》。发表论文《日本农村经济的改革与发展》,为山西省外国农经研讨班教材的第一部分。

1988年,56岁:

2月,论文《山西经济发展战略异议辨析》在《山西日报》1988年2月1日和2月8日分两次全文刊载,该文是陈家骥先生1987年12月在山西省科协三届二次全委会上作的学术报告,原题为《关于山西经济发展战略的一些论文》。与张广柱合作发表论文《对山西经济社会发展战略的重新认识》,见于《山西投资研究》第1期及《经济问题》第2期。在《农村发展探索》第2期发表论文《试论粮食的问题与对策》。在《经济问题》第2期与张广柱合作发表论文《山西能源重化工商品经济区的探索》。

4月,在《理论探索》第4期与张广柱合作发表论文《建立"宏观经济分级管理责任制"的探讨》,这是国家计委设立的重点课题中的一个专题,1988年10月被全国经济体制改革理论研讨会评选为优秀论文。

6月,在《改革之声》第6期发表论文《在经济改革实践中发展经济改革理论》。

8月,在《理论教育》第8期发表论文《生产力标准是"试金石"》。完成《世界经济改革潮流——发展外向经济的国际背景》,载于山西深化经济改革研讨班教材。

10月,在《农业经济问题》第10期发表论文《我国工农业协调发展的研究》。主编《中国企业经营方式》,由中国经济出版社出版。

12月,主持完成国家发展计划委员会委托的重点课题《我国宏观经济分级管理责任制研究》,立项时间为1988年4月,1988年12月完成。

1989年,57岁:

1月,主编《中国经济体制改革实用词典》,由海潮出版社出版。

2月,在《山西科技探讨》第2期,与秦谱德合作发表论文《山西经济增长的瓶颈——社会基础对科技进步与经济增长的制约》。在《乡镇论坛》第2期发表论文《避免土地生产力萎缩的对策思考》。

3月,与张广柱合作发表论文《关于建立"山西能源重化工商品经济区"的探讨》,载于《经济学与改革潮》,该书由经济科学出版社出版。

4月,与陈克毅合作发表论文《略论山西农业生产力》,载于《论社会主义初级阶段的山西》(山西人民出版社出版)。参与编写《中国农村家庭的变迁》,由农村读物出版社出版。

5月,完成论文《优势、劣势、态势——关于山西省情的理论思考》,该文是山西省"八五"规划研讨班论文。与韩亚珠合作完成《农业投资环境问题研究》,见于《农业投资问题研究》(农村读物出版社出版)。

6月,完成《中国农民的分化与流动》,见于《世界农业经济资料》。

8月，在《经济问题》第8期发表论文《农村土地权属关系的界定及产权模式的选择》。

12月，主持完成国务院农村发展研究中心委托的重点课题《保障农业稳定增长的投资战略研究》，立项时间为1989年4月，1989年12月完成。

1990年，58岁：

2月，在《经济问题》第2期，与刘光辉、潘云合作发表论文《调整投资战略保证农业稳定增长——农业投资的周期调节战略构想》

3月，与韩亚珠合作完成《我国工农业协调发展战略的综合研究》，见于农业部农业发展战略研究中心参阅资料。

5月，在《农业经济问题》第5期，与韩亚珠合作发表论文《关于实行以农业为重心的工业化方针的构想和建议》。主持完成农业部农业研究中心委托的课题《实现我国工农业协调发展战略研究》，立项时间为1989年4月，1990年5月完成。

6月，与陈典模、石亚兰合作完成《经营方式的历史演变及现实选择》，见于《企业经营方式研究》（山西经济出版社出版）。在《改革先声》第6期发表论文《山西工业产业结构调整中的几个基本问题》。主编《企业经营方式研究》，由山西经济出版社出版。

9月，完成论文《保障粮食稳定增长的投入战略》，载于《中国粮食发展战略对策》（中国农业出版社出版）。主持《山西省工业产业结构调整战略方案——"14888"工程建议方案》，这是山西省第一个纳入长期发展规划的以煤为重点的多元支柱产业结构调整的系统工程方案，并完成《山西省工业结构调整战略的研究报告——关于实施"14888"工程的建议》。

11月，主持完成中国社会科学院委托的重点课题《中国农民的分化与流动》，立项时间为1988年5月，1990年11月完成。策划并主编《中国农民的分化与流动》，由农村读物出版社出版。

1991年，59岁：

1月，在《经济问题》第1期，与刘光辉、潘云合作发表论文《我国农村十年改革的经济学思考》。

3月，主持完成中共山西省委委托的重点课题《山西省工业产业结构调整战略研究》，立项时间为1990年2月，1991年3月完成。

5月，完成论文《山西经济与资金运行中的几个特殊问题》，载于《资金问题与对策研究》（中国金融出版社出版）。

11月，在《中国农村经济》第11期发表论文《中国的国情与农业合作化》。分执主编《中国农业百科全书·农经卷》，由中国农业出版社出版。

12月，主持完成国家社科基金课题《农业投入与农业持续、稳定、协调发展的关系研究》。

1992年，60岁：

1月，发表论文《萌及未来的"联盟"学科群体——加强自然科学与社会科学联盟为建设有中国特色的社会主义服务》，见于《山西科协通讯》第1期和《山西科技研讨》第1期。主编《中国国情丛书——河曲卷》，由中国大百科全书出版社出版。

2月，在《晋阳学刊》第2期，与李云晋合作发表论文《关于社会主义条件下部分人先富和全民共同富裕的几个问题》。

3月，在《中州学刊》第3期，与李云晋合作发表论文《初论社会主义社会公平的分配与劳动的效率》。

4月，完成论文《立体农业与经济社会环境》，见于《山西立体种植技术》（山西科技出版社出版）。

5月，主持完成国家社科基金项目《农业投入与农业持续、稳定、协调发展的关系》，立项时间为1991年3月，1992年5月完成。

12月，主持完成中国社会科学院委托的重点课题《中国国情丛书——百县市经济社会调查（河曲卷）》，立项时间为1988年8月，1992年12月完成。主编《中国农村40年》，由山西经济出版社出版。

1993年，61岁：

1月，在《城市经济管理》第1期，与李云晋合作发表论文《深化企业三项制度改革应注意解决好的几个问题》。

9月，主持完成中国社会科学院委托的重点课题《中国农村社会经济变迁（1949年至1989年）》，立项时间为1990年10月，1993年9月完成。与陈吉元、杨勋共同主编《中国农村社会经济变迁（1949—1989）》，由山西经济出版社出版。

12月，《山西日报》12月2日发表论文《日本一农户——从川村善藏一家看日本农村市场经济的运行》，这是陈家骥先生同年8月与山西省农业经济考察团访问日本岩手县花卷市的一家农户后作出的思考。

1994年，62岁：

2月，在山西省内首次提出把未来山西建设成为能源大省＋文化生态经济大省——持续发展实力强省的战略构想，后来又对这一战略构想进行充分论证，并向山西省政府郑重建议。

4月，在《政协之友》第4期发表论文《加速发展山西经济，努力赶上发达地区》。

8月，在《农业经济问题》第8期，与穆月英合作发表论文《两类风险，两种对策——兼析农业自然风险与市场风险的界限》。

11月，完成福特基金项目《中国农民合作服务组织比较研究》。

12月，在《经济时刊》第12期发表论文《山西省食品工业发展问题探讨》。主持并执笔完成农业部1994年课题报告《关于农产品风险基金问题的政策建议报告》。

12月6日至8日城乡协调发展与人口区域流动国际讨论会在北京召开，此次会议由农业部和中国农经学会联合举办，由联合国人口活动基金（UNFPA）协办。

1995年，63岁：

1月，在《山西食品工业》第1期发表论文《山西食品工业的战略地位与发展方针问题》。

2月，在《学术论丛》第2期发表论文《完善提高农业社会化服务体系——在山西借鉴日本农协有益经验的初步实践》。在《山西能源》第2期发表论文《山西由能源大省迈向文化生态经济大省的构想》。

5月，在21日的《山西日报》，与俞林根合作发表论文《农民进入市场的一种中介组织形式——关于山西省建立农民服务协会试点情况的调查》。这篇文章首次提出依托农业专业经营大户，组建市场中介服务性质的农民专业合作组织，以作为实现农产品流通现代化的一种选择。当日《山西日报》给这篇调查报告配发题为《架起农民进入市场的桥梁》的"本报评论员"文章。

12月，在《经济时刊》增刊发表论文《土地价值与可持续发展》。

1996年，64岁：

1月，在《山西农经》第1期，与陈伯平合作发表论文《贫困地区的改革与发展》。在《省情与发展》第1期发表论文《粮食危机与中国国情》。主持完成山西省人民政府委托的重点课题《山西省农业和农村经济发展中若干问题与对策》，立项时间为1994年7月，1996年1月完成。主编《山西省农业和农村经济发展中若干问题与对策》，由中国计划出版社出版。

4月，在《政协之友》第4期发表论文《关于开放扶贫的建议》。

5月，在《山西农经》第5期发表论文《关于缩小地区差距的几个政策理论问题》。

10月，首先提出建立山西能源重化工商品经济区的建议和构想。

12月，主编《新世纪发展之路》，由山西经济出版社出版。主持完成农业部和山西省人民政府委托的重点课题《农民专业合作经济组织试点——定襄县》，立项时间为1993年10月，1996年12月完成。

1997年，65岁：

1月，与穆月英合作发表论文《经济增长与服务含量》《山西农业社会化服务组织的比较研究》，见于中国人民大学农村发展研究所《中国农村民间合作服务组织的现状、问题及未来》。

3月，在《山西经济管理学院学报》第3期发表《中国农业生态与环境》。

6月，在《山西农经》第6期，与陈小权合作发表论文《关于未来发展的一些思索——生态经济学理论与实践》。

9月，发表论文《日本农协与中国实践——农业市场中介服务组织的实证研究》，见于《日本的农业、农民和农村——战后日本农业的发展与问题》（上海财经大学出版社出版）。

12月，发表《日本农协与中国实践》，见于《日本农民、农业与农村问题论文集》（上海财经大学出版社出版）。

是年在学术界首次提出山西经济社会发展的得失与决策者发展观的正误密切相关,后来又明确向山西省政府决策层建言献策。

1998 年,66 岁:

3 月,在《山西农经》第 3 期,与陈小权合作发表论文《农业产业化经营的龙头工程——再论山西省食品工业的战略地位》。

6 月,在《山西农经》第 6 期,与韩东娥、陈小权合作发表论文《生态经济建设投入策略问题》。主持完成中共山西省委委托的重点课题《政府经济管理职能的界定与分权研究试点——朔州市政府》,立项时间为 1997 年 12 月,1998 年 6 月完成。

9 月,在《中国农村经济》第 9 期,与陈小权、陈小力合作发表论文《消除计划经济的运行痕迹——兼论农业中介服务组织的改革与创新》。

11 月,在《调研世界》第 11 期与陈小力合作发表论文《我国农业生态与环境》

1999 年,67 岁:

4 月,在《山西农经》第 4 期与陈小权合作发表论文《再论持续发展实力强省的构想》。

2000 年,68 岁:

7 月,发表论文《未来农业的产业属性、地位与特征》,见于《新阶段农业工作的思路与对策》(山西经济出版社出版)。

2001 年,69 岁:

3 月,在《山西农经》第 3 期,与杨国玉合作发表论文《初论"产业大户"》。在《经济问题》第 3 期,与翟胜明、杨国玉、谭克俭、武小惠合作发表论文《重点扶持"大户"是进一步推进"四荒"治理的政策选择》,此文是《山西省拍卖"四荒"工作政策调查研究报告》的修改稿。主持完成山西省人民政府委托的重点课题《山西省"四荒"治理对策研究》,立项时间为 2000 年 8 月,2001 年 3 月完成。

11 月,与刘耀宗合作主编《农民连接市场企业的载体——农民专业合作社经济组织试点实践与思考》,由中国农业出版社出版。

2002 年,70 岁:

2 月,在《山西农经》第 2 期,与武小惠、杨国玉合作发表论文《关于农业经营大户的理论思考》。该论文前期成果于 2001 年获山西省委副书记刘泽民批示[泽民第 519 号 2001 年 11 月 18 日]:"请政研室修改整理并加批注,印发市地及有关部门参阅。"2004 年获得山西省第四次社会科学研究优秀成果一等奖。

4 月,在《山西农经》第 4 期,发表论文《"四荒"治理开发的产业化经营》。

5 月,在 29 日召开的沿黄河地区 WTO 与"四荒"治理开发对策研讨会上,发表论文《关于大力推进"四荒"资源治理开发产业化经营的政策建议》,此文为陈家骥先生与韩国昌合作完成。会议呈送省领导的政策建议中吸收其观点,得到省委副书记刘泽民的批示[泽民第 444 号 2002 年 8 月 30 日]"此议很好,请范省长安排政府部门认真研究,提出实施意见报政府(省委)审定",范堆相副省长批示[F808]"请水利厅英明同志安排,提出实施意见"。

10 月,发表论文《山西发展中的观念问题》,载于《经济发展环境纵横谈》(山西经济出版社出版)。

2003 年,71 岁:

1 月,在《山西农经》第 1 期,与杨国玉、武小惠合作发表论文

《农业经济学发展的新理念》。

10月,主持完成国家社科基金项目《推进农业第二个飞跃是解决农民收入问题的根本之路》(02BJY080),立项时间为2002年11月,2003年10月完成。该课题以农业经营大户与邓小平关于农业两个飞跃理论研究为主要内容,具有原创性和创新性,2004年3月结项。

2005年,73岁:

3月,主持完成山西省高级专家基金项目《山西省农村金融体系建设与农业经济结构调整研究》,立项时间为2004年6月,2005年3月完成。

2006年,74岁:

4月,在《山西农经》第4期发表论文《论经营大户》。

2007年,75岁:

2月,在《经济问题》第2期,与王云珠合作发表论文《生态经济学需要深入研究的重要理论问题》。

4月,在《中国农村经济》第4期,与杨国玉、武小惠合作发表论文《论农业经营大户》。

2008年,76岁:

2月,在《经济问题》第2期发表论文《山西农经学科学风建设的回顾》。

2009年,77岁:

9月,与武小惠合作完成《农村经济改革的基本走向——"体外"改革与"体内"变革相结合》,载于《中国农村发展的历史跨越》(黑龙江人民出版社出版)。该论文获得山西省优秀论文奖,2012年荣获山西省第七次社会科学研究优秀成果三等奖。

【编者注】：访谈正文曾发表于《党史文汇》2016年第8期，此次作了一些修改。

访谈正文采访与整理：苗长青　岳建俊　尹君
访谈时间：2014年9月
访谈地点：陈家骥先生家中
人物简介、学科综述、学术大事记编写：马敏
图片标注：武小惠

【编者注】本书送交出版社之后，陈家骥先生于2017年9月去世。

张海瀛先生访谈

【张海瀛先生简介】

张海瀛，1933年11月生，山西盂县人，中共党员，山西省社会科学院资深研究员，享受国务院政府特殊津贴专家。1959年7月毕业于首都师范大学历史系，吴晗的研究生。1959年至1972年在首都师范大学任教，1972年至1978年任中共阳泉市委宣传部理论办主任，1978年调入山西省社会科学所任历史室副主任，1983年任山西省社科院副院长，曾当选为中国谱牒学研究会副会长兼秘书长、中国明史学会副会长、吴晗研究会副会长，1994年退休。主要研究领域：明史、地方志、谱牒学。

担任山西省社会科学院副院长期间，主持创建了20世纪90年代我国最大的（中国）家谱资料研究中心并兼任该中心主任。1991年2月23日《人民日报》（海外版）报道："我国最大的中国家谱资料研究中心在山西省社会科学院建成。收集整理出拍摄家谱的缩微胶卷708盘，每盘三千个画幅，六千页码，总字数达八亿。"

1986年9月，应邀赴法国进行了学术交流。1989年4月，应邀赴香港参加亚太地区文献研讨会；1991年3月，应邀赴美国参加亚洲学会年会，并访问了美国国会图书馆、美国国家档案局、哈佛大学、哥伦比亚大学、犹他家谱学会等；1992年4月，应邀率团赴香港参加中华族谱特展会并发表了《关于张氏起源》的演讲。1993年12月，应邀率团赴新加坡参加世界郭氏宗亲团体联谊会，并发表了《关于郭氏起源及郭子仪与山西》的演讲，引起海外郭氏宗亲团体的极大关注并组团回山西"寻根谒祖"。

代表专著《张居正改革与山西万历清丈研究》由山西人民出版社1993年出版，全书共90余万字。该书综合了张海瀛先生20世纪80年代研究张居正改革的最新成果，也是他研究张居正改革的总集成。该书以当时国内仅有的明朝万历十年二月编制的《山西丈地简明文册》为依据，阐述了山西万历清丈田亩的概况，是以行省为单位研究明代万历清丈田亩的最新成果。书末附有《山西丈地简明文册》影印件，极为珍贵。《光明日报》（1993年9月26日）、《中国史研究动态》（1999年第10期）均刊有对该书之评价。1999年该书被评为山西省社会科学研究优秀成果一等奖。张先生另一代表作是《中华姓氏·张姓卷》，全书24万字，由现代出版社于2002年出版发行。《中国图书评论》2003年第6期、《沧桑》杂志2003年第4期，均刊有对该书之评价。2004年该书被评为山西省社会科学研究优秀成果二等奖。另外，张先生编著有《太原王氏史略》和《太原张氏史略》，由山西古籍出版社2003年出版发行。《山西政协报》2007年5月30日刊有对《太原王氏史略》的评价。《太原王氏史略》2007年被评为山西省社会科学研究优秀成果三等奖。

牵头主编的《中华族谱集成》，16开双栏影印本，首批100册，每册900页，收录李、王、张、刘、陈五姓族谱93种，是列入国务院古籍规划项目的大型史籍，由巴蜀书社于1995年编号出版、限量发行。该《集成》问世后，成为巴蜀书社陈列部、上海图书馆谱牒研究中心、北京中国书店门市部等部门陈列的门面书。2003年2月,中央电视台10套播出的《百家姓》系列专题片,在介绍上海图书馆谱牒研究中心时,陈列的门面书也是《中华族谱集成》。

合作主编的《傅山全书》,共七册550余万字,由山西人民出版社1991年出版发行。全国古籍整理出版规划小组《古籍整理出版情况简报》报道称:"《傅山全书》的整理出版确为我国学术界一件盛事,它为我国文化遗产宝库又增添了一部巨著,是对我国学术事业的一大贡献。"(《古籍整理出版情况简报》1987年第183期)。合作主编的《中国十大商帮》由黄山书社1993年出版,获中国商业史学会优秀著作奖,香港中华书局于1995年又出版了繁体分装10册的增订本,后又由台北万象股份有限公司再版。参与完成的《三晋历史人物》,共四册,100余万字,由书目文献出版社1993年出版。参与完成的《中国古今名书大观》,300余万字,由山西人民出版社1996年出版。

此外,张先生还是萧克主编的《中华文化通志》中《晋文化志》的组稿者和撰稿人。张先生代表论文有《明代谱学概说》《中华族谱述略》《中华姓氏之根》《略论明代流民问题的社会性质》等数十篇,已收入《缅晗集》(山西人民出版社2012年11月版)和《治史集》(三晋出版社2012年11月版)。

【谱牒学学科综述】

在我国,谱牒学是一门源远流长的古老学科,早在殷商时代的甲骨文中,就已出现了用文字记载的家族世系。到了西周时期,周王朝在家族世系的基础上,又建立了一整套严密而系统的宗法制度。魏晋南北朝时期是谱牒之学发展的黄金时代。由于九品中正制度的推行和门阀制度的形成,时人在选官、婚姻方面,无不以谱牒为凭,出现了"人尚谱系之学,家藏谱系之书"的局面。而且,谱牒作品大量涌观。这一时期还出现了许多谱学世家。唐代是谱学由盛到衰的转折时期。唐王朝的建立,使陇西李氏成为天下皇族,打破了魏晋以来世族门阀垄断政权的格局。但魏晋以来以血统来划分尊卑的习惯依然有很大市场,即使是当时的皇帝也不能摆脱这种影响。到了宋代,族谱的性质、作用、内容、体例以及编纂与管理,都发生了巨大而深刻的变化。现存的族谱,主要是宋代以后编修的。宋代及其以后编修的族谱,全部是以特殊形式记载的宗族发展的史书,从史料学的角度看,其带有最基础的史料性质,其数量之多远远超过了正史和方志。可以说,谱牒是一个内容极其庞杂而丰富的大型资料库,它为我们研究历史学、社会学、人才学、人口学、民族学、方志学等等,提供了取之不尽,用之不竭的史料,是中华民族特有的传统文化宝库。

改革开放以来,在为海外侨胞"寻根谒祖"提供咨询服务过程中,山西省社会科学院做了大量工作,有力地推动了山西谱牒研究的兴盛,其主要表现为:中国谱牒学研究会在山西成立;中国家谱资料研究中心在山西省社会科学院建成;新中国第一部《中国家谱目录》由山西省社会科学院家谱资料研究中心编辑出版;《谱牒学研究》《中华族谱集成》均由中国谱牒学研究会主编或主持编撰。另外,山西省社会科学院家谱资料研究中心成员以个人名义发表的一批很有影响力的文章和著作,也为山西省社会科学院家谱资料研究中心争得了荣誉。这些综合起来,就使山西省社会科学院家谱资料研究中心声名鹊起、享誉国内。

中国谱牒学研究会作为一个全国性的学术团体,曾经举办了首届中国谱牒学研讨会，该研讨会由山西省社会科学院发起并承办，地点定在山西五台山南山寺，时间为1988年8月，会议经费全部由山西省社会科学院承担。时任山西省副省长白清才出席了开幕式。出席会议的还有美国犹他家谱学会会长斯考特先生、亚太地区负责人沙其敏先生，澳门学者赵文房先生以及台湾学者陈大络教授还为大会发来了贺词。在首届中国谱牒学研讨会上，通过民主选举，成立了中国谱牒学研究会。会长由山西省社会科学院院长刘贯文担任，副会长由山西省社会科学院副院长张海瀛、国家档案局郝存厚、南开大学冯尔康担任，秘书长由张海瀛兼任。其后，按程序办理了挂靠中国社会科学院的相关手续，并呈报民政部审批。1991年8月19日，民政部为中国谱牒学研究会颁发了《中华人民共和国社会团体登记证》，1991年10月5日《人民日报》刊出《中华人民共和国民政部社会团体登记公告》第4号，正式向社会公布，编号为"0473"。《光明日报》1988年9月21日刊出中国谱牒学研究会成立的消息后，在国内外学者中引起强烈反响。

1992年4月，山西省社会科学院家谱资料研究中心基于其所收藏的中国家谱，编纂了一本《中国家谱目录》，由山西人民出版社出版发行。该《目录》收录家谱2565部，收录姓氏251个。按族谱收藏数量排列，依次为王氏255部、陈氏126部、张氏114部、李氏85部、吴氏77部、刘氏75部、黄氏69部、徐氏63部、朱氏60部等等。就地域分布而言，家谱收藏量在200部以上的有江苏、浙江、福建、湖南、安徽。尽管该《目录》收录的家谱和姓氏不算很多，但它却是中华人民共和国成立后中国大陆出版的第一部《中国家谱目录》，而且其所收录的家谱全部是山西省社会科学院家谱资料研究中心收藏的。所以，1992年4月在香港中华族谱特展会上一经展出，就引起了轰动。因为许多港台学者原以为经过"土地改革"和"文化大革命",中国大陆的家谱早已荡然无存了,可是没有想到,仅山西省社会科学院家谱资料研究中心就收藏着如此多家谱,而且有很多大部头、高质量的家谱。香港《快报》和《华侨日报》都报道了这次展出。1992年6月11日上海《社会科学报》以《大陆家谱展令港人大吃一惊》为题,报道了这次展出,于是,山西省社会科学院家谱资料研究中心开始扬名国内外。

此外,宋庆龄创办的《今日中国》1995年第9期还刊登了题为《华胄归宗,寻根有路——访山西"中国家谱资料研究中心"》的报道,用英、法、德、西班牙、阿拉伯五种文字,向全世界介绍了山西省社会科学院家谱资料研究中心收藏整理家谱以及为海外侨胞"寻根谒祖"提供服务等情况。从此,山西省社会科学院家谱资料研究中心驰名海外,并与美国、法国、泰国、澳大利亚、新加坡、马来西亚、日本、韩国、加拿大等国的侨胞以及专家学者建立起了广泛的联系。

山西省社会科学院家谱资料研究中心,不仅收藏家谱种类多、收藏量大,而且还有现代化储藏手段和阅读设备。山西省社会科学院家谱资料研究中心收藏的家谱,全部都是缩微胶卷。其时,山西省社会科学院家谱资料研究中心还备有从日本进口的缩微阅读复印机。来访的专家学者,均可无偿地借用缩微阅读机阅读家谱。20世纪末,缩微阅读机报废后,山西省社会科学院家谱资料研究中心又将所收藏的缩微胶卷转换成光盘,用电脑为来访者提供咨询服务。

1994年5月2日,时任山西省社会科学院副院长兼中国家谱资料研究中心主任张海瀛、研究员武新立,赴成都与巴蜀书社社长林万清正式签署了《中华族谱集成》出版合同,确定了《中华族谱集成》由张海瀛、武新立、林万青主编,随后就开始了一年多的紧张工作。首批收录李、王、张、刘、陈五姓，共93部家谱。在《中华族谱集成》问世之前，《光明日报》于1995年4月26日对《中华族谱集成》的编辑出版进行了报道："《中华族谱集成》是经国家古籍整理规划小组批准立项，由中国谱牒学研究会、山西社会科学院家谱资料研究中心和巴蜀书社联合编纂，并由巴蜀书社独家编号出版、限量发行的大型古籍整理出版项目。编委会由众多史学家和多年从事家谱研究的专家组成，由著名明史专家、中国谱牒学研究会副会长兼秘书长、山西省社会科学院家谱资料研究中心主任张海瀛教授和武新立教授等任主编。"

山西省社会科学院家谱资料研究中心，设在图书馆内，从主任到成员变化很大。历任中心主任有张海瀛、李吉、王岳红、李中元，从中心调出发表过著作的有马志超和周芳玲。其中，张海瀛的《太原王氏史略》《太原张氏史略》《中华姓氏·张》《族谱姓氏研究集》《缅晗集：张海瀛谱牒研究文选》等，李吉和马志超的《郭氏史略》，李吉的《中华百家姓图典》《姓氏族谱与寻根文化》，李吉和王岳红的《中国姓氏》，周芳玲的译著《中国宗谱》等，都为山西省社会科学院家谱资料研究中心争得了荣誉，在谱牒学界引起很大反响。

第一章　初到北京　刻苦钻研

1. 初入校园

问：张老师您好，首先谢谢您接受我们的访谈。您作为山西社会科学界明史研究专家以及曾作为山西省社会科学院家谱资料研究中心的负责人，有许多我们想了解的情况，不过这之前，我们还是想请您先谈谈您是如何考上大学以及在大学期间的学习等等一些情况！

张：好的，我想想啊。我记得我是1955年参加高考的，那是全国统一考试，"文化大革命"前的高考。那时全国大概有17万考生吧，我们那年班里是50个人，推荐去了5个人，好像按十分之一的比例推荐去考试，我们5个中有2个没考上，考上3个，一个好像后来是在晋中教生物，再后来当了领导；还有个后来到海关了，他现在出国了。那会儿我的历史分数高，所以后来才考进北京师范学院历史系。那会儿山西考点不多，我是在太原考的，那会儿我大哥在太原，我在他家住着复习考试。我记得太原有工学院和医学院两个考点，我考了四门，语文、数学、历史，好像还有地理。北京师范学院呀，原来只针对北京招收学生，是吴晗直接主持从其他省市招生的，是给北京市培养中学教师的，那会儿他是北京市副市长么，我们是第一届。考大学时我已经在平定师范了,是师范对师范,所以不存在什么问题,那时家里穷,其实那会清华、北大都能考。但我家里没钱,没吃的,要不我一直上师范了。(张先生说完后不好意思地笑了笑,然后喝了两口水。)

张海瀛生活照

【编者注】吴晗(1909—1969):原名吴春晗,字辰伯,浙江义乌人,中国著名历史学家、社会活动家、现代明史研究的开拓者和奠基者之一,曾任北京市副市长。

张: 咱们接着说啊。我到了学校,学校分中文、历史、物理、数学四个系。每个班 45 个人,主要是来自北京、山西、河南。我记得那会我报的是北京师范学院和天师大。那会我二哥在北京,我 1955 年去的,他 1956 年走的,他全家去了大同。到学校后我才知道,我们那届北京市委本来决定只招北京的高中生,他们是按成绩录取的,但是北京的生源不够,所以才又在华北地区招生。北京学生的录取成绩相对低一些，比如北京学生那会450分就录取了吧，外地的学生就要500分才能录取，所以差得多了。后来就能看出来，北京的学生成绩一般，在班里拔尖的都是外地学生。

张： 我刚到学校时，学校里面有4栋楼，现在那4栋楼还在，后来李其炎当了北京市市长后给了北京师范学院1个亿，历史系和中文系搬到北院了，现在规模比以前大多了。你知道么？李其炎也在北京师范学院上过学，还是我的学生。

【编者注】李其炎（1938— ）：山东齐河人，曾任北京市市长、劳动部副部长、劳动和社会保障部副部长等职务。

张： 我们到了班里才知道本来要招50个人，但实际招了45个人，没有招满。那会本科也是上4年。你不知道那会班上关系可复杂了，有的开始关系很好的，后来也不行了。我那会在老家入党早，我1950年就入党了，我是平定师范第一批党员。我到了学校后，一方面我学习好，另一方面我又是党员，所以我是院党委成员。院长是个女的，人家对我挺支持的，林莎，她叫林莎，她是北京师范学院第一任院长，她文笔好，她原来是驻欧洲一个什么刊物的总编，她外文也很好，她回来以后啊，对学校里面的工作很支持，后来，她对我很看重，那会我是学生里面的唯一党员，所以我们就接触得多。我对人家也是很尊重的。后来，有人造反，对领导批评得很过分，我就看不过，我了解那些事情，很多都是道听途说的，闹得挺厉害，那会我和林莎说这肯定是错的，当时我态度很硬，那会她知道我和市里都谈过话，那会可多人都被闹了，我这好在哪了？就是林莎保护我了。

2. 刻苦求学

问：张先生，您在校期间有什么爱好呢？

张：我吧，除了学习，平时也锻炼身体。平时跑步，中长跑1500米，我还有奖状呢。（张先生说起他得过奖，开心地笑了。）我体育成绩在班上是前三名，还代表班上参加过学校秋季运动会。

在北京师范学院运动会获奖证书

问：是么，这么厉害了，难怪您现在身体这么好！您在校期间，哪位老师或者哪位同学对您帮助比较多呢？

张：那会班主任对我的帮助挺大，在生活上学习上都对我挺帮助的。还有康泠在工作上、学习上也对我帮助很大。但是宁可先生是对我帮助最大的。他那会担任校图书馆馆长，他虽然不给我们班上课，但同学们都认为他知识渊博，对他十分尊敬。在一次关于民族英雄岳飞的课堂讨论后，同学们就如何看待民族英雄岳飞镇压农民起义以及如何评价岳飞在抗金斗争中的地位和作用，一直争论不休。我和张延生经过多次争辩，就如何看待岳飞在抗金斗争中的地位和作用，取得了共识，打算写成文章表述我们的看法。但从何处入手呢？我们找不到门路。于是我和张延生鼓起勇气，到图书馆找宁可先生求教。

【编者注】康泠（1936— ）：女，福建闽侯人，历任北京师范学院历史系助教、讲师、副教授，系党总支副书记、书记，全国妇联第六、第七届书记处书记。

宁可（1928—2014）：湖南浏阳人，首都师范大学历史系教授、博导，主要研究领域为中国古代经济史、隋唐五代史、史学理论、敦煌学。

问：噢，宁可先生啊，您还跟他学习过？

张：嗯，是的。宁可先生平时待人很热情，也特别热情地接待了我俩，耐心地告诉我们："确定选题之前，必须了解和掌握学术界的研究状况；确定选题之后，必须明确自己是什么看法、研究的重点是什么、难点在哪里，然后再围绕选题去读书、记读书笔记、收集相关资料。收集资料的过程，同时也是形成观点和看法的过程。当你们的观点和看法比较明确以后，就要把文章的主题思想和基本观点用自己的语言写成短文，再据此列出大小标题，然后才能进入写作过程。"宁可先生还为我们开列了阅读书目。我们按照宁先生的书目，从图书馆借了《建炎以来系年要录》《三朝北盟会编》《金佗稡编》《金佗续编》等书，从而开始了我们学生时代的研究工作，同时也揭开了我围绕专题系统阅读古籍的序幕，这使我大开眼界，并对阅读古籍产生了浓厚兴趣。经过几个月的努力，我们终于写出了文章初稿。记得这篇初稿，重点从岳飞联络两河义军以及两河义军把岳飞当作抗金斗争的中心人物两个方面，阐述了岳飞与人民群众的血肉联系，阐述了千百年来岳飞深受人民群众爱戴的根源。宁可先生指引我进行研究的历程，使我终生难忘。

【编者注】《建炎以来系年要录》：宋代记述宋高宗赵构一朝时事的编年史书，200卷。作者李心传（1167—1240），字微之，四川井研人，十四五岁时，随其父李舜臣居于临安（今浙江杭州）。

《三朝北盟会编》：宋代史学名著，全书250卷，采用编年体例。"三朝"，指宋徽宗赵佶、宋钦宗赵桓、宋高宗赵构三朝。该书汇集了三朝有关宋金和战的多方面史料，按年月日标出事目，加以编排，故称为"北盟会编"。宋金和战是北宋末南宋年间头等大事，宋代人据亲身经历或所闻所见记录成书者，不下数百家，但"各说异同，事有疑信"。因此，作者徐梦莘将各家所记以及这一时期的诏敕、制诰、书疏、奏议、传记、行实、碑志、文集、杂著等，凡是"事涉北盟者"，兼收并蓄，按年月日标示事目，加以编排，征引的文献达二百多种，对记述的异同和疑信，也不加考辨。

《金佗稡编》：又称《鄂国金佗稡编》。南宋岳珂撰。28卷。岳飞传记资料汇编。岳珂为辨其祖父岳飞之冤而作，成书于宋宁宗嘉定十一年（1218）。因岳珂住在嘉兴金佗坊，故名。

《金佗续编》：南宋岳珂撰。2卷。

3. 初为人师

问： 那张老师您毕业后呢？我听说您留校了。

张： 对，我那时候留校了。1959年毕业后就留系了，我还做了宁可先生的助教。当时，宁先生讲授《史学概论》课程，我除听宁先生讲课和辅导同学自习外,还按宁先生的安排去北京大学历史系听翦伯赞先生和许师谦先生的《史学概论》,去北师大历史系听取白寿彝先生的《史学概论》。校外听课,不仅使我获得了丰富的知识,而且增强了我搞好《史学概论》课程的信心和勇气。在此期间,宁先生特别重视对我进行使用工具书的训练。记得,宁先生给我出过一张开卷试题,其中有一题就是要我查找 17 处关于明代抗倭英雄戚继光的记载。我在图书馆里查了一个星期,只找到 8 处,怎么也找不齐这 17 处。最后宁先生告诉我,你找《引得》查一下。结果,只用了 5 分钟,就将这 17 处记载查了出来。这样,我就懂得了使用工具书的重要性。

【编者注】翦伯赞(1898—1968):湖南常德桃源县人,中国著名历史学家、社会活动家,著名马克思主义史学家,中国马克思主义历史科学的重要奠基人之一,杰出的教育家。

许志平(1917—1984):原名许寿萼,又名许师谦,江苏无锡人,历任北京大学历史系党总支书记、历史系副主任,同时兼任北京历史学会秘书长。

白寿彝(1909—2000):河南开封人,史学家、教育家、社会活动家,《光明日报》的创办者之一。

4. 严师益友——与宁可先生的交往

问: 真是严师出高徒,宁可老师对您的严格要求,对您之后做学问做研究也有很大影响吧?

张: 是的。1961 年暑假期间,由于宁先生被借调到高级党校编写《史学概论》教材,学院遂决定由我接替宁先生给历史系一年级讲《史学概论》,这对我是一个极大的考验和挑战。宁先生要求我每个讲稿必须写三遍,写完初稿后,我自己修改,然后写第二稿;写完第二稿后,我自己再次修改,再写第三稿;第三稿写成后,交宁先生审阅。宁先生说,他写文章,至少写三遍。说着,宁先生把他的文章的第一、第二、第三稿拿出来给我看,我非常惊讶,非常佩服!宁先生说:"好文章都是千锤百炼而成的。你写讲稿,就要按写文章的要求对待,这是练习写作的极好机会。"从此,我严格按照宁先生的要求,每一堂课的讲稿都要认认真真地写三遍,然后进行试讲。皇天不负有心人。我在宁先生的严格要求和具体指导下,终于完成了教学任务。同时,这也极大地提高了我的教学兴趣和写作能力。第二年,我又接受了给政教系讲授《中国通史》的任务。我仍旧按照宁先生的要求撰写每一份讲稿。不过,这时不是送交宁先生审查,而是送交成庆华先生审查。成庆华先生同样十分严格,即使是标点符号使用不当,也不放过。在成庆华先生的严格要求和具体指导下,我又圆满完成了政教系的教学任务。

张海瀛(右一)、咸国淦(左一)、成庆华(左二)1959年出席全国先进工作者会议

【编者注】 成庆华（1915—1993）：首师大历史系的创建人之一，是研究中国古代史问题的专家。

问： 张老师，宁可先生对你帮助这么大，那您后来怎么没有继续跟着宁可先生呢？

张： 是啊，事情就是这么巧。那是1963年暑假，按照当时历史系的规定，我有两年轮休，宁先生原本打算送我出去学习隋唐史。当宁先生征求我的个人意见时，我却拐弯抹角地说我特别喜欢明清史。这是宁先生万万没有想到的。尽管如此，宁先生也没有责怪我，反而说："那好吧，再考虑考虑。"过了一段时间，大约是年底，宁先生高兴地对我说："告诉你一个好消息，杨伯箴院长说，吴晗副市长答应为我院培养一位明史教师，系里决定让你去！"我大吃一惊！这是我做梦也没有想到的。一是我未曾想到吴晗副市长会为我院培养明史教师，二是我更没想到宁先生会如此痛快地同意我改学明史。我高兴极了！1964年初，我通过考试后，就跟吴晗先生学明史去了。我虽然改学了明史，但从感情上却跟宁可先生更加亲近了，宁可先生的形象在我的心目中更加高大起来。

【编者注】 杨伯箴（1919—1989）：贵州镇远人，历任青年团北京市委书记，中共北京市委宣传部、教育部副部长，中共北京市西城区委第一书记，北京师范学院党委书记兼院长，驻瑞典大使，北京外国语学院党委书记兼第二院长，第三届联合国教科文组织执行局副主席，中国联合国教科文组织全国委员会副主任，第五、第六届全国政协委员。

问： 噢，中间还有这么一段故事呀！那后来呢？

张： 其实，我在跟吴晗先生学习明史期间，许多假日依然是在宁可先生家中度过的。宁可先生依然是我的指导老师，我的首篇论文《应当正确理解和引用马克思主义经典著作》（《光明日报》1964年8月12日），从选题到写作，都是在宁可先生指导下完成的，这是我跟随宁可先生学习和从事《史学概论》教学的一个小结。1970年，全国恢复招生办学期间，我被任命为北京师范学院生物系【编者注：当时叫农基系】主管教学的副系主任，但受到刁难，无法工作。我征得宁可先生同意后，于1972年7月调回山西省阳泉市委宣传部。1978年春，我要求调回北京。在宁可先生以及院系领导的积极配合下，我很快办妥了回京的手续。但与此同时，山西省委组织部已下调令，把我调到了山西省哲学社会科学研究所，并通知阳泉市委组织部，只能给我办理调回太原的手续，不能办理调往北京的手续。后来我虽然调到了山西省哲学社会科学研究所，但在业务上一直同宁可先生保持着密切联系。后来，阎守诚拜宁可为师，并承担了博导的重任。我虽然一直留在山西，但仍然不断地承担宁可先生安排的课题。例如，宁可先生主编的《中华五千年纪事本末》中的明清部分，就是由我组织撰写的。萧克主编的《中华文化通志》，于1998年由上海人民出版社出版，全书十典百志，共100册。其中的《地域文化》就是由宁可先生主持撰写的，我具体承担了《晋文化志》的一部分撰写任务。从1956年我在宁可先生指导下研究民族英雄岳飞算起，到1998年《中华文化通志》出版，前后历时42年。四十多年从间断的师生之情，是不多见的。更难得的是，我的女儿又考取了宁可先生的研究生，我同宁可先生之间圣洁而深厚的师生之情，又在我女儿身上传承了下来，这使我感到特别欣慰。

【编者注】 阎守诚（1942— ）：山西五台人，教授，博士生导师，历任山西省社会科学院历史研究所副所长，首都师范大学历史研究所所长，中国唐史学会理事。主要研究领域为中国古代史、中国古代社会经济史和隋唐五代史。

第二章　师从吴晗　久难忘怀

1. 初识吴晗先生

问：您刚才提到了吴晗先生，还成了他的学生，这也是我们一直以来想了解、想知道的，很想听听您和吴晗先生之间的趣事！

张：好的，那就从成为吴晗的研究生开始说起吧！当时，吴晗先生有两个研究生。除我以外，另一个是中国科学院哲学社会科学部的张显清同志。吴晗先生考虑到我们两人的学习进度不同，便让我们分别求教，每周一次，我被安排在每星期五的下午。先生为了使我能够有一个较好的学习环境，又同院、系领导商定，除保证我每星期要有六分之五的业务学习时间外，还在院图书馆内给我开辟了一个研究室。从那以后，我就整天钻在这个研究室里，夜以继日地攻读先生指定的书籍。吴晗先生对我每星期五的登门求教十分重视。吴晗先生为开阔我的视野，还给我办理了北京市政府的介绍信，要我去明清档案馆查看明代档案，并要我定期汇报查阅情况和收获。

1991年张海瀛（左一）与张显清（右一）在黄山

【编者注】张显清（1937—）：河北兴隆人，曾任中国社会科学院历史研究所明史研究室主任，中国社会科学院科研局学术秘书（副局级），中国社会科学院党委办公室主任，中国社会科学院考古研究所党委书记兼副所长，主要从事明史研究。

2. 先生教诲一生受用

问：吴晗先生专治明史，时至今日，他的相关著作影响了一代又一代人，您作为他的学生一定受益匪浅吧？

张：确实，吴晗先生指导我读书时，多次告诫我，学习明史一定要从基本书读起，在基本书上下功夫，花力气。他说，《明史》《明史纪事本末》《明实录》，这些都是学习明史的基本书，非读不可。他先让我读了一遍《明史·本纪》和《明史纪事本末》，接着就让我读《太祖实录》和《太宗实录》。当我读完《太宗实录》时，先生又教了我一种读书方法。他说:"现在你要改变一下读书方法,要按时间顺序,以朝为单元,从洪武朝开始,一朝一朝地读。比如说洪武朝吧,先读《明史·太祖本纪》,对洪武朝有个总的了解;再读《明史纪事本末》卷一至十四(洪武朝纪事本末),这样你对洪武朝的重大事件就知道得详细多了。因为《明史纪事本末》不是抄撮《明史》写成的。《明史纪事本末》成书在前,《明史》成书在后。这是《明史纪事本末》与其他纪事本末不同的地方。《明史纪事本末》中涉及的人很多,你再回头去参看有关的《明史·列传》,这样就把人与事联系在一起了,既便于掌握,又便于记忆。《明实录》量很大,材料非常丰富,是研究明史的主要史料来源。万斯同最推崇《明实录》,他撰写《明史》底本时就是以《实录》为指归的。《明实录》,万斯同几乎可以背诵。王鸿绪的《明史稿》,不过是万斯同《明史》底本的改头换面。康熙十八年(1679)后,万斯同又以平民身份参加《明史》编纂,他不列名次,不拿薪俸,却出力最大。在万斯同以前明代的一些史学家,对《明实录》则有很多批评。《太祖实录》纂修过三次,这是它被批评的一个重要因素。《太祖实录》初修于建文之世,再修于永乐初年,三修于永乐九年。其实再修和三修的用意,就在于证明燕王朱棣确为高后所出,故懿文太子死后,伦序当立。现在我们又不必考证这些问题,其他部分的记载还是可信的。万历时把建文元年至四年的纪事附于洪武朝后,采用洪武纪年,这就是洪武朝只有三十一年而《太祖实录》中却出现了洪武三十二年至三十五年的由来。"吴晗先生要求我读《太祖实录》时做两件事:一是编写洪武朝大事记,二是选择一两个题目抄录一些卡片。后来,先生审阅我编写的大事记时,首先肯定我踏实认真,但同时又指出,很多不该写的都写了进去,已经不能称为大事记了。先生对我抄录的卡片还比较满意。

问：也就是说，这些启迪性引导，为您以后从事明史研究奠定了扎实的基础。

张：对，在我以朝为单元读完太宗朝时，先生让我作了一次全面汇报，随后说："读书一定要从基本书入手，但只读基本书还远远不够，从现在起再给你增加两部参考书，一是《国榷》，一是《明经世文编》。《国榷》是谈迁根据明代列朝实录、崇祯邸报以及百余种诸家著述写成的。谈迁编撰《国榷》的一个重要意图就在于纠正《明实录》中的失实和错误之处，所以读《明实录》时，不能不认真去看它。由于《国榷》这部书没有刊行，所以也没有经过四库馆臣的胡乱删改，史料价值很高。《太祖实录》不承认建文朝的存在，《国榷》不但恢复了建文年号，而且还站在建文帝立场上纪事，如建文帝削除燕王号位后，《国榷》直呼永乐为燕庶人。《太祖实录》对杀戮诸将之事记载极为简单，只录某年某月某日某人死，不说是怎样死的。而《国榷》则不加隐讳地把事实记录了下来。通过对这些不同记载的对照，就可使我们对某些史实的了解更接近或符合当时的历史实际。《明经世文编》是一部从历史实际出发，总结明代统治经验，经世致用的书。这部书现在不必全读，你看一下序言、影印附记、分类目录就可以了。你在读基本书时，也可围绕一两个问题，参看一下其中的有关疏奏，熟悉熟悉这部书，懂得这部书的编辑情况和使用方法即可，这对你以后的研究工作大有好处。"

吴晗先生听了我阅读《国榷》和《明经世文编》的汇报后，又说："你翻阅这两部书后，收获很大，弄清了许多错综复杂的史实，这是很自然的事。要知道记载明代历史的书还多得很呐！要真正弄清许多错综复杂的史实,还需要翻阅很多很多的书。诸如傅维麟的《明书》、陈鹤的《明纪》、查继佐的《罪惟录》、张岱的《石匮遗书》、沈节甫的《纪录汇编》等等。若要了解明代的典章制度,就非读《明会典》《明会要》不可。各种专著,如徐光启的《农政全书》、宋应星的《天工开物》等,也相当多。有关明代历史的野史笔记多达千种以上,如若把各种文集和方志也算上,毕竟那里面也保存了不少有价值的史料,简直是浩如烟海了。正因为书很多,读起来有点像老虎吃天,没法下口。所以我才再三强调,一定要从基本书读起,在基本书上下功夫。读了基本书,你就有了主心骨。有了主心骨,你再翻阅其他书时,才能够选取和驾驭那些有价值的史料。这就是开始阶段我只让你读基本书的原因所在。至于说到研究,基本书以外的书不是不重要,而是很重要。有时甚至比基本书更有用、更直接、更重要。但追根溯源,对这些书的阅读和使用,都不能不以基本书为依据。"

问:听了上述吴晗先生对您做学问搞研究的指导,我们也受益匪浅,能不能再谈一些具体的事例,这样对我们年轻科研人员在今后的研究工作也会有所帮助。

张:吴晗先生在指导我搜集和掌握史料过程中,首先特别重视提高我的认识,培养我搜集和掌握史料的主动性、自觉性。先生经常说,不论做教学工作还是研究工作,都必须掌握充分的经过严格审查和鉴别的史料。史料是研究历史的基础,哪怕要弄清一个很细小的问题,也必须掌握充分的史料,不然就没有说服力。文学家可以凭灵感,而史学家则只能靠史料。自古没有不搜集和掌握史料的史学家。其次,先生告诉我搜集和掌握史料时一定要注意广度。所谓广,就是要对明代各朝的历史,比如洪武、建文、永乐……都要有个基本的了解,这样才能掌握明史的全貌。这个工作可通过写读书提要、心得、笔记，编制大事记或年表来完成。再次，先生要求我搜集和掌握史料时还必须注意深度。所谓深，就是对一些重大事件、具体问题、历史常识都要深入钻研，反复推敲，真正搞清楚，然后，再通过写摘要、抄卡片，加深理解，帮助记忆，把它变成自己的知识。在说到抄写卡片时，先生再三强调，抄写卡片一定要标明分类，加上标题，注明出处，一张卡片就记一件事。先生拿起我抄的一张卡片说："像这张卡片，把致仕还乡官员免除徭役和序尊卑的规定抄录在一起就不妥当，最好把它抄成两张卡片。遇到一条材料讲两个问题的情况时，你就要把它分别抄作两张卡片，既锻炼你分析史料的能力，又便于分类保存。"在谈到卡片分类时，先生说，保存卡片要有个固定的总的分类法，不然就会乱套。但在使用时，则可根据需要临时再分成若干类。用毕，一定要按固定的分类法归还原处，以便检阅。

在我积累了一些资料的基础上，先生又引导我沿着训练研究的方向前进了。先生让我选择题目练习研究。那时我抄录的资料大部分是洪武朝的，再加上我多次看过先生写的《朱元璋传》，还写了两三万字的笔记，所以我拟就朱元璋由农民起义领袖蜕变为封建皇帝的历史过程进行一些探讨，先生同意了。

先生在指导我练习这个选题时，第一，要我做朱元璋年表，对于朱元璋思想发生变化的重要年代，比如从龙凤元年（1355）到洪武初年，纪事要力求具体、全面；第二，要我着重探讨儒士对朱元璋的直接影响，从李善长、李习、陶安到刘基、宋濂、叶琛、章溢，逐个进行具体的探讨；第三，要我认真阅读研究朱元璋的文章和著作，从王崇武的《论明太祖起兵及其政策之转变》到近年来出版的一些著作和文章都要认真去读，要写读书提要和笔记，还要把发现的问题和我自己的一些想法记录下来；第四，用最简洁的语言把我要写的文章的中心思想写出来，按照文章的中心思想再编写写作纲目。先生强调指出，完成上述任务的过程，就是培养和训练研究能力的过程；一个人的研究能力，只有在完成研究任务的实践中，才能逐步培养和训练出来。

在谈到怎样写学术论文时，先生说，好的学术论文必须具备两条：一是要观点明确，材料丰富，有独到见解；二是要结构严谨，语言精练，通过史实讲道理，以理服人。这两条说起来很容易，做起来就难得多了。因为这里既有对研究能力的要求，又包含对撰写文章的基本功力的要求。在谈到怎样练习写作时，先生说，练习写作的最好办法就是多读书、多写作、多修改。学会自己修改自己的文章，这是练习写作的一个基本功。文章写成后，要回过头来再读书，再看别人的文章，从中吸取营养，提高认识。认识提高后，再看自己的文章，再找漏洞，挑毛病，进行修改。有时小改，有时大改，有时甚至还得推倒重来。修改自己的文章，一定要有推倒重来的勇气，否则就会改不下去。推倒重来不是做无用功，而是更上一层楼，不这样写不出好文章来。很多好文章，不是妙手写出来的，而是妙手改出来的。

原先我只读基本书时，进度较快，每周都能完成读书计划。翻阅《国榷》和《明经世文编》以来，就出现了完不成计划的现象。先生说："这我清楚，近来我就没有检查你的读书进度。读基本书也要波浪式前进，有高有低，有快有慢。现在你已读了一些基本书，可以暂停一下，在翻阅史籍、积累资料、训练研究能力和写作能力方面多下些功夫。这样，不仅对你提高业务水平大有好处，而且对你今后再读基本书也大有帮助。"

第三章 投身科研 治学严谨

1. 初到山西省社科所

问：张老师，上次访谈中，听了您在吴晗先生指导下，一步一个脚印做研究的经历，这种治学态度也深深感染和激励我们，谢谢您！那么今天，我们想麻烦您再谈谈初来山西省社会科学院的情况，那阵应该叫哲学社科所吧，那时所里的状况以及后来建院时的一些情况，我们也想了解一些。

张：我是1978年被调到山西社科所的，王守贤所长任命我为历史研究室负责人。同年12月，党的十一届三中全会隆重举行，彻底否定了"以阶级斗争为纲"的错误理论和实践，揭开改革开放的伟大征程，社会科学研究迎来了春天。为适应将工作重心转移到经济建设上来的需要，领导要求历史研究室上马关于经济史研究方面的课题，但因力量不足，我们难以独立完成，于是我就回母校——首师大（原北京师范学院）求援。

问：首师大是您的母校，刚刚起步的社科院确实需要得到一些人脉资源和研究力量的支持，您是如何联系和参与一些课题研究的呢？

张：这就又谈到"文化大革命"前，我在首都师范大学学习、工作了整整 17 年。在这 17 年间，首师大历史系宁可教授原来是我的老师，我毕业留系后，又一直当他的助教，可以说我是在宁可教授的精心培育下成长起来的。党的十一届三中全会后，宁可教授牵头上马了"中国古代经济史"研究课题。当时首都师范大学调我回京，也是为了充实这一课题的研究力量。所以当我向宁可教授求援，希望以山西社科所名义参加他的课题时，宁可教授满口答应。我将这一情况向王守贤所长汇报后，王守贤所长非常高兴，并给予大力支持。这样就开创了在首都师范大学宁可教授主持下，山西社科所与首师大合作研究中国古代经济史以及山西经济史的新局面。

其时，山西社科所参加"中国古代经济史"课题的人员有我、张正明、阎守诚、赵云旗、解耀华。其中，阎守诚、赵云祺、解耀华三人长期住在首师大，在宁可先生的直接指导下研究中国古代经济史，同时又为研究山西经济史提供资料；我和张正明则在宁可先生指导下，重点研究山西经济史。在王守贤所长的大力支持下，经过多年协作，我们不仅出版了一批研究成果，而且培养和锻炼了人才，后来阎守诚调入首师大，成了博士生导师，赵云旗考上了著名专家韩国磐的研究生，解耀华调往镇江党校，被聘为教授。我和张正明在山西明清经济史和晋商研究方面的研究成果，也受到史学界的关注，并为其后的深入研究奠定了基础。

【编者注】赵云旗（1953—）：山西太原人，原工作于山西省社会科学院历史研究所，现任财政部科研所科研组织处处长，研究员，博士生导师。

为了提高山西社科所的知名度，在宁可教授精心组织和策划下，以山西社科所的名义，发起并举办了"文化大革命"以后首届中国社会经济史学术讨论会，会议在山西太原召开。我和张国祥同志在会上联合发言，会后，在听取大家意见的基础上，经过修改，《阶级斗争是阶级社会历史发展的真正动力》在1979年10月30日《光明日报》上刊出，引起学术界的关注。这是山西省哲学社会科学研究所恢复以后，在《光明日报》上发表的第一篇学术论文。1980年第1期《新华月报·文摘版》全文收录。同年，该文被列为中国社会科学院研究生政治课考试试题之一。会后，由山西社科所历史室负责将会议论文汇编成册，名为《中国社会经济史论丛（第一辑）》，于1981年7月由山西人民出版社出版发行，成为山西社科所恢复后出版的第一部学术会议论文集。其后，山西社科所历史室又编辑出版了《中国社会经济史论丛（第二辑）》，在全国经济史学界引起极大关注。

宁可（前一）、杨生民（后左一）、张海瀛（后左二）、蒋福亚（后右一）

张海瀛先生访谈

【编者注】首届中国社会经济史学术讨论会：以山西省哲学社会科学研究所名义发起的中国社会经济史讨论会在太原召开，参加会议的著名学者有中国社会科学院经济研究所的吴承明、吴慧，首都师范大学的宁可、杨生民、蒋福亚，中国人民大学的李根蟠、黄崇岳，河北大学的漆侠，中山大学的汤明檖，北京财贸学院的王者、王文治，暨南大学的李龙潜、鲍彦邦，以及山西大学、山西师范大学、山西考古所的有关专家等。

随着山西社科所与首师大合作的发展，我与北京的联系日益增多。特别是1979年9月14日，我应邀赴京参加吴晗先生的追悼大会后，见到了原来有过交往的许多领导、专家和学者，他们知道我在山西社科所后，又逐渐与我恢复了联系。比如，1981年7月25日—8月1日，中国地方志协会成立大会暨首届地方志学术讨论会，按计划在山西太原举行。又如，吴晗先生的追悼大会后，首都师范大学谢承仁教授特意找到我，说他有吴晗先生中央高级党校明史课的听课笔记，让我帮他整理出版。我说，我有吴晗先生送给我的他在中央高级党校讲授明史的打印稿，不用整理。于是我便把藏在山西盂县老家的吴晗先生的讲稿送给《北京师范学院学报》主编，打印稿全文共四讲，《北京师范学院学报》便分为四期，连续刊载，全国发行。随后，《北京师范学院学报》编辑部还给了我400元稿酬，因为这是吴晗先生的遗作，我便托吴晗先生的另一个研究生——中国社科院的张显清同志，把稿酬转交给了吴晗先生之子吴彰。1980年，中华书局将《北京师范学院学报》连载的吴晗先生在中央高级党校讲授明史的讲稿合在一起，取名《明史简述》，印成单行本，在国内外发行。

【编者注】谢承仁（1924—）：湖北松滋人。1950年毕业于北京大学历史系。现为首都师范大学历史系教授、中国近代思想史研究室主任，硕士研究生导师，主要研究领域为中国古代、近代思想文化。

2. 河东两京历史考察

问：还有一个课题，就是河东两京历史考察。据说时任山西省委书记王谦书记特别重视山西地方史的研究。

张：说起这件事，是这样的，1982年夏，又是由我出面赴京联系，王守贤所长接受了由宁可教授策划并组织的河东两京历史考察的建议。山西社科所联合西北大学、郑州大学举办了河东两京历史考察。考察队在太原召开了成立大会，推举首都师范大学党委书记崔耀先为总顾问，宁可为队长，我负责山西境内的考察，胡戟负责陕西境内的考察，张文彬负责河南境内的考察。其时王谦同志担任中共山西省委书记，王谦书记与首都师范大学党委书记崔耀先曾经是抗日战争期间一起工作过多年的老同事，崔耀先书记是河东两京历史考察队的总顾问，所以王谦书记对崔耀先书记率领的考察队特别重视，并通知山西各地、市委和专署，一定要搞好接待工作。这次考察，从1982年7月10日起，同年8月18日止，历时40天，累计行程8000多公里，历经山西、陕西、河南3省9市37县，考察访问点近140个。在山西的考察时间为20天，考察访问点从北到南近70个，考察队与所经各地的党政领导、文史学者、文博图工作者进行了座谈和讨论，队内就考察所见所闻进行了多次交流、讨论和总结。考察结束后，考察队交出两个重要成果，其一是由山西社科所整理，向山西省委宣传部递交的《河东两京历史考察队关于进一步加强山西文物管理的建议》。许多省级文物管理单位就是山西省委宣传部接受河东两京历史考察队的建议后确定下来的。山西省委书记王谦同志还亲自参加了考察队在太原组织的座谈会。在考察过程中，雁北地委和雁北专署、大同市委和市政府、临汾地委和临汾专署、运城地委和运城专署的主要领导，都参加了考察队在当地考察后举行的座谈会。由于从上到下各级领导高度重视，这次考察有力地推动了山西全省文物管理工作的深化和加强。其二是由山西社科所历史研究室将考察队员撰写的22篇考察成果汇集成册，由山西社科所王守贤所长作序，由山西人民出版社于1986年出版的《晋秦豫访古》一书。王守贤所长在序中说："1982年夏，我接受以历史学家宁可、胡守为为正副队长的丝绸之路考察队的建议，和西北大学、郑州大学共同发起，组织了河东两京历史考察。"又说："河东两京历史考察一半时间是在山西境内活动的。山西是我国古代文明发祥地之

2004年首师大50年校庆张海瀛（左一）与崔耀先（右一）

一,传说中的尧都平阳、舜都蒲坂、禹都安邑,都在山西。"从总体上看,考察队员撰写的22篇学术论文,对古代山西特别是春秋中晚期、十六国北朝时期和唐末五代三个时期的精辟论述,特别引人注目,极大地丰富和拓展了山西地方史的研究。

【编者注】河东两京历史考察队:参加河东两京历史考察队的有北京大学、首都师范大学、《历史研究》、山西社科所、山西大学、山西人民出版社、晋祠文管所、运城地区文化局、四平师范学院、郑州大学、陕西省文物局、西北大学、咸阳西藏民族学院、铜川市文化局、西北师范大学17个单位的32位同志。

崔耀先(1917—2005):山西翼城人,原北京师范学院(现首都师范大学)党委书记兼院长、北京市顾问委员会委员。

胡戟(1941—):上海人,陕西师范大学中国古代史博士生导师,长期从事隋唐史的教学、研究。

张文彬(1937—):山西浑源人,中共党员。历任郑州大学历史系、副主任、河南省社科院副院长,中共河南省委常委、宣传部部长、国家文物局局长等职。

胡守为(1929—):广东东莞人,历任中山大学副校长,广东省哲学社会科学联合会副主席,广东省文史学会副会长。主要研究领域:陈寅恪学术思想、魏晋南北朝隋唐史、岭南文化及中外宗教文化等。

3. 追忆老所长

问:时任社科所所长的王守贤在与您的合作过程中,还有什么对山西省社科院的发展方向有影响的具体工作呢?

张：说到王守贤所长，有些具体的事例。他不仅对我提出的科研课题和科研项目特别重视、特别支持，他对语言研究室负责人温端政的信任、器重和支持，同样令我十分钦佩！早在 1980 年 6 月，王守贤所长就任命温端政为主编，创办了《语文研究》（半年刊），到 1980 年底，出版了两辑。同时，温端政同志就山西方言的研究现状及今后设想，提出了一整套极其重要的意见，特别是关于新编山西地方志中增加方言志的建议，受到王守贤所长的高度重视。他一方面支持温端政积极筹备邀请全国著名专家参加的山西方言志编写研讨会；另一方面又让我陪同他去山西省第四届政协副主席兼山西省地方志编纂委员会主任李志敏家里，建议新编各县（市）地方志中应增加方言志。记得，李志敏主任曾说他们没有这样的人才，王守贤所长立即就说："我们语言室温端政等人就是这样的人才，温端政等人完全可以承担这样的任务。"随即 1982 年 8 月 30 日山西省地方志编纂委员会与山西省哲学社会科学研究所联名给山西各县（市）地方志编委会发出公函，要求各县（市）将本县（市）方言志列为地方志的组成部分并由山西省哲学社会科学研究所语言室统一规划。李志敏以中国地方史志协会副会长兼秘书长的身份，提出山西新编各县（市）地方志中应增加方言志的意见，在全国方志学界受到普遍关注。这样就极大地提高了山西社科所语言室温端政等人的知名度和影响力。在这样的大好形势下，经过温端政等人的积极筹备，1982 年 7 月 2 日至 4 日，山西省方言志编写研讨会终于在太原举行。王守贤所长主持了这次会议，并在会上发表了热情洋溢的欢迎词。山西省内外专家、学者发表了许多真知灼见，为山西方言志的编写和研究指明了方向。1983 年 3 月 21 日至 25 日，全国语言学学科规划会议又在太原召开，山西省哲学社会科学研究所王

张海瀛（左三）与山西省社科院同事

守贤所长作为特邀代表出席了会议。从此"编写山西省各县（市）地方志中的方言志"正式列入"六五"规划，成为国家重点项目，并直接写明"山西省各县（市）地方志中的方言志"项目主持人就是山西省哲学社会科学研究所的温端政同志。

【编者注】李志敏（1907—1990）：原名李彬，山西原平人。历任山西公学、山西行政干部学校副校长，纺织工业部华北纺织管理局党委副书记，中共天津市委工业部副部长，中共山西省委副秘书长，山西省第四届政协副主席。

4. 山西省社会科学院成立

问：温端正先生的山西方言研究后来也成为山西省社科院的一个品牌，这也与您和王守贤所长对他的支持分不开。

张海瀛先生访谈

张： 1983年6月23日，山西省哲学社会科学研究所升格为山西省社会科学院后，院领导为了加快山西省方言志丛书的印制，专门成立了铸字车间。法国汉学家来山西省社会科学院考察山西方言编写和研究情况时，我亲自赠送了他们8本编印好的山西方言志。法国汉学家回国后，在一个研究远东语言的刊物上，报道了山西方言的编写和研究情况并给予很高评价，从而引起了中国社会科学院副院长汝信等领导的高度重视，此即山西省社会科学院能够受到法国高等社会科学院欧洁院长邀请，并以中国社会科学院的名义组团，由山西省社会科学院刘贯文院长为团长，带领我、温端政等一行5人出访法国高等社会科学院并受到高规格接待之由来。回顾山西省社会科学院关于山西方言志编写和研究的辉煌历史，应当感谢奠基人王守贤所长的知人善任和无私奉献！感谢中国地方史志协会副会长兼秘书长李志敏先生的大力支持和大力宣传！

【编者注】 汝信（1931—）：江苏吴江人，中国社会科学院原副院长、研究员、博士生导师。

问： 另外我们还想了解一下，记得我刚来社科院时，社科院只暂用山西省委党校的几排简陋房子，后来怎么到了三营盘啦？

张： 嗯，是这样的，山西社科所的机构设置、选址、盖房及首批住房分配，都是在王守贤所长的主持下完成的。1978年3月山西社科所恢复时，只能借用山西省委党校西北角的5排平房。1981年11月，筹建工作告一段落，山西哲学社科所经山西省委、省政府批准设置了办公室、行政处、科研处、图书馆、文学研究室、语言研究室、经济研究室、历史研究室、哲学研究室、《晋阳学刊》编辑部、《经济问题》编辑部等机构，并且，山西省委、省政府将华北化学卫生研究所（简称化卫所）旁的一片空地，划拨给山西社科所用于盖新房。其时华北化卫所（也就是现在的中国辐射防护研究院）恰好发生了放射元素泄漏事故，引起周围居民的很大恐慌，社科所职工也都惶惶不安，意见很大。王守贤所长很善于倾听和采纳大家的意见，于是组织大家另选修建社科所的地址。经过调查走访，大家建议在三营盘狄村菜地修建社科所新房。经山西省委、省政府批准，社科所随即购买狄村菜地，修建社科所宿舍（即其后山西省社科院地址）。经过两年施工，山西社科所1号宿舍楼和2号宿舍楼竣工。在王守贤所长主持下，社科所为职工分配了第一批住房。我被安排在2号楼1单元6号。

问：您是哪年开始担任社科院副院长的？具体负责哪些工作呢？

张：我是1983年开始担任副院长的，1986年由于主持行政和盖房的宋玉岫副院长被调往山西省教委担任主任、吴德春副院长被调往太原市担任市委副书记、刘贯文院长和陈家骥副院长因参与制订全省

张海瀛工作照

的改革方案长期住在宾馆，社科院的许多工作就落在了我的肩上。1987年社科院大规模的住房分配及其后的住房调整，都是在我主持下进行的。为便于工作，我自己一直没有调整住房，直到1994年退休离任才调整。1994年董晓阳接替吴德春担任院长，1997年主持修建了9号宿舍楼和10号宿舍楼后，我才第一次要求调整住房，但新建的9号楼和10号楼中140平方米的大房子已经分配完毕，在新旧院领导都已住进140平方米的大房子的情况下，我依然住在90平方米的旧房子里。在没有新房可分配给我的情况下，我才被调整到3号楼3单元5号和6号，加在一起才达到140平方米，此即我的两套住房之由来。

【编者注】 吴德春（1934— ）：黑龙江海伦人，研究员，1988—1994任山西省社会科学院院长。主要研究领域：政治经济学、能源经济学、宏观经济管理、城市经济学。

董晓阳（1945— ）：河北故城人，研究员，1994—2000年山西省社会科学院院长。

问： 您一再提到的王守贤所长给我们留下了深刻印象，也是对咱们社科院发展有贡献的人，关于他，还有哪些让您难忘的事情吗？

张： 王守贤所长的慧眼，给我留下了深刻的印象。例如他对贾心儿的推荐和器重。贾心儿，只有小学学历，原本是化工部第二化工建设公司的一个工人，但他刻苦钻研，对形式逻辑有独到见解，受到山西大学哲学系张文洸教授的青睐。有鉴于此，1985年大批本科生和研究生进院时，经王守贤老所长的大力推荐，贾心儿被破格录取为科研人员。王守贤老所长再三强调，贾心儿关于形式逻辑的见解很值得重视。1987年山西社科院第一次评定职称时，我是评委会主任，我请有关专家和评委审阅贾心儿的科研成果后，他们认为他确有独到见解。

在许多大学毕业的科研人员也只能评个初级职称的情况下，贾心儿却被破格评为中级职称。他虽然参加工作早，工龄长，但因是工人，却工资最低。评为中级职称后，所有中级及以上职称的科研人员，都是从1986年7月1日起补发职称工资的，所以贾心儿就成了我院补领职称工资最多的科研人员。

张：王守贤所长恢复和筹建社科所的重要贡献，很值得大书特书，写入院史，流传后世。王守贤所长出面组织的高规格、高水平、高质量的学术会议和学术活动，在全省乃至全国都产生了重大而深远的影响，极大地提高了山西社科所在全国的知名度和影响力，为山西社科院的创建奠定了深厚而坚实的基础，王守贤所长是恢复和筹建山西社科所的头号功臣。

早在1981年9月，王守贤就组建了山西省政治学会，并被选为会长，全国政协委员、中国政治学会会长张友渔先生以及全国政协委员、中国政治学会副会长杜任之先生，先后来信祝贺王守贤当选山西省政治学会会长，致使山西省政治学会闻名全国。

【编者注】张友渔（1898—1992）：原名张象鼎，字友彝，山西灵石人。中国法学家、政治学家、新闻学家。

杜任之（1905—1988）：山西万荣人，中国科学院哲学研究所研究员，创办并主编了《哲学译丛》。历任华北学院教授、政治系主任、山西省商业厅厅长、中国科学院编译出版委员会党组书记。

问：这样说来，是不是可以说王守贤所长是山西省社科院的奠基者呢？

张：1983年6月王守贤所长离休后，还被推选为山西美学研究会名誉会长。以刘贯文院长为首的院领导，对退下来的王守贤所长特别关心、特别尊重。例如,刘贯文院长特意给王守贤所长调整了一套社科院最大的住房。又如,1985年王守贤所长做胃切除手术时,刘贯文院长委托宋玉岫和我一直守护在手术室旁,直到王守贤所长安全回到病房、苏醒过来,方才离开。1988年3月,吴德春接替刘贯文担任院长。1993年1月,王守贤老所长住进山西省人民医院,1月15日病危以后,吴德春院长和几位院领导轮流在医院守护。1月18日王老停止呼吸的那一天,正好我守护在病床前,直到为王老穿好寿衣,把他送到太平间,我才与他家人一起离开医院。

第四章　专注科研　挖掘谱牒

1. 初建中国谱牒学研究会

问：还有一件在国内反响很大、我们很感兴趣、很重要的事，就是谱牒学研究，据说您也是深受吴晗先生之影响，您能详细谈谈谱牒学研究会以及家谱资料研究中心成立的过程吗？

张：确实，提到谱牒研究，我还是不能忘记吴晗先生，因为吴晗先生一再嘱咐我："方志和族谱对于研究明史来说，犹如两座尚未开发的金矿。只要挖掘，定有收获。"所以，我对方志和族谱十分重视。我在分管《山西通志》整理、点校和主持收集、整理山西人口、户籍、地亩、税粮等经济资料过程中，顺便收集、复制了一批名人家谱。其后，在同中华书局联系整理、出版《中华家谱总目》过程中，又同正在编纂《中国家谱综合目录》的国家档案局、中国社科院以及南开大学取得了联系，在他们的大力支持下，商定由山西省社会科学院牵头发起，筹建中国谱牒学研究会。来自北京、上海、天津、西安、广州、成都、沈阳、保定、澳门等的高校、科研、档案、出版等单位及美国的谱牒研究学者50余人出席了会议。我作为山西省社会科学院副院长主持会议，山西省社联主席、山西省社会科学院院长刘贯文致开幕词，时任山西省副省长白清才、美国学者理查德·斯考特和美国犹他家谱学会沙其敏、澳门学者赵文房都作了讲话。会议通过民主选举，成立了中国谱牒学研究会。山西省社会科学院刘贯文院长当选会长，我当选副会长兼秘书长，南开大学历史系冯尔康当选副会长，武新立当选常务理事兼《谱牒学研究》主编。中国谱牒学研究会成立后，以会刊《谱牒学研究》为阵地，组织和团结全国广大学者和会员，开创了征集、整理和研究族谱的新局面。从1989年到1995年，共编辑出版了四辑《谱牒学研究》，由北京书目文献出版社出版，在国内外发行。《谱牒学研究》的编辑出版，把国内外的谱牒研究者和爱好者联络了起来，有力地推动了谱牒学研究的深入发展。1991年8月，山西省社会科学院又在太原召开了中国谱牒学研究会第二届学术研讨会，会议收到论文40多篇，其研究的深度和广度，同第一届相比，有了很大的提高。其突出的特点是把谱牒学作为一门独立的学科展开了研究。会后，我们将这些论文编入《谱牒学研究》第2辑，出版后很快就被一抢而空，在当时国内图书市场疲软的情况下，这种现象是十分罕见的。1992年12月及1995年5月，又分别编辑出版了《谱牒

2004年在地方文献国际学术研讨会上，张海瀛（右一）与沙其敏（左一）合影

学研究》第3辑、第4辑，对谱牒学的形成发展，按历史顺序进行了深入研究。这样就为国内外谱牒爱好者和研究者，增添了一个切磋和交流学术成果的平台。

参加中国谱牒学研究会第二届学术研讨会代表

【编者注】

冯尔康（1934—）：江苏仪征人，中国人民大学清史研究中心学术委员、国家清史编纂委员会委员。主要研究领域为社会史、清史。

中国谱牒学研究会：1988年3月，在山西省社会科学院召开了中国谱牒学研究会筹备会议，同年7月11日至14日，首届中国谱牒学研究会学术研讨会在山西五台山召开。

中国谱牒学研究会首届会长、副会长、秘书长、副秘书长、理事名单——会长：刘贯文；副会长：冯尔康、张海瀛；秘书长：张海瀛（兼）；副秘书长：高可；《谱牒学研究》主编：武新立；理事：王继光、仓修良、冯尔康、冯惠民、叶显恩、艾秀柏、刘贯文、刘重日、张海瀛、沈锡麟、沈津、武新立、林金枝、赵文房、赵巨华、高可、郝存厚、诸葛计、郭松义、常建华、杨宝华、魏连科。

《谱牒学研究》：1989年中国谱牒学研究会创办了《谱牒学研究》

丛刊，由武新立任主编，以丛书形式出版。从1989年至1995年共编印四期（由书目文献出版社和文化艺术出版社发行），收录论文83篇。其中有：刘贯文的《谱牒学研究的任务》，张海瀛的《张氏源流初探》《"福建忠懿王氏族谱"介绍》《明代谱学概说》，张正明的《从族谱看山西商人家族》，武新立的《福建"莆田"九牧林氏家乘》；高增德的《傅斯年及其傅氏家庭考略》等8篇学术论文，显示了山西省社科院谱牒学研究方面的实力。

中国谱牒学研究会第二届学术研讨会：1991年8月29日至9月3日，在山西省太原市召开了中国谱牒学研究会第二届学术研讨会，来自全国近20个省市的科研、高校、档案、图书、地方志以及其他部门和单位的谱牒研究者和爱好者80余人出席了会议。

2. 创建中国家谱资料研究中心

问：张老师您作为中国家谱资料研究中心的创立者，为我国谱牒学的研究奠定了深厚的基础，正如李中元院长把山西社科院家谱特色的形成概括为两句话："两封来信，引来一个学会，提高了社科院的知名度；一个中心，引起国内外的关注，形成了社科院家谱特色。"

张：中国家谱资料研究中心的创建，与我们院的大力支持是分不开的。我们院之所以重视家谱的收集和研究，主要是为了回复两封海外来信。1985年6月，缅甸太原王氏家族会致函太原市王茂林市长，要求查找开族始祖王子乔的资料；1986年，国务院侨办又转给太原市一封泰国王氏宗亲会的来信，他们在信中说他们的始祖有南京和太原两说，要求帮助查证哪一说可靠。这两封来信引起了山西省和太原市领导的重视,为回复来信,山西组织了专门班子收集资料,调查研究。这样,收集与研究家谱被列入省政府议事日程。后来,我们提出了成立中国家谱资料研究中心的申请,山西省政府办公厅很快就批准了。

【编者注】山西省社会科学院家谱资料研究中心:1993年4月21日经山西省人民政府办公厅批准,山西省社会科学院家谱资料研究中心正式成立,当时办公地址设在山西省社会科学院图书馆二楼。

问:据说社科院家谱资料研究中心是当时中国最大的家谱资料研究中心,收集的家谱资料以及胶卷也达到了一定规模,不知道可不可以这样说?

张:客观地讲,在此期间,由于广大学者和中国谱牒学研究会会员的大力协助与积极配合,我们经过几年努力,很快便征集、整理出两千多部高质量的珍贵族谱。1990年底,山西省社科院通过《山西社科通讯》向全国宣布中国家谱资料研究中心业已建成,并由我兼任主任,向国内外学者正式开放。《人民日报》(海外版)1991年2月23日对此作报道:"我国最大的家谱资料研究中心在山西省社会科学院建成。"同年,我同刘贯文院长、武新立同志应邀赴美国参加了亚洲学会年会,这次美国之行,除参加亚洲学会年会外,还主要对哈佛大学燕京图书馆、哥伦比亚大学东亚图书馆、美国国会图书馆以及犹他家谱学会等单位收藏中国族谱的情况进行了考察。

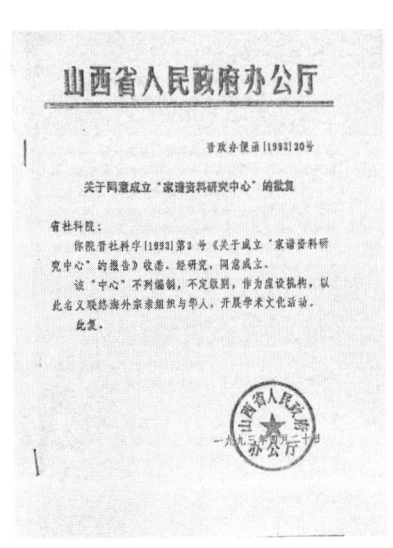

山西省人民政府办公厅批复"家谱资料研究中心"文件

3. 提高中国家谱资料研究中心影响力

问：您可以说说美国在这方面的研究以及对家谱资料的收藏的情况吗？

张：说起美国这方面的资料，据哈佛大学燕京图书馆馆长吴文津教授介绍，该馆收藏有 1500 多种中国族谱，其中有相当一部分是清朝乾隆以前编修的；据哥伦比亚大学东亚图书馆馆长魏玛莎博士介绍，该馆收藏有中国族谱 926 种；据美国国会图书馆居蜜女士介绍，该馆收藏的中国族谱也有 1500 多种。美国犹他家谱学会收藏的中国族谱最多，达 5000 多种。美国犹他家谱学会是由摩门教组建的一个非营利的组织，它创建于 1894 年，总部设在犹他州首府盐湖城。在距盐湖城约

1991 年张海瀛（左二）、刘贯文（左三）在美国国会图书馆参观

20公里的花岗岩山中建有一个专门保存家谱胶卷的洞库。犹他家谱学会之所以特别重视家谱，植根于《摩门经》。《摩门经》认为，人死之后，其婚姻和家庭关系在来世依然不变。所以，人们必须弄清自己的家世。起先他们主要收集教友的家谱，其后扩展到收集世界所有国家和民族的家谱。

问：也就是说，家谱研究愈来愈受到国内外的广泛重视，那么都有哪些国际交流活动呢？

张：1992年4月，武新立同志同我以及雷忠勤组成参展团，应邀参加了在香港举行的中华族谱特展会。在这个族谱特展会上，我们全面介绍了山西省社会科学院中国家谱资料研究中心收藏家谱的情况。

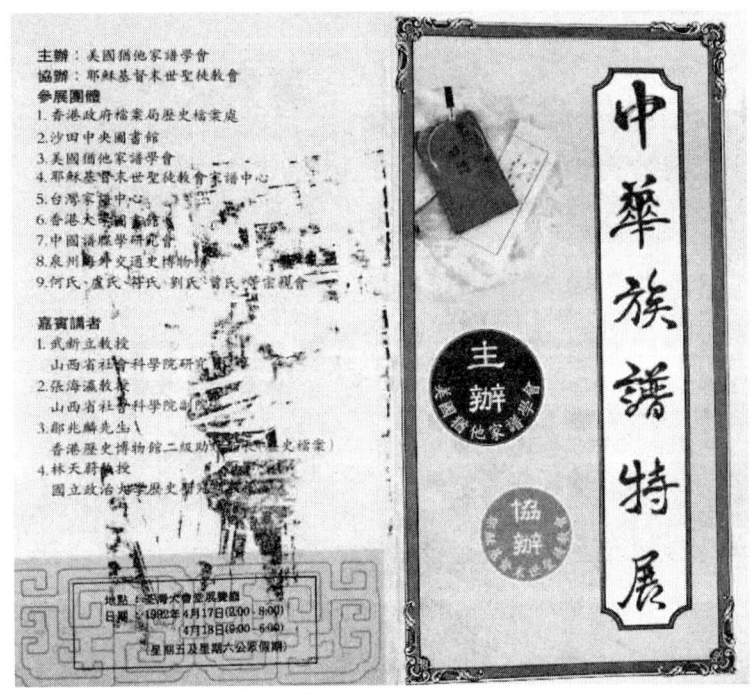

中华族谱特展宣传册

当他们亲眼看到山西省社会科学院所收藏的家谱目录时，大吃一惊。因为他们以为经过"土地改革"和"文化大革命"，大陆的家谱早已荡然无存了，没想到山西省社会科学院竟然收藏有这么多的家谱，而且很多都是大部头、高质量的。对此，香港《快报》《华侨日报》都作了报道。

还有，1993年12月，武新立同志同我应邀参加了在新加坡召开的世界郭氏宗亲团体联谊会，在会上由我以代表团团长的名义介绍了山西现存汾阳王郭子仪遗迹、遗物的考证情况，受到与会代表的极大关注，他们对两件珍品特别感兴趣，其一是故宫南薰殿珍藏的《唐郭子仪像》影印件，海外没有，他们是第一次看到；其二是郭子仪的墨宝——《唐郭汾阳书诸葛亮后〈出师表〉》影印件，他们更是第一次看到。其后，当马来西亚富豪郭鹤年先生专程来山西寻根谒祖时，山西省领导将这两件珍品按照原来的尺寸进行了复制并加以装裱，作为礼品赠送给了郭鹤年先生。郭鹤年先生面对这两件赠品特别高兴。《唐郭子仪像》，纵8尺5寸5分，横5尺，设色，画立像，长7尺，丰髯、武巾、紫袍、执笏；《唐郭汾阳书诸葛亮后〈出师表〉》，高80公分，长12米，拉开后，小会议室都放不下。

问：这样说来山西省社科院家谱资料研究中心还为海外华人寻根问祖起到了桥梁作用，用"桥梁"一词不知准确否？

张：对，可以这么说，应该是1991年8月，中国谱牒学研究会举行第二届学术研讨会期间，我们接受了为新加坡郭氏宗亲会寻根的任务。1992年12月，当我们向新加坡通报了进展情况后，新加坡郭氏宗亲会会长郭明星、秘书长郭祖荫立刻赶到太原，要我们陪同他们到汾阳亲自考察。当他们在汾阳亲眼看到明万历年间修建的汾阳王庙遗迹

张海瀛（右二）与新加坡郭氏宗亲会代表

时，十分高兴。次日，他们在山西省社会科学院家谱资料研究中心所收藏的家谱中查到其先祖郭仲远的名字时，高兴地跳了起来。他们说："你们的资料太珍贵了，真棒！" 1993年12月，新加坡郭氏宗亲会特邀我组团赴新加坡报告查证情况。1993年12月18日，我在新加坡举行的世界郭氏宗亲团体联谊大会上，作了题为《郭子仪与山西》的论证报告，引起了世界各国代表团的高度重视。他们议定，以世界郭氏宗亲团体联谊大会的名义，组织世界各国的郭氏宗亲社团回山西汾阳寻根谒祖。

从1988年至1993年，我们还为海外王氏寻根谒祖提供了咨询服务。当时，为回答缅甸太原王氏家族会提出的关于开闽王氏源流的问题，我撰写了《试述开闽王及其源流》一文。1989年4月，我将该文在香港召开的亚太地方文献研讨会上宣讲后，在与会代表特别是台湾和东南亚国家的王姓代表中，引起很大反响，从而进一步扩大了太原

张海瀛先生访谈

1993年张海瀛出席世界郭氏宗亲团体联谊大会

王氏在海外的影响。为适应海外王氏回太原寻根谒祖的需要，太原市决定在晋祠的晋溪书院内修建太原王氏始祖——王子乔祠，由海外太原王氏联谊后援会负责这项工作，我以山西省社会科学院副院长兼家谱资料研究中心主任的身份，承担了编写《太原王氏源流》和《太原王氏历史名人传》两书的任务，并负责为拍摄《太原王氏》纪录片提供文献资料。1992年8月6日至8日，海外太原王氏联谊筹备会在太原举行。当海外太原王氏宗亲会的代表聚集一堂，一边观看《太原王氏》一边翻阅《太原王氏源流》和《太原王氏历史名人传》时，显得格外高兴。他们参观了山西省社会科学院家谱资料研究中心后，深信这些资料是确凿无疑、真实可靠的。1993年6月，世界王氏宗亲恳亲联谊暨经贸洽谈会在太原正式举行。这次会议对太原市的改革开放、引进外资，起到了积极的推动作用。会后，海外太原王氏联谊后援会特别为我颁发了荣誉证书，并推举我为太原王氏研究会会长。1992年，我与

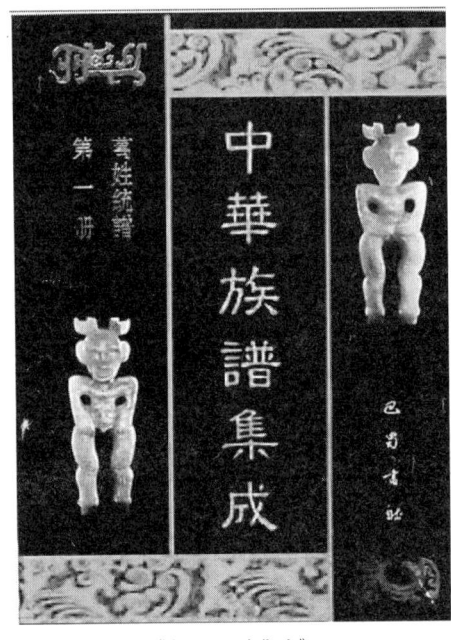

《中华族谱集成》

巴蜀书社签订了《中华族谱集成》的出版合同。经过3年苦战，于1995年脱稿。巴蜀书社于1995年12月出版，限量印制，编号发行。可以说，《中华族谱集成》是20世纪90年代中华族谱整理和出版的集中代表。

【编者注】《中华族谱集成》：国务院古籍整理规划领导组下达的国家级重点课题，该课题由张海瀛主持，总字数约2600万字。该丛书共精选了张、王、李、刘、陈五个大姓的93部族谱进行影印，每个姓氏前都由编者撰写了其姓氏渊源、传承世系、支派分布、繁衍播迁及其文化特色，每部族谱前也都作了详细的考证和简要评介。该丛书是迄今海内外唯一的大型族谱资料丛书，受到了社会各界的高度关注和重视，成为海内外大型图书馆争相收藏的珍贵文献，也为海内外炎黄子孙寻根问祖提供了重要依据。

问：山西省社科院家谱资料研究中心当时名扬海内外，听说有一些关于您的采访，能为我们提供原始资料吗？

张：由于家谱资料研究中心扬名海内外，所以不断有记者来采访我。1992年8月4日，《人民日报》（海外版）以《联系海外侨胞的一条纽带》为题，发表了关于我的采访记。《今日中国》1995年第9期，刊登了题为《华胄归宗，寻根有路》的关于我的访问记，这篇访问记，用英、法、德、西班牙、阿拉伯五种文字，向全世界介绍了我和家谱资料研究中心为海外华侨寻根谒祖提供咨询服务的情况。《山西政协报》1996年3月15日以《为海外游子圆梦》为题，向省内全面介绍了我和家谱资料研究中心的情况。

附录：张海瀛先生大事记

1933年：

12月，生于山西盂县人。

1949年，16岁：

考入平定师范。

1950年，17岁：

6月，加入中国共产党。

1955年，22岁：

考入北京师范学院（即首师大）历史系，任历史系团总支书记、学生党支部书记、院党委委员、监委委员等职。

1959年，26岁：

毕业于首都师范大学（原北京师范学院）历史系。

1961年，28岁：

先后承担历史系本科《史学概论》和政治系《中国古代史》的讲授任务。

1964年，31岁：

年初，被录取为吴晗先生的研究生。

1972年，39岁：

7月，调回阳泉市委宣传部，被任命为理论办主任。

1978 年，45 岁：

被任命为阳泉市宣传部理论办主任。

同年，山西省委组织部亦下令调其到山西省哲学社会科学研究所工作，并任命其为历史研究室副主任。

1980 年，47 岁：

发表论文《论清代前期的奖励垦荒与蠲免田赋》（《晋阳学刊》）。本文指出清代前期的奖励垦荒与蠲免田赋的政策在开始时对农业生产的恢复与发展有着不同程度的促进作用，但到乾隆晚期，其主要壮大了私人地主经济，促进了土地兼并，成为阻碍经济发展的因素。

1981 年，48 岁：

主编《中国社会经济史论丛》（第1、第2辑），由山西人民出版社出版。

发表论文《略论封建主义的内涵》（《晋阳学刊》）。

发表论文《略论明代流民问题的社会性质》（《北京师范学院学报》）。

1983 年，50 岁：

山西省社科院由所改院后，被任命为副院长，主要分管科研。

发表论文《试论明清时期封建经济的长期延续》（《晋阳学刊》）。

1984 年，51 岁：

发表论文《略论中国社会经济史的由来和发展》（《山西财院学报》）。

发表论文《傅山的斗争历程与启蒙思想》（《晋阳学刊》）。

1985 年，52 岁：

发表论文《从地主制经济对交换经济的依存性看明清时期封建经济的长期延续》，被收入《中国封建社会经济结构研究》（中国社会科学出版社）。

发表论文《明代的赐田与岁禄》（《明史研究论丛》）。

发表论文《明代的庄田地主及其对土地买卖的影响》（《晋阳学刊》），本文指出明代的庄田地主把政治权力与土地所有权的结合推到了当时社会经济所允许的最高点，庄田地主的兴起严重摧残和破坏了土地买卖关系的发展。

发表论文《张居正改革》（上、下）（《山西老年》）。

被评聘为研究员。

1986 年，53 岁：

发表论文《张居正军事改革初探》（《晋阳学刊》），本文客观地肯定了张居正的改革不仅增强了明王朝的军事实力，保证了边境安定，而且打开了改革局面，为后来的全面改革创造了条件。

9 月 23 日至 10 月 8 日，应法国高等社会科学院邀请，赴法国进行了为期 15 天的学术交流。其间，9 月 30 日在法国高等社会科学院中国中心发表的关于明代贵族圈地与英国圈地运动比较的演讲，受到法国汉学家巴士蒂等专家的重视与好评。会后又应巴士蒂约请进行了长达 1 个多小时的学术交谈。

1987 年，54 岁：

主持筹建中国家谱资料研究中心，并兼任该中心主任。

发表论文《论张居正的考成法》（《晋阳学刊》），本文点出了张居正的考成法是他实行内阁集权以强化相权、推行全面改革的重要环节。

1988 年，55 岁：

7月，首届中国谱牒学研讨会在五台山举办，当选副会长兼秘书长。

1990年底，57岁：

中国家谱资料研究中心终于建成，当时其家谱的收藏量已位居全国第一。

1991年，58岁：

3月，应邀赴美国参加亚洲学会年会，访问了美国国会图书馆、国家档案局、哈佛大学、哥伦比亚大学、犹他家谱学会等。

发表论文《修谱宗旨的演变与明代的"亲亲之恩"》（《晋阳学刊》）。

发表论文《明万历年〈山西丈地简明文册〉释考》（《明史研究》创刊号），本文对明万历年间《山西文地简明文册》中有关规定产生的背景、原因及其作用等问题进行了考证。

发表论文《试述开闽王及其源流》，被收入《亚太地方文献论文集》。

与刘贯文，尹协理合著《傅山全书》七册，由山西人民出版社出版，《古籍整理出版简报》称："《傅山全书》的整理出版确为我国学术界一件盛事，它为我国文化遗产宝库又增添了一部巨著，是对我国学术事业的一大贡献。"

1992年，59岁：

4月，应邀率团赴香港参加中华族谱特展，发表了关于大陆家谱收藏及研究状况的演讲，受到听众的极大关注。

编纂《张居正改革与山西万历清丈地亩研究》，由山西人民出版社出版。该书突出论述了张居正改革由军事入手的观点，进而又从皇权与相权斗争的高度，阐述了张居正的成败之道。该书综合了20世纪80

年代研究张居正改革的成果的最新成果，也是作者研究张居正改革的总集成。该书以当时国内仅有的明朝万历十年二月编制的《山西丈地简明文册》为依据，阐述了山西万历清丈田亩的概况，是当时以行省为单位研究明代万历清丈的最新成果。书末附有《山西丈地简明文册》影印件，资料极为珍贵。《光明日报》（1993年9月26日）、《中国史研究动态》（1999年第10期）均刊有对该书之评价。

发表论文《明代谱学概说》（《谱牒学研究》）。

发表论文《明代修谱宗旨的演变与族权的形成》（《学术论丛》）。

经国务院批准成为享受国务院政府特殊津贴的专家，研究方向为明清史和谱牒学。

1993年，60岁：

应邀率团赴新加坡参加世界郭氏宗亲团体联谊大会，发表《关于郭氏起源及郭子仪与山西》的演讲，引起与会代表的极大关注。

合作主编《中国十大商帮》，由黄山书社1993年出版，香港中华书局于1995年出版繁体增订本，后台北万象股份有限公司又再版。

编《三晋历史人物》四册，由书目文献出版社1993年出版。

1994年，61岁：

发表论文《明代山西万历清丈与地亩、税粮总额》（《中国经济史研究》）。

发表论文《山西大陆家谱收藏与研究概况》（《山西档案》），本文是全面系统介绍和评述大陆家谱收藏与研究概况的重要论著。

发表论文《郭子仪与山西汾阳》（《海内外》）。

发表论文《张氏源流初探》（《三晋文化研究论丛》）。

1995年，62岁：

与武新立、林万青合编《中华族谱集成》影印本，由巴蜀书社出版，首批 100 册，每册 900 页，收录李、王、张、刘、陈五姓族谱 93 种。

1998 年，65 岁：

发表论文《中华族谱概说》（《黄河文化论坛》）。

1999 年，66 岁：

发表论文《新修长子县志散论》（《沧桑》）。

2000 年，67 岁：

发表论文《太原张氏起源考》（《中国谱牒研究》）。

2002 年，69 岁：

编写《中华姓氏·张姓卷》全书 24 万字，现代出版社于 2002 年出版发行。

2003 年，70 岁：

编写《太原王氏史略》，18 万字，山西古籍出版社，2003 年出版发行。

编写《太原张氏史略》20 万字，山西古籍出版社，2003 年出版发行。该书以现存的明清两代编修的张氏族谱为依据，对张氏起源、世系、播迁、衍派、著名望族以及家族文化等，进行了系统而具体的介绍。书末还附有各种史籍文献关于张氏的有关介绍。

编写《族谱姓氏研究集》，香港天马图书有限公司 2003 年 7 月出版发行。这是 2003 年作者献给山西省社会科学院建院 20 周年的纪念文集，收录其学术论文 19 篇，书末附有关于作者学术成果的报道、书评、采访记以及未收入文集的重要文章目录。

2007 年，74 岁：

发表论文《炎黄二帝——中华姓氏之根》（《炎黄文化研究》）。

访谈者：周芳玲
访谈时间：2016年6月23日；2016年7月26日；2016年10月14日
访谈地点：张海瀛家中
录音整理：张晨
编写者：张晨、周芳玲

张光鉴先生访谈

【张光鉴先生简介】

张光鉴,1934年生,四川成都人。1953年毕业于西南第二工业学校(成都工业学院前身)电机专业。1959年加入中国共产党。曾任山西省社会科学院思维科学研究所所长,研究员,我国思维科学的学科带头人,相似论的创立者;中国思维科学学会筹备组组长、教育部重点课题"科学教育——开发儿童少年潜能研究"课题首席专家;第六届、第七届、第八届全国人大代表。

1953年9月,从西南第二工业学校毕业后,张光鉴被分配到原兵器部太原新华化工厂,历任技术员、工程师、仪表车间主任、高级工程师等职务;先后完成技术革新20多项,获国防科工委重大技术改革一等奖、二等奖,山西省科研一、二、三等奖;曾获"全国劳动模范""全国优秀科技工作者""国家级有突出贡献的中青年专家"以及"山西省优秀科学家"等光荣称号,享受国务院政府特殊津贴,曾受到朱镕基、邹家华等党和国家领导人亲切接见。1981年至1984年,张光鉴在北京协助钱学森筹备中国思维科学学会;1982年,提出了相似论,受到钱学森的高度评价。1985年,张光鉴任山西省社会科学院思维科学研究所所长,在《光明日报》《思维科学》《国防科技情报》等报刊发表多篇关于相似论的论文;1992年出版了专著《相似论——思维科学的新理论》。1994年12月，张光鉴退休后，开始将相似论理论应用于素质教育。1999年5月，张光鉴担任教育部重点课题"科学教育——开发儿童少年潜能研究"首席专家；2001年2月，主持教育部重点课题"相似性原理在幼儿潜能开发中的应用"；2004年1月，担任中央教科所重点课题"幼儿教育科学化"专家组组长。

【思维科学综述】

思维科学是以思维为研究对象的科学。我国的思维科学研究开始于20世纪80年代，是由著名科学家钱学森亲自倡导的。1980年，钱学森在《哲学研究》上发表了一篇文章，明确提出：思维科学研究的对象，应该是人的有意识的思维，即人自己能加以控制的思维——逻辑思维、形象思维和灵感思维。1984年，钱学森主持召开首届全国思维科学学术讨论会，成立中国思维科学学会筹备组。从此，思维科学研究逐步进入正轨并迅速发展。三十多年来，全国许多地区和高校陆续成立专门研究机构，越来越多的学者加入思维科学研究队伍，思维科学研究力量逐步壮大，产生了一大批有影响力的科研成果。一是成立机构，开展学术活动。先后举办了十多次全国性思维科学学术会议，黑龙江、吉林、山西、广东、上海等地先后成立省级思维科学学会并开展研究工作。二是出版了一批科研成果。据不完全统计，三十多年来，全国共出版了与思维科学研究有关的书籍200多种，发表了有关的文章3000篇以上。三是汇集专门人才组成研究队伍。从事思维科学研究的人员中，既有心理学家、计算机专家、逻辑学家，还有哲学家、语言学家、自然科学家等，他们都从各自学科背景和研究专长出发开展思维科学研究，取得了丰硕的研究成果。

目前，从研究情况来看，学术界主要围绕思维科学基本理论、思维科学应用研究和钱学森思维科学思想等几个方面展开研究，取得了以下几个方面的进展：一是逐步明确了思维科学的研究对象。学术界认为，思维科学的研究对象是人的思维。二是逐步明确了思维科学的学科性质，即思维科学是研究人的意识与大脑、精神与物质、主观与客观的综合性科学。三是在思维科学的分类研究上取得重要突破，特别是在形象思维、灵感思维、逻辑思维、社会思维等的研究上产生了一批高质量的科研成果。四是在交叉学科研究上取得新突破，尤其是一些专家学者运用思维科学在哲学、语言学、文学等方面开展研究，取得一批有价值的科研成果。五是在思维科学应用上有了新进展，特别是在运用思维科学开展幼儿教育、人工智能等方面，取得明显成效。

对相似论的研究是在钱学森亲自关怀和倡导下开始的，是20世纪80年代张光鉴先生确立的。钱学森对相似论给予高度评价："关于形象思维，文艺理论家谈得很多，也有不少引人入胜的见解……但还有待于深化，是张光鉴同志对形象思维做了有意义的探索，他归纳了大量的人的创造过程，提出'相似'的观点。当然，'相似'和'不相似'是辩证统一的，'相似'中有'不相似'，'不相似'中又有'相似'。相似的观点或相似论，对于说明形象思维在科学技术、工程技术中的重要性，很有价值。"三十多年来，张光鉴先生致力于相似论研究，发表了《论相似性形象思维在科学发现中的作用》等多篇论文，出版了《相似论》等多部专著，进一步深化和拓展了相似论研究的深度和广度。与此同时，李景源、李伯均等专家学者在哲学、文学、语言学、教育学等学科开展相似论研究，出版了《汉语相似语言学》《汉语相似语词认知与习得教育》《科学教育与相似论》等一批有影响力的科研成果，引起学术界广泛关注。当前，相似论研究已经进入新的发展阶段，越来越多专家学者在脑科学、物理学、教育学、心理学、人工智能等多领域开展相关研究工作，拓展了相似论研究的范围，进一步深化和发展了相似论。

第一章　新华化工厂的工作经历与相似思维的萌芽

1. 早年工作经历

问： 张教授，看了您的《相似论》，我发现有很多工程技术领域的生动事例，这是否与您的工作经历有关？

张： 是的。实际上我原来没有想过要写什么东西。我是学自动控制的，我的母校是陈毅元帅的母校，现在叫成都工业学院，原来是第二机械工业部管理的西南第二工业学校。我毕业后就被分配到太原908厂，也就是现在的新华化工厂。刚到厂里，领导就让我负责全厂的自动控制机器的仪表。那时，厂里的设备都是苏联援建的，一共156项，主要是用来做防放射、防细菌、防毒的。本来这个厂是越靠近北京越好，但苏联专家说北京没有煤，运输煤会把北京污染了。怎么办？后来选在张家口建厂，但张家口煤的质量不好，又因大同煤质量好，而太原靠近大同，所以将厂址就选在了太原（选厂经过了两年）。我经历了工厂选址、定址、基建、生产的全部过程。我1953年毕业后就到了新华化工厂，一直到1985年才正式调到山西省社科院。当时是刘贯文院长把我要过来的，省领导也很重视，李立功、王森浩都很重视。

张光鉴先生访谈

张光鉴工作照

【编者注】

李立功（1925—）：山西交城人，曾任中共北京市委组织部副部长、市委书记兼组织部部长，中共山西省委常务书记，山西省委书记兼省军区第一政委、党委第一书记，中共山西省顾问委员会主任。

王森浩（1933—）：浙江慈溪人，中共党员，教授级高级工程师，曾任山西省人民政府省长。

问：看来当时的省领导都很重视新华化工厂呀。

张：是的。先说新华化工厂，然后再说相似性的思想是怎么产生的。我记得一个事。当时，苏联援建的设备来了，安装图没有来。苏联在防核放射仪器方面是拔尖的。比如潜艇上的空气如果被污染了，那么潜水员很快就会得病，所以我们军一级的指挥所都需要防毒面具，这种防毒面具都要能过滤，不仅要没有毒，而且一定要没有放射性。检测这种防毒面具的仪器大概1956年就从苏联引进来了，但是却没有设计图、说明书。那时，这种图纸要通过保密渠道发来。因为苏联的保密是很严格的，这种图纸属于保密文件，要通过二机部的渠道转给我们（我们属于五机部),时间比较长。但是有放射性尘埃的材料却要尽快经过这个仪器检测。而没有图纸,我们又不敢安装这个仪器?要不然装上不行怎么办?当时,新华化工厂的苏联专家比尔切娃[音译]是太原市苏联专家组组长。他带着苏联专家组来到我们厂,问我们厂长、总工:"你们中哪个管仪器仪表?"他们说:"张光鉴。"厂长派人把我叫过去,我去了以后,他问我:"这个仪器你能不能安装呀"?我就问:"安装图、说明书呢?"他说:"No。"我说:"没有图,我根据什么安装呀?"他听了以后也呆了,说:"那我给你画一个草图吧。"其实他画的是一个原理图。比如,哪些仪器是测量阻力的,怎么测量放射性、怎么测量流量、怎么测量阻力,每个机器都各有各要测量的东西。随后,我说:"能不能把你的设备拆开看一看?"因为我对仪器比较熟,我是学自动控制的,我小时候玩无线电玩得滚瓜烂熟。我上小学的时候,电视机刚出来我就会修。计算机刚出来我就会修。

问:您那时就是全国计算机方面的专家了?

张:是的,那是计算机出来以后的事情了。接着说那个仪器吧。他画好草图给我,我看了以后说:"行了,我先给你画一个安装图吧,你对这个比较熟悉,你看行不行。"随后我画了一个安装图,然后开始安装机器。随后苏联的图纸来了,我安装的跟那个图纸百分之九十是一样的。最后他问我:"你是不是去过苏联呀?"我说:"我刚毕业不久,哪去过苏联呀?"他说:"没有去过,但你对这个很熟悉呀!"实际上这些都是我在学校学的东西。我以前经常玩这些东西,在学校学这个东西就不费劲儿。

2. 务实的科研精神

问：这肯定跟你在学校的学习有很大的关系。

张：是的。我们学校历史悠久，是张之洞搞洋务运动时创立的，在成都很有名气，还是陈毅元帅的母校。那时，每年两千多人考，只有机械、自动化、化学三个专业，一共录取300多人，要刷掉80%。那时，我们上学是公费，吃住全部公费。当时我们校长叫作王什么清，是四川省政协委员，是原来四川实事中学的校长。他调到我们学校后，就把从国外回来的一些技术人员弄到我们学校教书。那时，我们学校的老师很了不得，既有理论水平又有实践能力，教的东西都很实用。比如，教我们仪表电器的都是当时发电厂的总工，他们注重实践，所以从我们学校出来的学生都比较务实。还有，我们学校有实验室，学航空的还有飞机呢。现在我们学校是教育部的爱国主义基地，有个陈毅元帅的展览室，有一层楼大。当时，我们学校的学生都很简朴。有个顺口溜："没有星期天，只有星期七。"大家都是在主动学习。给你举个例子，学数学的人都能把变压器的公式默写出来，跟那个学变压器、学自动控制的人的熟悉程度一模一样，所以，经过在学校几年的学习，我们学校的学生普遍都具有务实的精神。

问：这种从小培养的务实精神，对您以后从事科研工作有很大的促进作用吧？

张：可以这么说。这种务实精神对我学习起到了很大作用。那时，我学习不费劲。因为我爱玩什么变压器呀、线性电路呀，还爱玩小电动机。

回过头来说我们学校。那时学校的老师既有理论水平，又有实践能力。一个学校的良好的校风不是短时间就能形成的，都是长期形成的。那时，我们学校的广播体操是无线电喇叭自动播放的，喇叭坏了就找我修。到了新华化工厂后，那些苏联专家也一直说我很熟悉他们的仪器。所以说在教育的关键期，要注重实践，在实践中获得的东西越多越好。"书上学来终觉浅，绝知此事要躬行"说的就是这个道理。没有实践，光有理论，不行。那时我们学校培养出来的学生，后来基本上都成为全国各个电厂的总工。为什么苏联专家能感觉到我对仪表很熟悉？这实际上是因为我抓住了不同机器的相似性。

3. 相似性思想萌芽了

问：你从这个时候就有相似性思想了？

张：可以这么说。在这方面，我可以再举一个例子。有一次，我们厂里的苏联数控机床坏了。这个机床在当时是最先进的机床，设计机床的人还获得过斯大林奖金。说明书上说了，要修数控机床，要到苏联的斯维尔德洛夫工厂[音译]学习三个月，要不然不能动。所以厂里领导跟我说："张光鉴，你是学自动化的，你给修一修。"我说："我修一修？苏联的高级设备修不好是要坐牢的。"厂里领导说："你是我们厂的宝贝，哪能坐牢呢？"我说："不一定。我听说，247厂起火了，一些设备也着火了，其中有个设备不能用水泼，结果当时有人就用水泼了，一下子就爆炸了。厂里说他搞破坏，坐了三年牢。"我接着说："最好能去苏联一趟，哪怕十天也好。"厂里领导说："不行，你一来一去得一个多月，我们还等着机床加工模具呢。"我说："苏联专家管

200多人，他说不让动，你让我动，出了事情怎么办？"后来，太原市苏联专家组组长比尔切娃[音译]找了一个多星期，没有一个人会修。最后厂长说："它坏了，死马当活马医，哪个敢说你是反革命？我们给你保证。"随后，我把机床解剖了，它的原理图、组装图等图纸很全。后来我发现它得的是"并发症"，不是一个方面出了问题，电力放大机、低频器等都有问题。我一个一个修，没有三四天就修好了。苏联专家说："哪个是专家？张工，张光鉴就是专家。"后来，他们倒请我去迎泽宾馆吃饭。那是1959年，正是困难的时候。苏联专家跟我说："迎泽宾馆有鱼子酱，又有蟹肉罐头，都非常好吃。"其实，在我看来，那个鱼子酱跟鱼骨头一样，咬起来干巴直响，难吃得很。他们的蟹肉罐头跟中国的味道不一样。后来我就悟出来了：原来好不好吃是跟人的习惯具有相似性呀。

问：你那时就是一般的技术员吗？

张：我那时快成工程师了，已经报上去了。

问：好不好吃跟每个人的口味肯定有关系。

张：是的。比如四川人，辣得眼睛都流泪了，还说好吃。山西人说："辣得眼睛都流泪了还好吃呀？"四川人说："豆腐放醋，正做不做。"所以，不管遇到什么东西我都自动想到相似性。那时，厂里要我去苏联学习。当时去苏联学习的都是老技术员，我是个年轻人，能去苏联学习机会难得。但到了1959年，我就没有去成。还有一个事儿比较有趣。以前，太原市的有轨电车，都是从北京买的，买了十多辆。电车运行后出现了问题：在尖草坪电车还开得好好的，到了文化宫电车就坏了。后来太原电车公司的人把北京电车公司的总工叫来，说："你们的电车总出问题。"北京电车公司的人说："我们的出口标准、电器标准都是合格的。而且在尖草坪开得好好的，为什么到了你们这里就不好了？这跟我们没关系，我们不管，我们的车完全合格。"当时太原电车公司的总工是成都人，我那时是太原市电器专家协作组组长。他跟我说："老兄，你虽然是搞仪表的，但能不能给我修修电车呢？"我说："我哪能修了？"他说："人家都说你脑袋好使，是协作组组长呢。"我说："我来看一看吧。"随后我去看了，我说："文化宫跟尖草坪用的是不是不同的变电所？"他说："对，对，对，是的。"我说："你们的整流器是水冷却，用的是自来水，还是蒸馏水？"他说："尖草坪用的是蒸馏水，特别贵；文化宫用的是自来水。"我说："可能就是这个原因，这两个电流不匹配。"他不相信，言外之意："你比北京电车公司的总工还聪明？"他说："我再跟你说个情况。这个电车，天气好的时候，就电人；下雨的时候就没事。"我说："下雨的时候12个轱辘都是湿湿的，就是12个地线，走动的地线；天晴的时候，地线消失了，电车就带电，容易电人。"所以，当时的电车接电线的时候都是用套管，就是害怕电人。他不相信我的说法。我说："我给你装个仪器，这个仪器会自动平衡电流。"后来，我给他组装了个自动平衡电流的仪器。安好以后，电车好了，最后他也相信我了。他说："张工，你真了不起，比北京电车公司的总工都厉害。"那为什么我有这个想法呢？实际上这个想法来自我以前的一个经历。那时，我们厂里从苏联进口了缝焊机。这个机器就是把两块铁皮压起来自动焊在一起。它也需要蒸馏水冷却。我觉得蒸馏水太麻烦，太贵，就用自来水试了试。一试，它就把我电了一下。我发现这个玩意儿不能用自来水，只能用蒸馏水。所以，这个也是相似性。虽然缝焊机和电车是两个东西，但电人这个事情是相似的。我不断地琢磨这个相似性，举一反三，触类旁通。我虽然没搞过电车,但我弄过整流管。为什么要用这些呢?因为电流很大,必须用水冷却或者空气冷却。它们两者之间具有相似点。

4. 参加课题研究

问:你就琢磨这些事儿了?

张:对。简单地说,大脑会自动琢磨这些事情。这就是相似块。现在,李景源把相似块看作一切概念、判断、范畴的根,他真正把我心里头的话都说出来了。还有四川大学文学院这个人(指李保均),也是研究相似性的。他认识我20多年,但没有认识我之前,他就一直认为文学艺术具有相似性。而我想到的相似性很多都是科学技术方面的。返回来再说说我在新华化工厂的事儿。那时,我们厂是五机部的计算机自动控制试点,当时给我500万作为课题经费,我是试点的负责人。1978年的500万,相当于现在的几千万了。这个课题是我们厂跟北京工业学院(现北京理工大学)联合搞的,北京工业学院是五机部、国防

在五机部作报告

工办的学校。原来他们自己搞过这个项目,但没有完成,我们这个联合课题组成立后,原来做这项研究的人全部被撤走了。

【编者注】

李景源(1945.7—):天津市宝坻区人,中央党校教授,研究方向是马克思主义认识论。

李保均(1936.6—):原四川大学文学院与新闻学院教授,著名写作理论家、作家。

五机部:成立于1963年,全称是中华人民共和国第五机械工业部。

问:谁被撤走了?

张:北京工学院的老师、学生全部被撤走了,让我一个人留下专门搞。留下来以后,我就感觉一台国产计算机连续转72个小时哪能行呢?所以,我跟部里说:"非要双机并行不可。这个坏了,那个自动接上;那个坏了,这个自动接上。所以,还需要买一台计算机。"部里说:"那行,你说了算。"那时,一台计算机50万,给我的500万课题费主要就是用来干这个的。还有就是所有的阀门都要换成电动的,所以设备都要自动化。而设备要自动化,仪表首先要自动化,然后再跟计算机连接。当时,我到苏州去验收计算机,待了1个月,考察到底哪个计算机好。我选择了一台计算机,这机器安装、调试时,我一直都在,我对它熟悉。这台计算机平常运行时一直很稳定,我很中意这台机器,但是验收的时候连续72个小时运转后出问题了。所以,我就百思不得其解:我在这待了一个月,好不容易选定这个计算机,它竟然出毛病了。后来我一想,毛病肯定不是出在集成控制电路上,肯定是出在哪个机件上,机件跟电路的匹配有问题。当时,计算机厂的工程师忙活了一两天没解决。我说:"我来试一试。"他们说:"行,但弄坏了你负责。"没有15分钟,解决了。什么问题?原来是计算机的一个小开关接触不良,把这个开关一换就没问题了。所以,苏州计算机厂的人说:"你虽然没有搞过计算机,但你比我们搞计算机的人还厉害。"因为我在那里待了一个多月,所以我就认定这台计算机没问题。因为从半成品到成品,我亲自跟着机器,一直盯着,所以我对它很熟悉。虽然我没有学过计算机,也不熟悉苏联数控机床,但一些基本原理我都懂;我具体分析的时候,自然会运用到这些原理,这实际上也是相似性。

5. 相似性思想升华为相似论

问:那您是怎么从相似性上升到相似论呢?

张:那是到了1976年,那时,计算机也验收了,我们厂获得了国防科工委一等奖。我把计算机的控制范围从30公里扩大到50公里,我在国防科工委可以控制我们厂的设备。后来有人说我不仅把计算机弄得滚瓜烂熟,还能创新,把30公里变成50公里。我因此被评为全国劳动模范。当时全山西兵工系统有30多万工人,而全国劳模名额有限,不是说你想评就能评上。兵工系统几十万人,只能选一个,最后选了我。

问:这是哪年的事情?

张:1976年。全国劳动模范的奖章还是谭震林亲自给我带上的。

【编者注】谭震林(1902.4—1983.9):湖南攸县人,曾任中共中央委员、中央书记处书记、中央政治局委员、国务院副总理、全国人大常委会副委员长、中央顾问委员会副主任等职。

6.参加北戴河会议

问：1977年全国科技大会你参加了没？

张：没参加。1976年计算机验收，随后我去五机部开会，所以没有时间去参加全国科技大会。20世纪80年代初，中央定了任务，要求我们的坦克车要在很短时间内赶上豹Ⅱ坦克，豹Ⅱ坦克是那时最先进的坦克。中央领导都在北戴河开会，那时我是全国劳动模范，也被邀请了。

问：这是哪一年的事儿？1980年或1981年吧？

张：是的，那时开全国劳模大会，中央领导请我们吃饭，吃的是国宴。再说北戴河开会的事情。当时会议主要是研究怎么完成这个任务【编者注：指赶超豹Ⅱ坦克】。我不懂，我就跟当时的五机部科技司司长说："喊我来开这个会，是叫我说真话还是假话？"他说："当然是真话，你是全国劳模，怎么能让你说假话。"随后，我就想了想。因为大同就有造坦克发动机的工厂。我在兵器部待了30多年，我知道当时大同坦克厂用的是苏联的设备。当时的豹Ⅱ坦克使用的发动机是1440马力的。我们的试制坦克的发动机连800马力还不到，所以想在这么短时间内完成这个任务，难度很大。我们工程领域的人都知道，只要机器能有25%的改进，那就是这个厂很了不起的成果了。哪能翻一番？当时我在会上说："豹Ⅱ坦克的发动机，616厂【编者注：现为北方通用动力集团有限公司】的设备怎么可能短时间就造出来呢？估计很难完成。"

问：当时你在会上发表了一篇文章？

张：是的，我当时写的文章是《论相似性在科学技术中的重要作用》。我在会议上主要说的是这个，顺带说了豹 II 坦克的事情。

问：当时会议是在北戴河开的？会议名称是什么？

张：当时是在北戴河开的，参会的有五机部、四机部，各个机部的人都有。

问：其实是个小范围的会议，不是全国性的会议，对吧？

张：是的，全国的优秀技术人员都参加了。

问：请您具体说说您在会上发表的文章的产生过程。

张：好的。1979 年我当选全国劳动模范。当时，赵雨亭、刘淑霞、孙志远都在新华化工厂。当时，我们厂的党委书记是赵雨亭。后来他成了山西省委组织部部长、省委书记。

【编者注】 赵雨亭（1917.1—2008.4）：山西省平定县人，中共党员，曾任中共山西省委书记、山西省政协副主席、中共山西省顾问委员会副主任。

张：有一次，赵雨亭问我："张光鉴，你为什么失败少成功多？"我就说："根据相似性。"他问："什么相似性？你就说说这个相似性，你把相似性好好说一说。"这就是这篇文章的起源，并不是我非要把这篇文章写出来。我心里头感谢相似性。我写这个东西，对我自己是个激励。这篇文章（指《论相似性在科学技术中的重要作用》）大概写了半年，写了 2 万多字。

7. 初识钱学森

问：你的这篇文章是怎么到了钱老手里的？

张：是616厂的人让我交给钱老的，我当时还不乐意。我说："我要回去了，计算机还在运转呢。"国防科工委科技司的人说："你不能回，你必须把这个会议开完，看人家怎么赶英超美。"会后三天，钱学森的秘书王寿云给我打电话。王寿云也是四川人，是四川电子科技大学毕业的。当时我已经回到厂里了。王秘书先是打电话到我们厂里，厂里又转到我们车间。我们车间那时叫计算机车间，我是车间主任。王秘书问："张工，你是不是在北戴河会议上发了一篇文章。"我说："是。"王秘书说："你赶快把工作交代一下，钱老有好多话要跟你说。"这个事儿不知道怎么让当时的山西省科委主任李光耀知道了。他派山西省科委的一个副主任，叫吴什么，专门坐汽车到我家问我："听说钱老喊你到北京谈话？"我说："是的，他让我赶快把工作交代一下。"

张光鉴（左一）初次见到钱学森（右一）

他又问："谈什么？"我说："在北京开会时，我说赶英超美可能时间不够，赶超豹 II 坦克在短时间也不可能，不是一两年功夫能弄成的。"

【编者注】王寿云（1938— ）：四川省自贡市人，1965 年—1982 年任钱学森秘书。

问：这个"豹 II"是哪两个字？

张："'豹子'的'豹'，'II'是'2'。"我知道，这个豹 II 坦克的研制任务给了山西省。我估计他也很重视这个事情。他也知道我在会议上说了这个事儿。我说："这次可能凶多吉少，他有很多话要跟我说，可能要批评我。"他说："大科学家批评你，你也收获很大呀。"所以现在想起来，老干部都很实在。他说："我支持你去，钱老是个大科学家，我们这些人他都看不上，跟你谈话，对你很不错了。你去听一听，最好能记录下来。"于是，我就去北京见钱老了。

8. "逼上梁山"

问：钱老跟你具体说了些什么？

张：去北京见到钱老，和他就从早上 8 点多一点谈到 11 点 45 分。钱老说："你的文章我看到了，是关于思维科学的论文。"接着他从我的文章说起，先说美国、英国、苏联、德国是怎么搞相似性的，后来谈到科学技术领域的相似定理 1、相似定理 2、相似定理 3 等。钱老说："人家国外已经在科学技术上研究相似性七八十年了，你再研究科学技术的相似性是不行的，绝对干不过人家。"我说："我不是要干过人家。"钱老又说："你的那篇文章是在研究人如何利用相似性搞创造。比他们搞技术高一层次。我给你个建议：你不要论相似，论相似是小玩意儿，哪个没有相似性？我的风洞试验、水坝都有相似性。你要把相似性变为思维科学。你这篇文章是关于思维科学的。你要把它颠倒过来，叫相似论。"当时我吓了一跳，我说："钱老，你是大科学家。我是小兵，怎么能弄得了相似论呢？"论相似和相似论是两个概念。我知道这个事情是个大事。钱老说："不，就是你干。"钱学森有个好处，逼着人上梁山。他对年轻人恨铁不成钢。钱老说："你回去把计算机的事儿交代了。年轻人多得很嘛，北大、清华、哈尔滨理工大，交给他们干吧。"他问我："你们那里搞计算机的人有几个？"我说："七八个。"他说："交给他们干吧。"当时，五机部科技司的人也去了，把钱老的话记下了，共2万多字，交给当时的五机部部长张震。回来后，张震批示："按照钱老指示办。"随后五机部的人又给新华化工厂打电话："张光鉴负责的计算机的事儿让别人干，钱老要他到北京来搞筹备思维科学的事儿。"

【编者注】张震（1914.10—2015.9）：湖南省平江县人，上将军衔，曾任中央军委副主席。

问：那是哪一年？

张：那时是1982年。我回来后，李光耀听说我要去北京的事情。他来我家问我："听说钱老要把你弄到北京去，批评你没有？"我说："没有，压根没有提豹Ⅱ坦克的事情。"后来山西兵器工业的负责人说："幸亏你把文章交给钱老了，要交给其他人，你就吃家伙了。"所以，我发现钱老这个人的确实事求是。

9. 向钱老学习

问：之后您就专门跟着钱老工作和学习？您主要做了哪些方面的工作？

张：这四五年，我跟钱老做了以下几个工作。钱老有个名单，里面有四五十个人。他让我一个人一个人联系，谈关于思维科学的事情。他有一篇关于思维科学的文章，大概有两万字，主要是他在思维科学学会上的讲话。他要我征求那些人的意见。那些人都是一些高层次的学者，比如美学家李泽厚、华东师范大学的搞认知科学的胡继楠，还有中国科学院自动研究所的双院士戴汝为等。我一个人一个人征求意见，并记录下来，汇报给钱老。当时，胡继楠还说，原来的认知科学都是研究猴子、老鼠、兔子的，看来钱老的思维科学就是研究人的。后来我跟钱老汇报后，钱老说："对，研究猴子、老鼠不是思维科学。"李泽厚关于形象思维的观点我都汇报了。现在想想，如果我一直在新华化工厂，就不可能接触生理学、哲学方面的东西，所以说，与君一席话，胜读十年书。这个原来只是说说，现在我体会很深。没有人点拨我，我哪能去研究这个？这

张光鉴（左二）在北京参加国庆35周年典礼，中间者为申纪兰

就好比相似论的重组与创造，就是钱老说的大成智慧，就是要把有智慧的人集合起来。钱老晚年说要研究微观、秒观、宏观、宇观，实际上是把哲学与自然科学的东西结合了起来。量子力学，就是秒观。电子之类的就是微观，核物理就是宏观。我这几年在研究人的大脑，就是研究秒观、微观。以后要把这些资料与相似性匹配起来。我以为，李景源把相似论看作认识论的创造，这是他的认识。李景源的认识是原创的，很有学术价值。

【编者注】李泽厚（1930—）：湖南长沙人，著名哲学家，中国社会科学院哲学研究所研究员，主要从事中国近代思想史和哲学、美学研究。

戴汝为（1932—）：云南石屏人，中科院院士，中国科学院自动化研究所学术委员会主任、学位委员会主任，长期从事自动控制、系统科学、思维科学、模式识别、人工智能等方面的研究。

第二章　山西省社科院思维所的成立与相似论研究的深化

1. 召开全国思维科学大会

问：1984年召开的全国思维科学大会？

张：是的。

问：当时咱们社科院有人参加这次会议了吗？

张：有。咱们院的刘贯文院长、陈家骥副院长都去了。

张光鉴（左一）等在钱学森办公室筹备第一届全国思维科学大会，右二为钱学森

243

问：您从北京回来后就开始正式从事思维科学研究了吗？

张：是的。1984年我从北京回来后，就着手研究。

2. 成立山西省社科院思维科学研究所

问：那时你还没有来山西省社科院吗？

张：是的。我是1985年初才来山西省社科院的。

问：那咱们院为什么要成立思维所呢？

张：刘贯文院长、陈家骥副院长去北京参加思维科学大会的时候，专门跟钱老谈了半个小时。钱老问："你们是不是要搞思维科学？"刘贯文当时表态："是的，我们要搞好思维科学研究，还要出《思维科学》杂志。"他的意思是这样才能把人才聚到山西省社科院。所以刘贯文很有战略思维。

问：这个思维所是专门为你成立的？

张光鉴（右一）在山西省社科院与西蒙先生（中间）进行学术研讨

张光鉴（前排右三）与山西省社科院同事

张：是的。他们从北京回来后，就着手谋划成立思维所的事情。新华化工厂领导知道我要去山西省社科院，就劝我："张光鉴，你是搞硬科学的，你去钱老那里是'扬短避长'；你的长处你不干，非要搞软科学。"我说："钱老非要让我去，我也没办法。"当时，山西省国防科工委也参与了思维所的成立工作。当时的山西省国防科工委主任李光耀问："搞思维科学，你需要什么？"我说："很多东西我都不懂，比如，空气动力学、哲学等，所以，我需要买书。"那时，全国搞哲学、方法论的人中比我高明的人多得是，我差远了。他说："你需要多少本书？"我说："至少上百本吧。"李光耀又问我："你要多少钱？"我说："可能上万吧。"我想着领导亲自到家里来问这个事儿，说明很重视，就想着多要些。他又问："你还需要什么？"我说："我得到山西省图书馆、山西大学查资料，如果骑自行车到那里估计人家都下班了，我需要摩托车。"那时我有摩托车驾驶证。人家眼睛也不眨，说："行。"没有3天，省科工委给了我2万元，其中1万元用于买书，摩托车也买好了，3500元，进口的X100摩托车，正宗日本货。当时太原市进口了12

辆,有1辆被我买了。省科工委的人对咱们院的人说:"叫你们的财务科长来签字,让他直接骑回去。"当时,我还在新华化工厂,厂里人说:"张光鉴鸟枪换炮了,自行车变成摩托车了。"这个车是奖励我的,后来我就带到山西省社科院了。

问:听说当时咱们所里还办了全国性的思维科学杂志。

张:是的。这也是钱老大力支持的结果。

问:咱们办杂志后,钱老题词没?

张:钱老没有题词,他从来不题词,也从不给任何人写字。但是我提出把他说的关于相似论的话放在杂志前面,他说:"可以,没问题。"随后,高士其专门写了序言。高士其说:"张光鉴的相似论已经不是单纯地在科技层面的了,已经上升到哲学的高度。"他又鼓励思维所的人继续干,说:"相似性没有完,还需要继续努力干下去。"现在看来,高士其的序言很在行,很有意义。我认为,高老已经把我们的东西上升为哲学。而钱学森把相似性看作思维科学的突破口,更有意义。

张光鉴(中)与高士其(左一)合影

【编者注】高士其（1905—1988）：福建福州人，中国著名科学家、科普作家和社会活动家，中国科普事业的先驱和奠基人。

问：相似性是思维科学的突破口？

张：是的。思维的突破口就在形象思维。至少相似性是形象思维的突破口之一。钱老为什么看中形象思维？李景源为什么反复琢磨文学艺术与相似性？我认为，文学还是要实事求是的。比如，现实主义如果跟现实没有相似性，是不行的。

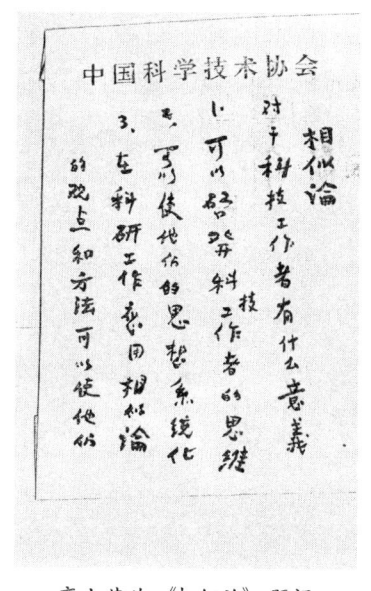

高士其为《相似论》题词

问：当时从上到下，都能这么大力度支持您开展研究，也很难得了。

张：是的。就连当时的《山西日报》也经常报道我的研究成果，《山西日报》的主编还经常跟着我作报告。

3. 参加国际学术会议"一鸣惊人"

问：您做过国际交流没有？

张：我曾经到莫斯科大学参加过国际学术会议，会议的主题是类比与相似

《光明日报》头版

性。谈起这次会议,还有一个小插曲。我和张铁生出发之前去见钱老,向钱老汇报我们要去莫斯科开会。钱老开玩笑地说:"出去开会不要多跟他们谈我们的研究成果,每次去开会说一点就可以了。说的那一点,就足够让他们惊讶了。"我和张铁生听完都哈哈大笑,知道钱老是在开玩笑。钱老说:"我们中国人大部分都比外国人聪明。"随后,我去莫斯科大学做了25分钟的报告。莫斯科大学心理学系主任维利奇科夫斯基说:"Your report is very good."随后全场响起了经久不息的掌声。张铁生跟我开玩笑:"我们今天实现了钱老的'我们中国人不比他们笨'的目标了。"这次会议后,瑞典、英国都请我们去做报告。所以,那时我们思维所在全国还是有一定影响力的。现在我们必须实干,不弄虚的。只要我们每个人都发挥各自的专长,发挥各自的优势,研究相似性,那么我们的研究必然会持续下去。

【编者注】张铁生(1946—):山西省社科院思维科学研究所原所长,研究员,主要研究方向是逻辑学。

问:所以咱们所就是要弄这个东西,从您开始,由您为中心,上到钱学森,下到所里,带动各位专家。您觉得呢?

张:是的,以后我们要跟他们联合起来,共同开展研究。

第三章 相似论研究的进一步深化和发展

1. 相似论研究进一步深化

问：相似论研究从20世纪70年代末80年代初逐步发展起来，到现在很多学者都在研究相似性。

张：是的。李景源从1991年开始研究相似论，并且把相似论提高到哲学的高度。思维所为什么受到钱学森重视？怎么把论相似变成相似论？这是重要的。我给你们念一段钱学森的原话，他论述形象思维和相似论的原话，这是正儿八经发表过的："关于形象思维，文艺理论家谈得最多，也有不少引人入胜的见解。科学技术人员一般不提什么形象思维。只有少数有成就的科学家在说到科学方法时讲过这个题目。文学家和科学家的议论都近乎思辨性质，对我们有启发，但还有待于深化。是张光鉴同志对形象思维做了有意义的探索，他归纳了大量的人的创造过程，提出'相似'的观点。当然，'相似'和'不相似'是辩证统一的。"相似论也是钱老在论相似的基础上积淀了很多年的成果。他把这个成果都推到我身上，所以说这些大科学家都是很谦虚的。钱老继续说："然而，要进一步深入下去，建立科学理论，建立形象直感思维学，就困难了。"因为"这里的相似不是集合合力的相似，那里的形象相似比较单纯，用数理逻辑就足够了。这里不然，这里的相似要从一大堆不怎么准确的现象中梳理出准确的相似来"。这就是钱老关于形象思维和相似性的论述。我们的《相似论》前面摘录了钱学森的一句话，就是"相似的观点和相似论对说明形象思维在科学技术工程中的重要性很有价值"，为此，我们也征求了钱老的意见。因为钱老从不给人题词。钱老的那一段话，实际上就说明我们的相似性在形象思维、在创造性思维中的重要作用，但是还需要进一步深化研究。我研究了38年，研究了三个字：相似性，离钱学森的相似论还很遥远。《相似论》这本书是1992年出的，获得了中国图书"三大奖"。钱学森第一次见我是1982年。1982年到1992年，10年功夫，才出了《相似论》这本书。

张光鉴（右）与苏教版教材主编探讨《相似论》

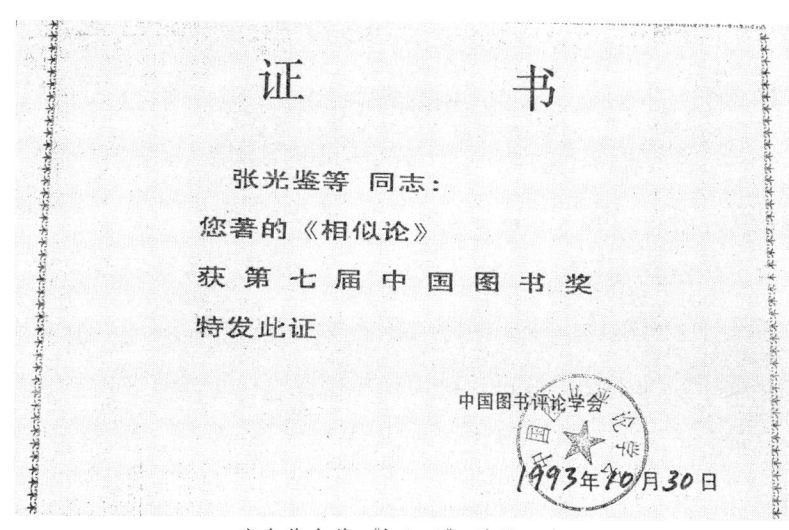

张光鉴专著《相似论》获奖证书

【编者注】中国图书"三大奖":经中宣部批准,中国图书奖、"五个一工程"奖、国家图书奖被称为中国图书"三大奖"。

问:钱学森是哪一年去世的?他看到这本书没有?

张:2009年去世的,那时他看到了这本书。我把这本书交给他,他说:"获奖了?"我说:"是。"钱学森把相似论看作自然界的运动规律,是人大脑中创造的规律,也是社会发展的规律。钱学森把这个事情交给我,而我当时不明白。我说:"我估计一辈子都不行。"钱学森说:"就交给你,我看你行。"我说:"钱老,你看得起我,我给你跑腿。"钱老说:"不,就是你搞。"所以说,钱老唯恐年轻人不上进,双手把我扶上去,还要说这是我的成果。这就是大科学家的气派。

问:所以钱老在推动年轻人、鼓励年轻人搞科研这方面,费了很多心血。

张:是的。我们进一步讨论形象思维跟相似性是什么关系,这个我们要弄清楚。1992年以后,相似论中的相似联系、相似运动、相似创造与重组等规律在自然科学、教育科学、脑科学的研究中都得到了应用。钱老说，人们在工程技术中已经运用了100多年相似性了，但是他们没有从工程技术上升到认识论、方法论的高度。比如，飞机原来是波音707、737、747，现在成777了，都是在原有的基础上不断地前进。计算机从奔1、奔2、奔3变成多核，原来的计算机就只能加减乘除，现在什么都能够完成。这样电脑不是跟大脑相似了么？还有把原来的加减乘除变为语义、符号，这也是相似性，一个搞大脑的相似性，一个搞计算的相似性。现在的计算机变为人工智能，实际上是把大脑和计算机结合起来。电脑可以跟人下棋了，已经超过人脑了。但是这个电脑只是人脑的局部，要达到人脑的智慧，还远得很。但是有一点必须看到：电脑和人脑有相似性。

问：可不可以这么理解：一代一代电脑，有80%是相似的，只有20%是创造的。就是说，相似在发明创造中的作用就是这个。

张：对，先说相似的概念。"相似"就是同与变异，不是同与差异。"变异"就是自然地运动，重组就是创造。相似性不是形容词，是动词，是相似联系、相似运动、相似创造与重组，全是动词，没有一个是形容词。比如，从类人猿变成人，不是比较的结果，是从低级到高级进化的结果。有一次，我在中国人民大学做讲座，有人提问："张教授，你这不是比较论吗？"我说："比较与相似的差异，关键就在于相似性。相似性作为形容词，就重在比较；如果作为自然界运动、发展的规律，就是动词。而相似论，既是动词又是名词。"钱学森要把相似论作为自然科学、社会科学、思维科学的总规律。这就不只是动词，而是研究这种现象的本体论、方法论。这是钱学森跟我讲了多次的结果。他第一次跟我讲的时候，我不明白。实际上钱老把这个任务交给我，就是要把我"逼上梁山",把论相似变成相似论。我有个好处,就是我在工厂里经过大量实践。毛泽东同志的《实践论》是很重要的,如果没有实践,我怎么总结出论相似在科学技术工程中的作用?还有就是钱学森认为"虚拟技术"不行,认为"实拟技术"可行,但是现在全世界都在用"虚拟技术"这个词,钱老也就没法说什么。所以钱老对科学界提出来的很多词都是很不同意的。还有,钱老认为,控制论、信息论、系统论三大论,实际上就是一论,光有信息,没有实践,哪有系统,没有系统哪能控制。

现在我跟你说的,都是我在1978年之后根据他的想法和我在实践中积累经验融会贯通后得出的。钱老要把论相似变成相似论。我的观点在思维科学大会上我就说过了,但是没人认可。搞计算机的认为,我不是什么计算机专家;搞教育的说,我没学过教育;社会科学家说:"他哪学过哲学呢?"但是钱学森关于相似论的思想是哲学的高峰,是认识论和方法论。实际上,控制论、系统论、信息论都是方法论。所以说,对于钱学森的很多观点,我们必须深入研究下去。

2. 探究相似块

问:我们注意到您的相似论里面有一个很重要的概念——相似块,这应该是相似论的重要内容之一吧。

张: 是的。相似块是大脑中记忆的模块。我们的生活、学习等经验造成我们大脑中的永久记忆,永久记忆是个模式。我们把这个叫作相似块。文学中,运用相似块搞创作的现象比较明显。比如,《红楼梦》的作者是曹雪芹,他写的《红楼梦》就是他本身的经历。康熙多次下江南，都由曹雪芹的祖父曹寅负责接待。曹寅是当时江南织造的总管，他的家族与皇帝有千丝万缕的关系，后来雍正皇帝抄曹寅的家，使曹家走向没落。《红楼梦》中写的很多事情，都是当时曹雪芹的亲身经历。再如，我的相似性概念是从几十年的劳动经验中总结出来的。这些都说明，每个人生活实践在大脑中形成的永久性记忆，就是相似块。人的大脑中没有记忆或者电脑中没有内存，那就什么也不能干。相似性的记忆是很重要的。

问：那么是否可以这样理解：人的经验、记忆实际上就是相似块不断积累的结果？

张：是的，所以要强调相似块的重要性。西蒙说，一个科学家要在大脑中存20万个模块结构。人知道的事情越多，积累的相似性就越多。生活中的相似性无处不在，比如，凳子、桌子为什么都有四个腿？汽车为什么有四个轱辘？每个人的房子都有客厅、卧室等，只是装修风格不同而已，这是为什么？相似论就是要把生物、化学、物理的类统一起来。原来的化学、物理不同，现在各个学科都是相互交叉、联系的。各种学科相互交叉能深化人类对客观事物的认识。

3. 内化于心外化于行

问：我发现，您不知不觉地把相似性放在您的生活中，所以您的记忆就非常清晰、有条理。

张：是的。为什么钱学森让我弄思维科学？他就是看中我把相似性和形象思维的根儿抓住了。但是当时我不懂。相似性的关键和问题的起点就是自然界的运动、联系、重组的单元，就是自然界运动的根儿。这也就是相似性的基本原理。相似性要论述自然界运动、联系、发展的规律。比如，汽车、火车的运动为什么有相似性？飞鸟在天上飞与火车在地上走有什么相似性？空气动力学跟汽车、火车运动有什么相似性？飞机与老鹰在天上飞有什么相似性？最初的火车的动力来自蒸汽机，叫作外燃机，就是通过蒸汽运动，随后的火车用的是内燃机。内燃机、外燃机都是由热来提供动力的，与空气动力学的基本原理一致。老鹰在天上飞也是运用了空气动力学。火车前进、后退也是作用力的相似性，作用力是由正电荷和负电荷相互作用产生的。再如，电子的相互作用，就是光子的相似性。这是爱因斯坦的光量子假说。任何电子、离子都有波粒二象性，这是悖论。但实际上，对立的东西都具有相似性。这也就是辩证法的基本思想。再如，现在人工智能已经发展到很高水平了。搞人工智能的人认为，电脑最终能取代人脑。实际上，下围棋的电脑只是模仿了人的大脑的一个模块。所以，没有相似性不可能有创造。为什么李景源要把相似块看作中国化马克思主义的原创之一？因为，它是人的认识方法之一。人的大脑如果不符合自然界的基本规律，就无法获得正确认识。再如，科学技术的发展，给环境带来巨大破坏。科学技术在破坏人类生存的相似性的环境。所以，要保持与自然界相似的环境，不能违背自然界的规律。

问：那么您能不能为解决当前的生态问题提出一些意见或者建议？

张：当然，我认为，相似论告诉我们，要科学解决当前的生态问题，就必须遵循自然规律，按客观规律办事。

张光鉴（右三）参加中国思维科学研究 20 周年学术研讨会

4. 相似论与教育

问：请说一说您的相似论在江苏教育的实践。

张：1998 年时任教育部副部长韦钰把我弄到东南大学参与教育部的重点课题，题目是"科学教育——开发儿童潜能研究"。我是这个项目的课题组组长，我的分工是研究科学教育与相似论。

问：具体有什么研究成果？

张：出了一本书，叫作《科学教育与相似论》。现在还有一本同类书《相似与互构》，作者是高万同。我们接着说相似块为什么重要。教育的关键在于让学生记住书本上记载的经验。我们的知识、记忆，既有来自生活中的，又有来自书本上的。二者相加，就是相似块，就是事件记忆的模式。比如，中国有个教育家叫陶行知。陶行知的原名叫作陶知行。他自己把名字"陶知行"改为"陶行知"，意思就是先行动然后知道。行动就是实践,也就是从实践中获得知识。他说,生活是学校,社会是学校。陶行知的教育思想来自杜威。20世纪30年代,杜威在中国待了38个月,陶行知陪同他搞讲座,深受他的影响。杜威的经验主义,陶行知的行、知,就是相似块。经验就是一种相似性。光有书本上的知识,没有实践的结合,知识是不完整的。教学就是要让学生将书本知识变为实践,老师要善于把书本上的知识变为经验,变得活灵活现,让学生明白。有些老师心里面有东西,讲不出来,这让学生最头疼。我们讲话时字节之间的间隔不能长于200毫秒。比如,我-今-天-来-跟-你-们-说-相-似-性,这种慢语速,一慢了以后,大脑中信息链就断了,不方便记忆。老师要特别擅长把书本的知识变为生活中的实践,方便学生学习。我们大脑中的相似块的建构的过程,是连续事件的时间的、空间的联合的信息输入过程。如果一个人不善于把书本中的知识变为大脑中的经验,那这个人就没有知识;没有知识就没有知识结构,没有知识结构就没有认知能力。认知结构就是大量的相

张光鉴(左一)参加江苏省科学教育研讨、讲习会

似块的结合。教育的过程就是让学生形成大量相似块。

【编者注】 高万同（1938— ）：江苏灌云人，江苏省特级教师，曾任苏教版小学语文教材编辑部编委、理论室副主任，教育部基础教育课程改革南京师范大学研究中心特约研究员。

问：也就是说，一个人擅长哪方面记忆，就说明他哪方面的相似块多些？

张：对。哲学上这叫作主体间性。每个人都有差异，都有兴趣，这说明每个人具有的相似性不同。比如，我在北师大做讲座时，有人问："张教授，你的相似论过分强调共性，那么是不是在个性方面有些欠缺呢？"我说："你说我有没有个性呢？"他说："你当然有个性了，你总是在说相似块，这个就是你的个性。"我说："那你刚才不是说我没有个性吗？这不是自相矛盾吗？你说的很对，我的经验、教训都在于相似性。"再如，如果自然界万物都是相异的，那么人就不可能产生和存在。现在高校言必称现象学，比如弗洛伊德、胡塞尔、海德格尔等。我在复旦大学做讲座，刘放桐说："你在复旦大学讲相似性，他们没有把你问得哑口无言，你是很幸运的了。"要知道，复旦大学是研究现象学的重要基地，是其重要根据地。刘放桐说："如果不知道现象学，你今天说的相似性就没有人能听得懂。"现象学就是要研究怎么从感性直觉上升到理性认识，上升到"存在之在"。在教学过程中，要提高学生的兴趣，就要了解学生大脑中的相似块。我举个例子，有些老师说："我教给你们的知识全是新的，要认真听。"但学生们都听不懂，都不理解。这其中的关键就是老师的讲授与学生大脑中的相似块不匹配。所以，老师的教学过程，要与班里80%的学生匹配，怎么当老师，怎么当学生，学生要怎么学？这是很重要的问题，学生要提高自学的能力，要多看书，加上自身已有的知识基础，就很容易懂书中的知识了。学习以前，最好看一下要学的内容，要有预习，知道什么地方不懂。上课的时候，你的注意力就可以集中在你不懂的地方了。在这里需要说明的一点是，个别没有经验的老师不喜欢回答学生的问题。实际上，回答学生们提出的问题的时候，能调动全班的情绪。所以老师要把有意义的问题当场给学生讲清楚。这样一来，老师的讲解过程就与学生匹配了。所以，教学的过程，既要有教的理论，又有学的理论，一定要把教和学在班上统一起来。

【编者注】：弗洛伊德（Sigmund Freud，1856.5—1939.9）：全名是西格蒙德·弗洛伊德，奥地利精神病医师、心理学家，精神分析学派创始人。

胡塞尔（Edmund Gustav Albrecht Husserl，1859.4—1938.4）：全名是埃德蒙德·古斯塔夫·阿尔布雷希特·胡塞尔，20世纪德国著名作家、哲学家，现象学的创始人。

海德格尔（Martin Heidegger，1889.9—1976.5）：全名是马丁·海德格尔，德国哲学家，20世纪存在主义哲学的创始人和主要代表之一。

刘放桐（1934.5— ）湖南桃江人，复旦大学哲学系教授，研究方向为西方哲学史、现代西方哲学、实用主义等。

问：您能再具体谈谈相似性在教育方面的运用吗？

张：当然可以。我们进一步谈谈相似性与教育的问题。以前人们都认为教授是主要的。其实，教授与教育有很大不同。教授中包含灌输的意思，教学就是要传授知识，主要是已有的知识和创新的知识，老师必须掌握两类知识的来龙去脉，这就涉及相似性。相似性就是同与变异，这包含知识发展的过程。创新的知识是在已有的成果基础上产生的。我有这样一句话:"如果不懂得历史,必然回到历史之中。"这句话意义深远。比如,哲学上现在还在提洛克、休谟,那是因为他们的哲学思想在哲学发展史上有重要意义。如果不懂他们的思想,那么对哲学史的掌握可能就不那么完整了。比如,我如果只搞科学,钱老不找我弄相似论,我就读不了这么多书,也就没法了解这么多的知识。如果我没有在新华化工厂多年的经验实践,我也就不能理解书上的东西。同样,在教学过程中,不仅要让学生多读书,更要让学生在生活中多实践,形成丰富的相似块。所以维特根斯坦说:"事件就是事和件的结合。"事件是有联系的,事物是没有联系的。教师要懂得历史,还要懂得当前最前沿的知识。老师的教学必须跟学生的生活、经验相匹配,这样才能获得更好的教学效果。

【编者注】 洛克(John Locke,1632.8—1704.10):全名是约翰·洛克,英国哲学家,是英国经验主义的代表人物之一,被誉为启蒙时代最具影响力的思想家和自由主义者。

休谟(David Hume,1711.4—1776.8):全名是大卫·休谟,苏格兰不可知论哲学家、经济学家和历史学家,被视为苏格兰启蒙运动以及西方哲学历史中最重要的人物之一。

维特根斯坦(Ludwig Josef Johann Wittgenstein,1889.4—1951.4):全名是路德维希·约瑟夫·约翰·维根斯坦,犹太裔奥地利籍英国作家、哲学家,是20世纪分析哲学的创始人之一。

问: 那么作为家长或者老师,如何运用相似性?在做题时,我们可以先发现相似性,找到他会的地方,剩下的就是不相似的,就是他不会的,这样是否可行?

张: 你这个话有道理。练习题最好能有举一反三的效果,起到一个相似性的扩散作用。比如，我学了电的理论后，就发现很多问题。数学本身就是一个模型。事件的联系、运动都要用数学公式表示出来。现在希格斯粒子的计算也是如此。杨振宁的规范场理论已经出现问题了。这说明一个事实，那就是在科学发展过程中，即使诺贝尔奖获得者，我们都要抱着批判的态度去看待。事物在不断变化。自然界是运动、联系、发展的，如果不了解自然界为什么、怎么运动，那么，有什么科学而言？为什么要搞力学？运动的原因就在于作用力。唯物辩证法认为，事物是联系、运动、发展的；用相似论的观点看，我认为事物是相似联系、相似运动、相似重组与创造的。

【编者注】 希格斯粒子（Higgs Particle）：又被称为"上帝粒子"，是一种能让空间中的物质获得质量的粒子，被认为是一种形塑并创造了世界万物的粒子。希格斯粒子理论最早是由6位物理学家在1964年共同提出来的，其中包括英国爱丁堡大学的彼得·希格斯（Peter Higgs）教授。

规范场理论（Gauge Theory）：基于对称变换可以局部也可以全局地施行这一思想的一类物理理论。

问：是不是可以这么理解，一个小孩子，如果没有知识、没有实践，那么他的形象思维与您的形象思维的层次是不一样的？

张：对。但是小孩天生就有形象思维，大脑天生就有这个功能，比如视觉的、听觉的。比如，如果你问小孩："你妈妈是谁？"刚生下来到3岁以前，孩子没有这方面的认识。但3岁以后，孩子就可以很清楚地分辨了。这就说明孩子已经有了形象思维。

问：这就需要我们培养孩子的相似性的思想。

张：是的，要从小培养孩子大脑中的相似的模块，帮助孩子逐步具有形象思维。相似块的内容非常丰富，我们必须深刻理解这个内涵。

问：这实际上需要大量的知识积累，逐步形成大脑中的相似块。

张：是的，有了大量的知识，大脑中的相似块就会很丰富。大脑中的相似块越丰富，就越能触类旁通。我们先说相似块与学习的关系，与人类智慧的关系。李景源实际上认识到钱学森把相似块作为相似论的核心。研究相似块、相似论的人越多越好，越多越能形成大成智慧。要根据不同时期孩子的受教育程度，形成不同的相似块。如果跟小学生说量子力学，那就是白说了。幼儿园的孩子很早就具有很基础的相似性概念了，但那时他们具有的相似性概念还是表象的。从幼儿园开始直到大学的过程，就是逐步培养孩子大脑中的相似块的过程。钱学森很重视教育，他认为如果教育发展不好，我们这个国家就没有希望了。他很担心我国的教育，担心教育发展不好从而影响国家的发展。

5. 利用相似性解决矛盾

问：是不是可以这么理解，世界上的事物在大的范围内是相似的，在具体方面可能是相异的？

张：是的。我们知道，没有相似性，就不会有矛盾。矛盾总是在两个事物之间产生的，世界上不存在完全相同或者完全相异的事物，世界上的任何事物在某种程度上总是相似的。同样，人与人之间的矛盾也是在相似性基础上产生的。

问：那么要解决人与人的矛盾，就要找我们相似的地方，用相似的地方缓解矛盾。

张：是的，这就把矛盾解决了。我认为，解决矛盾时，要让相似性介入。比如，房地产涉及我国经济发展的多个行业，如果房地产出现问题，整个社会发展就会出现问题。当前我国的房地产市场，如果生产与需求相匹配的话，就不会存在泡沫的问题。总之，对于相似性的同与变异，我们更重视变异，而变异要符合社会需求。

问：这也就解释了为什么很多人不理解相似论。他们只有在他们自己的研究领域，才可能在讨论问题时自觉地运用相似理论，才能理解相似论的意义。

张：对。钱老说研究相似论困难，就是因为这个。如果我不懂空气动力学，我就说不出这个话："原来空气的动力学与水的动力学原理是一样的。"所以，钱老说："相似性是跨学科跨部门的理论，不是几何中间的相似性。"钱老是从哲学、工程领域深刻认识相似性的。为什么要把论相似变为相似论，就是因为这个。为什么李景源把相似论提升到中国马克思主义认识论的理论范畴的高度呢？任何科学都有概念、范畴、规律。如果一个理论的概念、范畴、规律不匹配，那么这个理论就不成立。比如，物理、化学、生物的范畴、概念、规律千差万别，实际上都是原子相似性结构功能的显现。这已经是跨学科类与类之间的联系，这就是范畴。

6. 哲学中的相似性

问：以上您谈的主要是相似性在教育中的运用。那么相似性在其他学科中还有应用吗？

张：当然有。比如哲学方面的应用。现在哲学上最关键的问题就是主体与客体如何统一，这实质上是认识论的问题。要谈这一问题，必然涉及哲学的基本问题，也就是唯心论与唯物论的对立。为什么马克思把黑格尔的绝对理念反过来就成为科学的唯物主义的观点了呢？你们想过没有。如果黑格尔的思想是绝对错误的，那么他的思想颠倒过来也应该是错误的。还有，列宁认为，黑格尔的思想中，唯物辩证法的思想最多，唯心论的思想最少。在黑格尔看来，人的大脑是自然界的产物，人的认识最后必然会符合客观。所以黑格尔的思想被称为客观唯心主义。康德的二元论是主观唯心主义。康德认为，我们只能认识现象，不能认识客观世界的本质；我们所能认识的现象，实质是人的主观认识创造的概念、范畴、判断。康德认为，我们不知道自然界是什么。胡塞尔继承了康德的主观唯心主义，创立了现象学。现象学主要研究人的大脑的认识是怎么符合客观实际的。但是这个研究也一直没有成功。胡塞尔的学生海德格尔进一步提出了"存在之在"的概念。客观世界为什么存在？自然界为什么存在？这些东西，如果离开了我们的相似性，就都无法深入研究下去了。

【编者注】黑格尔（Georg Wilhelm Friedrich Hegel，1770.8—1831.11）：全名是格奥尔格·威廉·弗里德里希·黑格尔，德国19世纪唯心论哲学的代表人物之一。

康德（Immanuel Kant，1724.4—1804.2）：全名是伊曼努尔·康德，德国作家、哲学家，德国古典哲学创始人，其学说深深影响了近代西方哲学，并开启了德国古典哲学和康德主义等诸多流派。

问：这就是为什么李景源那么重视您的相似性。

张：是的。为什么李景源把相似论看作马克思主义哲学的方法论之一，李泽厚为什么说"相似性抓住了美感的实质"？《相似论》写于1992年，现在过去30多年了，相似论有很多发展。这个发展不是我提出来的，是哲学界、自然科学界、神经科学界的公认。没有相似性，一切理论都是空谈。毛主席重视实践，很有道理。他为什么能做出轰轰烈烈的成绩？根本上讲，来自实践。大脑中如果没有实事的相似性，就是无中生有。人为什么很难做到实事求是？要真正做到实事求是，很难。首先，大脑中一定要有高度相似于实际的信息模块。为什么弄形式相似呢？辩证唯物主义认为，我们的认识要符合客观规律。钱学森认为，相似论是创造性思维。我如果对创造毫无经验，那我不就是在胡说吗？钱学森为什么说科学家、文学家说的形象思维是一种抽象的描述，还有待深化？钱老强调，形象思维要跟逻辑思维并列。但要用相似性描述形象思维是很困难的，因为要从很丰富的客观事件中找到相似性，这个过程就是大脑中的信息与外界的新信息重组的过程。你大脑中的直觉、形象思维，比逻辑的抽象更加实在。这个相似性已经不是学科的相似性，而是跨学科的类与类的相似性。钱学森要从客观世界风马牛不相及的事件中提炼出相似性，这是很深刻的。

7. 经济学中的相似性

问：我们发现，您的相似性没有涉及经济学的内容。

张：我对经济学不大懂，但是相似性也涉及经济学的内容。比如，原山西省发展改革委员会主任张奎说："你这个相似性很容易造成企业之间的联合。"晋城的小五金在全国比较有名气。那时要撤并小电厂，他说："这个电厂不用撤了，就把电供给这些炼钢厂、翻砂厂等小厂吧。"随后，晋城市就先把这些厂子联合了起来，小电厂供电给这些用电大户，不仅降低了用电企业的负担，还促进了小电厂的发展。

张奎专门写了篇文章《论相似性在虚拟联合体中的作用》，发表在《晋阳学刊》。为什么联合起来能创新呢？这是工业结构匹配的结果。再如，我们国家现在的粗钢产量全世界第一。我就想，我们把生产的粗钢卖给国外时很便宜，国外加工后再买回来时价格就大大提高了，不仅费钱，还破坏了生态环境。这不是"赔了夫人又折兵"吗？可见我们的产业在结构上、功能上与当前经济发展不匹配。而太钢在不锈钢生产上能立足，正是因为符合经济上的结构相似、功能相似。再如，人民币为什么持续贬值？因为，同样的人民币购买力不如美元。美元的购买力强，原因就是美元的功能、结构优于人民币。为什么美国要让人民币升值，而让美元贬值？这实际上就是要让资金跑到美国，这些事情实际上都是相似性不匹配的结果。所以相似性横跨学科，符合自然社会发展之道。再如，按劳分配的问题。以前实行平均主义，这与工人的付出不匹配，工人的积极性不高；按劳分配后，工人得到的报酬与付出相匹配，工人的积极性就大为提高，这就打破了大锅饭。搞平均主义，是形式上的相似，而不是真正的结构、功能上的相似。从相似论的观点看，社会主义的按劳分配是真正的结构、功能上的相似，所以能激发人们的积极性。所以，相似性无处不在。做事时要考虑到相似性，否则就会无事生非。

【编者注】张奎(1942—)：中共党员，曾任山西省发展改革委员会主任。

8. 在国内推广相似性

问：您到过国内哪些地方推广相似理论？

张：我主要在江苏省待了12年，在教育方面有所实践，还在文学方面、科学方面等做过探索。相似论的奥妙就在于抓住了事物发展的信息、能源等本质。有的信息专家说，信息既不是物质，也不是能量，信息就是信息。这种说法是不科学的。实际上，物质一运动就有能量，有能量有运动就出现波，波就是一种信息。如果大脑中没有相似性，你们就理解不了我今天所说的。比如，社会只有处于动态的平衡中，才能稳定。

问：我想到我上学时遇到的一些好老师，他们有一个共同点，就是上课时先让我们把前面复习一下，复习时间占80%，然后才让我们学新知识。这实际上就是对相似性理论的运用。老师在复习过程中教授新知识，学生能很容易掌握新知识，学生学得不困难，很容易学会。

张：是的，这个方法很好。现在我们一定要保障学生的休息时间，否则就破坏了大脑的平衡状态，导致学习效果很难达到。学生睡觉时，可以听一些喜欢的音乐，这样很容易入睡。听音乐，实际上就是重复再现，也是一种相似性。李白的《静夜思》韵律相似、结构相似、感情相似，容易引人入胜、经久不衰。如果我们把这个诗改动了，整个诗就失去意义了。

问：这也就是说，名著之所以是名著，是因为读者从中找到了能引起共鸣的东西，找到了相似的东西？

张：是的。李泽厚认为，相似性抓到了美的实质和审美标准。当代西方马克思主义把人的情感、感性认识、理性认识看得很重。他们把感性认识看得很重，认为如果没有感性认识，理性认识就不可能获得。钱学森说："我们对自然界的看法，就像小学生一样。"我第一次听到这个话时不理解，就很想说："你是大科学家。"他看着我，我也不敢说这话，我感觉他要骂我，就开玩笑地说："钱老，您是小学生的话，我们就是婴儿。"他笑了，说："地球经历180亿年发展过程，我们真正研究科学也就100年不到，时间很短，远远没有研究完。"科学如果研究得都清楚了，就意味着科学"死亡"了。科学技术在不断前进，历史也总是在不断进步。比如水到底是什么？实际上水是H_2O，是由气体变来的，再冷就会变成冰，温度上升就会变为气体。这三者之间具有相似性，不过是H_2O的不同形态而已。为什么我在研究相似性之初，就抓住了作用力进行研究？因为事物的运动主要靠作用力，抓住作用力就抓住了运动的根儿。我把相似性作为四种作用力的起点，钱学森很看重这一点。现在社会的生产力、人类的理解力、教学过程中的学习力等等，都是作用力。虽然看到了力的重要作用，但是学者们却都没有深入研究。

问：那么在你看来，学习力包含哪几方面？

张：首先是理解力，关键问题是大脑如何记忆。有了记忆，才能有理解力，才能举一反三、触类旁通。实际上，运用就是一种能力。要重组知识的单元，大脑的基础记忆是最关键的。理解靠大脑中已有的相似性。就是说，要提高学习力，首先大脑中要有对事件的记忆，有生活中活生生的信息能量模块的集合结构。大脑中的内在信息如果跟外在生活不匹配，学生就不会学习了，也就不会有学习力。

附录：张光鉴先生大事记

1934 年：生于四川成都人。

1953 年，19 岁：

毕业于西南第二工业学校电机专业；同年被分配到原兵器部太原新华化工厂工作，历任技术员、工程师、仪表车间主任、高级工程师等。

1979 年，45 岁：

荣获全国劳动模范称号。

1981 年，47 岁：

在北京协助科学家钱学森筹备中国思维科学学会。

1982 年，48 岁：

提出了相似论，受到钱学森的高度评价。

1983 年，49 岁：

任第六届全国人大代表。

1985 年，51 岁：

任中国思维科学学会筹备组组长；

在《思维科学》杂志发表文章《相似论——探讨相似在科学技术和思维发展过程中的作用与规律》《论相似性形象思维在科学发现中的作用》。

1985 年，51 岁：

任山西省社会科学院思维科学研究所所长。

1986 年，52 岁：

在《思维科学》杂志发表文章《论相似性形象思维在文学艺术创

作中的作用》。

1988 年，54 岁：

在《思维科学》杂志发表文章《试论创造性思维》。

1990 年，56 岁：

在《教育与学习研究》杂志发表文章《试论相似性在学习中的重要作用》。

1992 年，58 岁：

由山西人民出版社出版专著《相似论》；

在《晋阳学刊》发表文章《相似论与释义学、现象学》。

1994 年，60 岁：

从山西省社会科学院思维科学研究所退休。

1998 年，64 岁：

在《晋阳学刊》杂志发表文章《探讨相似论在释义学、现象学、决策学中的作用》。

1999 年，65 岁：

任教育部"科学教育——开发儿童少年潜能研究"课题首席科学家；

在《现代特殊教育》杂志发表文章《相似性原理与科学教育》《内隐认知的快速通道》。

2000 年，66 岁：

由江苏教育出版社出版专著《科学教育与相似论》。

2001 年，67 岁：

在《教育理论与实践》杂志发表文章《脑科学、相似论与学生素质培养》。

2002 年，68 岁：

由香港天马图书有限公司出版著作《相似论与悖论研究》（与张铁生合著）。

访谈者：李国祥

访谈时间：2016 年 5 月 31 日；2016 年 6 月 1 日；
2016 年 6 月 2 日；2016 年 10 月 21 日

访谈地点：山西省社科院思维科学与教育研究所办公室

录音整理：李国祥

编写者：李国祥

张正明先生访谈

【张正明先生简介】

张正明,1938年11月生,山西太原人。山西省社会科学院资深研究员、晋商文化研究中心名誉主任,博士生导师,享受国务院政府特殊津贴专家,中国商业文化研究会高级顾问,山西应用科技学院名誉院长。曾任第十届全国政协委员,第八届、第九届山西省政协副主席,民进中央第九届、第十届常委,民进山西省委会第四届、第五届主委,中国史学会理事,中国明史学会理事,中国经济史学会理事,山西省社会科学院副院长,山西省晋商文化研究中心主任,山西省历史学会会长。

张正明先生致力于明清经济史研究,尤着力于明清晋商研究三十多年,是晋商研究的奠基者之一。1991年11月18、19日,张正明先生与孔祥毅合作在《山西日报》发表《山西商人及其历史启示》,对晋商的兴衰史做了全面论述。时任中共山西省委书记王茂林在《工作研究与交流》(内刊)第1期作了1000多字的批示,要求全省干部学习这篇文章。由此引起各级政府、知识界对晋商研究的高度关注。《山西日报》全文刊发后,全国很多报刊纷纷转载,《经济日报》发表专门评论,引起社会广泛关注。1992年该文章获全国报刊理论宣传优秀论文,1993年获山西省社科成果应用一等奖。1995年,张正明先生的著作《晋商兴衰史》由山西古籍出版社出版,该书是晋商研究的奠基之作,获山西"五个一工程"荣誉奖。2010年《晋商兴衰史》增订本出版,该书从1995年出版以来,先后再版3次,印刷6次。2016年,张先生主编《明清晋商商业资料选编》(80万字,上下册),为晋商研究提供了翔实资料。

此外,张先生有一定影响的学术成果还有论文《清代的茶叶商路》(《光明日报》1985年3月6日)、《清代晋商的股俸制》(《中国社会经济史研究》1989年第1期)、《清代丁村田契研究》(《中国史研究》1990年第1期)、《明代的乐户》(《明史研究》1990年第1辑)、《明清山西商人概论》(《中国经济史研究》1992年第1期)、《明代北方边镇粮食市场的形成》(《史学集刊》1992年第3期)、《明末清初商人社会地位的变化及对社会的影响》(《货殖》1995年第1期)、《优秀传统文化融贯于商业经营中——晋商文化初探》(《人民日报》1997年1月18日)、《纵横商界五百年的山西商人》(台湾《历史》2001年第2期)、《明清晋商的经营文化》(《光明日报》2005年1月8日)、《明清晋商与关公文化》(新加坡国立大学中文系《学术论文》2008年第157期);译著《山西商人研究》(山西人民出版社1985年版);论著《山西工商业史拾掇》(山西人民出版社1987年版)、《明清山西商人研究》(香港欧亚经济出版社1989年版)、《晋商兴衰史》(山西古籍出版社1995年版)、《晋商与经营文化》(世界图书出版公司1998年版)、《明清晋商及民风》(人民出版社2003年版)、《话说晋商》(台湾时英出版社2006年版)、《山西商帮》(黄山书社2007年版)、《晋商经营智慧》(山西经济出版社2015年版);点校《蒙古游牧记》(山西人民出版社1991年版);主编《山西历代人口统计》(山西人民出版社1992年版)、《明清山西碑刻资料选》(山西人民出版社 2005 年版)、《明清山西碑刻资料选（续一）》（山西古籍出版社 2007 年版）、《明清山西碑刻资料选（续二）》（山西经济出版社 2009 年版）、《中国晋商研究》（人民出版社 2006 年版）等。

【晋商学科综述】

山西是中华民族悠久灿烂文明的发祥地之一。远古时代尧、舜、禹的都城都建于晋南便是明证。商人在尧舜时代就已经出现，先秦时有"日中为市，致天下之民，聚天下之货，交易而退，各得其所"的商业活动的记载。几千年来，山西一直是我国经济较发达的地区。由于工商业发展的需要，山西商人创建了我国最早的金融机构——票号，经营公私存款、官商汇兑，晋商达到鼎盛，富可敌国，一度垄断中国票号汇兑业。清代山西的票号遍布全国，并远及日本、俄国。清代山西富商云集，商业繁盛，外贸也很发达，晋商基本控制了我国对俄国的进出口贸易。所以，在清代，山西在全国经济中处于举足轻重的地位。

晋商对中国近代社会发展的影响很大。第一，晋商通过他们的商业经营和金融活动，促进了地区间的联系，扩大了国内外市场，对中国社会经济、文化的发展起到了推动作用。第二，促进了城镇的发展。例如，塞外包头城原非城镇，是山西祁县乔家先在该地开设复盛公等商号后，此地才逐渐形成城镇，致有"先有复盛公，后有包头城"之说。恰克图、库伦（乌兰巴托）、乌里雅苏台、科布多、多伦诺尔、归化（呼和浩特）、张家口、集宁、卜奎（齐齐哈尔）、朝阳等城镇，都是在晋商的推动下兴起的。第三，对于中国近代工业的产生起到了一定的推动作用。第四，引起社会风尚的变化。第五，丰富了晋文化。山西商人的民居比较集中地体现了我国北方民居的独特风格，建筑高大恢宏，院园错落有序，建筑构件及装饰华美、工艺精良，实用性与艺术性高度统一，体现了中国传统文化的深厚内涵。晋商对山西地方戏曲的发展也有影响。商路即戏路，山西戏曲在晋商的推动下得到了长足发展。山西是中国的面食之乡，据不完全统计有百余种面食，这些面食的发展都与晋商的大力推动有着密切关系。

晋商经营的行业。晋商利用山西丰富的资源以及便利的交通，加上吃苦耐劳的品格，从事各种各样的行业，使得晋商誉满天下。晋商经营的行业主要有：①粮食。粮食在古代可以说是最重要的商品。明代山西粮商大规模兴起，主要与"开中法"实施后北部边镇形成大规模的粮食市场有密切关系。这是明清晋商兴起、发展的起步阶段。因此，明清时期山西粮商很活跃，由粮食发家致富的富商大贾颇多。②铁器。山西矿产资源丰富，煤、铁、铝储量丰富，遍布全省各地。自古以来，山西的冶炼、铸造手工业就很发达，尤其是铁器的冶炼、铸造加工技术水平在全国处于领先地位。铁器是明清晋商经营的大宗商品之一。③丝绸。山西纺织业有着悠久的历史。山西人不仅养蚕缫丝，还生产高档丝绸。发达的潞绸业、棉布业、颜料业在晋商的兴起和发展过程中起了重要作用。④畜产品。山西地处西北与中原连接的交通要道，是与西北贸易的重要通道。与西北地区主要进行的是畜产品的贸易。当时，蒙古和西北地区是中国的游牧经济区域，也是晋商进行商贸活动的大舞台。由于农耕经济和游牧经济的天然互补性，晋商将中原地区的粮食、绸缎、铁器、茶叶等产品运销北边，又将牲畜、皮毛、肉、奶之类返销内地，故而畜产品成为晋商经销的大宗商品。⑤茶叶。当时，蒙古是重要的茶叶市场。由于山西与蒙古在地理上联系紧密，所以茶叶成为明清晋商经营的大宗商品之一。⑥金融。随着资金的不断积累，晋商的资本日渐雄厚，既经营商品生产和商品交换，又经营金融业，出现了晋商早期经营的金融资本——依靠自有资本放债的典当、印局和在经营存放款业务中起中介作用的钱庄。19世纪初，随着商品经济的发展和晋商的商业资本进一步扩大，金融业从商业中分离出来，并在典当、印局、账局、钱庄基础上产生了票号这一专营汇兑、存放款业务的金融组织，它标志着晋商金融资本发展到一个新的阶段。⑦盐业。山西商人贩运河东盐的历史有两千多年，河东盐商亦是明清晋商中最重要的一支。明初在东起山海关、西到嘉峪关的万里长城一线设置了九大边镇。山西商人抓住"开中法"施行的契机，在业盐和贩粮上大获其利。在两淮、扬州等地，盐产量非常大，也活跃着大量的山西商人。

学界基本认同晋商学起步于20世纪二三十年代。卫聚贤编写的《山西票号史》是目前可以看到的最完整、最早的关于山西票号的系统史料。从中华人民共和国成立到20世纪五六十年代，晋商研究一直没有引起国内学术界的重视，以少数学者的研究为主。从20世纪80年代开始，有关晋商研究的著作和论文陆续发表，形成了初步繁荣的景象。如1986年孔祥毅教授《近代史上的山西商人和商业资本》（《近代的山西》，山西人民出版社1988年版）的发表，山西财经学院金融系和中国人民银行山西省分行编撰的《山西票号史料》（山西经济出版社1990年版），张正明等专家编撰的《明清晋商资料选编》（山西人民出版社1989年版）的出版，标志着晋商研究开始受到国内外学者的关注。

从20世纪90年代中期开始，从事晋商研究的学者越来越多，研究成果也多起来。孔祥毅教授和张正明研究员共同撰写的《山西商人及其历史启示》一文在《山西日报》（《山西日报》1991年11月18日）

发表，时任山西省省委书记的王茂林批示号召省内处级以上干部都要认真学习研究，掀起了晋商研究高潮。

晋商学具有以下几个特色：第一，晋商是中国封建社会后期商业文明发展的典型缩影；第二，晋商是中国封建社会后期传统商业经济发展的真实展现；第三，在结构形式上，晋商学存在着极为显著的整体系统性特征，具有横向的普遍联系性和纵向的大跨度连续性；第四，在当代，还有大量的晋商文化遗存，包括地面文物遗存、文献遗存和碑刻资料等等。正是因为有这些特征，晋商学具有了更为深刻的、在多学科领域内的实态研究价值，其所拓展的研究空间大多具有弥补空白的意义。

晋商学的学科体系有三个层面，第一个层面是晋商学基本资料的搜集、整理、公开与研究：对中外文献资料（包括考古资料）及晋商学文献资料的整理、研究和利用；对晋商曾经经商的地区的实地调查及文献与调查材料相结合的晋商学研究。晋商学科体系的第二个层面，是按各个学科分门别类的基础性研究，即依据翔实的资料，分别从历史学、经济学、法学、社会学、人类学、伦理学、建筑学等社会科学及艺术、工艺乃至自然科学等众多学科的角度研究晋商，同时包括各学科交叉的综合性研究以及不同地域的比较研究等等。这类研究的对象具体来说有晋商家族、晋商教育、晋商股份制、身股制等等。晋商学科体系的第三个层面，是理念性和精神方面的概括与总结，即在各学科研究的基础之上，做出理论、观念与学说的总结。这是晋商学体系的最高层面。在晋商学中，应高度重视对理念、精神和学说的总结。它并不是对具体研究的简单综合，而是一种理性提炼和理论上的升华；它也不是对传统文化一味推崇备至，而是一种批判性的总结。这种总结对今天最为有用,最能为现实服务,是晋商学所要追求的最高目标。

晋商学所用的最传统的研究方法就是历史学的研究方法。历史研究的基本方法是收集史料和考证史料。中国传统史学的研究方法重视对资料的收集和考证工作。胡适说:"有几分证据,说几分话。有五分证据,只可说五分话,有十分证据,才可说十分话。"(胡适:《〈文史〉的引子》,《胡适文集》第十册,北京大学出版社1998年版,第784页。)原中国商业史学会会长胡平在谈到研究明清商业史的研究方法时说:"要从社会经济发展变化的角度、商业分工专业化的角度、商帮及地域的角度、专题研究的角度、比较研究的角度等等,进行多角度、全方位的系统研究。要将个案研究和综合分析结合起来,将明清商业的各项专题研究同明清商业史的整体研究结合起来,阐明其发展变化的特点及其规律。"(胡平:《重新认识中国文化加强明清商业史研究》,载中国商业史学会明清商业史专业委员会编《明清商业史研究》第一辑,中国财政经济出版社1998年版,第4页。)此外,历史学还注重对统计方法的运用和计量史学方法的运用。我国当代最重要的历史学研究方法是历史唯物主义和辩证唯物主义研究方法。从事晋商学的研究要充分运用历史学的研究方法,广泛收集晋商活动的文献史料、实物史料,深入挖掘晋商的历史。

第一章　人生经历：顺其自然、把握机遇

1. 幼年记忆

问：您小时候就在太原生活？

张：噢，主要在太原、天津、北平（京）。我母亲说我学说话比较晚，2岁多仍不会说话，家里人以为我有语言障碍。有一次我把屎拉在床上了，喊着："粑粑、粑粑。"家里人听到后都很高兴，知道我不是

张正明先生生活照

哑巴了。（这）也是个笑料吧，我这个人嘴笨。我不愿学英语，就是因为有的音发不来。学了日语，就是因为觉得日语中好赖有点汉语、汉字。其实日语学进去也挺复杂，我本来就愚钝，只得笨鸟先飞吧。

2. 喜欢读书

张： 因家境困难，我16岁初中毕业即参加工作，每周休息日就去公园内的太原市图书馆看书。勇红，你知不知道现在的儿童公园，当时叫文瀛公园。那时候太原市图书馆在公园里头。进公园要2分钱，可是有了借书证，2分钱也不用掏。我常去那个图书馆，在里面借书、看书。

人的兴趣是可以培养的，所谓"会者不难，难者不会"。我在上小学的时候，教语文的郎老师上课常点我的名，让我讲课文大意。（我）讲了以后，郎老师总说我讲得好，表扬我。从此我便注意课前预习，慢慢（我）就对语文课有了兴趣。中学上地理课，地理老师让我当地理课代表。（我）就对地理课有了兴趣，至今我都能熟背我国31个省份的名称，同时也学会了在大纸上画地图，以备老师讲课用。

问： 这是上初中的时候？上没上高中？

张：（我）没上高中，但是一直比较爱读书。那位语文老师老点我（名），让我讲课文大意，就是鼓励我，说我讲得好，其实当时我自己也不知道讲得好坏，但老师的鼓励引起了我对语文课的兴趣。我想，一个人只要坚持学习，一旦遇到机会，就可能改变人生，所谓机会是给有准备的人准备的，就是此意。

3. 早年学校学习

问：您在哪个中学上的初中呢？

张：一开始在山西大学附中，后来附中与太原一中合并成太原一中。我们那时在课堂上就把作业做完了，下课就没事了。

问：也可以看别的书？

张：对，你也可以去玩。现在的学校放学后给学生留那么多作业，有的让抄一百遍或几百遍，把学生搞得疲惫不堪，父母在家里就和冲锋陷阵一样，每天因照顾小孩上学忙得团团转。有的学生因学业负担重而自杀，太可悲了！一个人长大不容易，就是卖红薯也比跳楼强。有个和谐完整的家就好，何况社会上也离不了卖红薯、卖菜的。难道学生的学业就不能轻松些吗？

张：我在山西省商业干校学的是统计。

问：上了几年呢？

张：上了一年多，当时的初中（毕业）生由国家管分配。我那时是先被分配到山西省商业干部学校学习，学完以后就被分配到具体工作单位。学校就在祁县乔家大院内。

问：那个算中专？有没有学历？

张：有毕业证，但不能说有学历，算是工作培训，所以我的工龄是从1954年开始计的。

4. 插队经历

问：您在东凌井公社插队有多长时间？

张：我也忘了。那是工作以后，先是住五七干校。为落实毛主席"五·七指示"吧，干部下放劳动，当时全国有好多人，像杨绛、钱钟书也是那个时间住的五七干校。我在村里插队时有一次搞深翻土地，由我动员村里边的人出来劳动，可有个女人就不出来，还找了个借口，说："天冷了，没有棉裤穿。"我为了动员这个女人，就把我的棉裤拿给她，这个女人只好参加劳动，结果带动了全村人都出来参加劳动。当时我和农村小伙子们开展深翻地比赛，我使尽全力也是落后者，但深翻地任务得以提前完成，得到了公社的表扬。村里人对我很好，深翻地后许多村民给我送来油糕。在村里插队时，我有时候给县报写点小稿子，反映农村情况，后来公社就把我调过去了。到了公社以后，我为公社写稿子，多发表在县报和《太原日报》，公社书记、主任都很高兴。1972年县里让公社推荐返城插队干部，公社就把我排在第一名，说我表现好，这样我就提前返城工作了。那时候人们都不知道能不能回来呀，因为户籍也带下去了。当时就有女插队学生因为和当地农民结婚而留在当地了。当时人心都在空中悬着。（我是）第一个返城的，肯定有人很羡慕。后来我与阳曲县东凌井公社的干部和村民仍然保持着联系。不能忘记那段经历呀！

5. 在面粉厂当工人

张：回太原以后，我曾经在太原面粉二厂工作。那时候我不想当干部，不想坐办公室，就想到车间当工人。因为工人就是最基层的，也不存在下放了。但到车间后没当上工人，当上了车间统计员。干了几年后，厂长把我调到厂长办公室，不过没干多久，我就考研了。

我喜欢抄抄写写，当然是业余水准。插队时，公社对我挺重视。我为公社写的一篇稿子登在了《太原日报》上，还加了编者按，反映的是农村机耕问题。后来我写过一篇文章，《人民日报》头版登了，中央新闻联播给播了。

问：那是哪一年？不是插队的时候吧？

张：就是回来以后，那时候国家号召党委抓大事，我写了篇《什么是大事？如何抓大事》的文章，引起了重视。我觉得一个人只要平时重视学习，就会有用武之地。

6. 报考研究生

问：您是怎么想到要考研究生的？

张：我考研就是遇上了一个机遇。1978年我考研的时候已经39周岁。一开始要求35周岁以下才能考研，我是39周岁，超龄了。可是，就在我要报名的那天，中央来了文件，年龄范围扩大到39周岁及以下，按生日我的年龄还可以。这就是一个机遇，对吧？这个机遇还是我去我弟弟（那里）才发现的，我弟弟在山西燃化所工作，他正在（准备）考研，他是考理科的，我到他那去串门，他就说："你也考吧。"我说："能考就考吧。"原来也没想过考研之事。

问：那就是受您弟弟的启发？

张：对，我到了招生办看了有关材料。我想，根据我的情况，我不能考北大，人家那水平高，报的人也多。我不能考山西大学，山西大学就在本省，情况肯定错综复杂。再从专业上说，我觉得文学面太宽，而历史总算有朝代，有轨迹。而先秦啊、汉唐啊，有些太古（老）。近现代又（距当代）太近了，所以我选择了明清史，既不太（古）老，也不太现代。你（看），现在电视上播《戏说乾隆》，怎么戏说都行，但对当代就不好戏说。确定专业后，选学校和导师，当时郑州大学秦佩珩先生招的是明清经济史硕士研究生，这正合我的意，所以我就报了郑州大学秦先生的明清经济史专业研究生。

问：您是哪年考的研究生？

张：我是恢复高考后第一批研究生，1978年考的。我考上后，学校里因为我还有了争议，原因是有人提出来我年龄大。

问：有面试吗？

张：有面试，我还专门去郑州大学面试。我最后的考试成绩为第一名，另外几位本科的（考生）都排在我后头。因为我年龄大，当时有人不同意录取我，但指导老师秦先生坚持要我，系主任支持秦先生。这些争议，当时我都不知道，是事后才知道的。这个系主任是山西人，他主张录取我，有人就怀疑他和我有关系，其实不仅我们不认识，而且我压根就不知道这回事。我入校以后，过了好久才有人给我说："原来你和系主任不认识，一点关系也没有。"当时中央有个政策，强调择优录取。所以，虽然有人因为年龄问题不同意录取我，但系主任尊重指导老师秦先生的意见，坚持择优录取。后来我知道了这事情，才恍然大悟，原来在录取前还有过这样的过程。

张：我的指导老师秦先生是位很有学问、在学术界很有影响的学者。秦先生是山东安丘人，毕业于燕京大学，长期致力于中国经济史特别是明清经济史的研究，并涉猎边疆史、民族史，同时对诗词、文学颇有造诣。我报考秦先生的研究生时，并不知道秦先生是位学识渊博的大学者，我能当上秦先生的研究生真可谓幸运，我也受益匪浅，这也是机遇！我想，每个人一生中都会遇到机遇。我准备考研的时候，需要准备，我认识一位太原九中的乔玉珍老师，通过她介绍，我得以在九中的图书馆借阅书籍。以前我看书无目的，从兴趣出发，这次考研有了目标，就集中看历史书，特别是明清史方面的书，这些书对我考研的确有很大的帮助。我不能忘记帮助过我的人，我曾经多次打听过乔老师的去向，但一直未打听到。

7. 人生经历

张：人生一是要顺其自然，二是要抓住机遇。我觉得我自己是一个比较愚笨、迟钝的人。我初中学过俄语，当时外语课都是学俄语。所以我考研究生时候考的是俄语，考题中有一篇翻译，就是《毛泽东选集》中的《中国革命和中国共产党》，俄译中，分数比例挺高。这篇文章我翻译得不错，得了高分，也是运气！但是考上研以后我就改学日语了，因为我觉得我嘴笨，英语有的音发不来，而日语中有不少汉字。研究生毕业时我外语考的是日语，其实日语学进去也挺复杂。现在因为不用，也全忘光了。

人应当平时抓紧学习,当遇到机会的时候,就有可能改变人生。考上研究生对我的人生来说就是一个转折。以前我走的是另一条道路,像你【编者注:指采访者王勇红】以前在化工所走的那条道路,是一个方向。而到了(山西省)社科院,(就)走上了学术(研究的)道路。这就是说,人生已经走上了另一个方向了。否则,现在我也许是下岗职工,在街上摆地摊或者卖粮、卖菜。当然,下岗职工也可能因做买卖,由小变大成了大老板。我现在走的这条学术研究之路,合我的心意。因为我的兴趣在学术上,不一定要当老板。萝卜白菜,各有所好。做学问是清苦些,但有点文字能留下,也是在文化方面做了点事。当然,当老板也能为社会做贡献,比如宋兴航,你认识宋兴航吗?

【编者注】宋兴航(1958—):河北省隆尧人,山西应用科技学院院长。

问:不认识。但听说过。

张:宋兴航一开始是办补习班、培训班的,穷得把手表都卖了,后来发展成办专科学校,他又不甘寂寞,在张花村【编者注:太原市小店区张花村,属北格镇】弄了800亩地,建起了学院。现在有学生八千到一万人,办成了本科院校。由一个培训班,到专科学校,最后办成本科大学,不容易。这个学校的名称是山西应用科技学院,新校区的教学楼、图书馆、学生宿舍、操场等规模都很大。宋兴航办的学校已经先后培养了5万学生,就是说为国家培养了5万人。我认为人家(宋兴航)这样就体现了人生的价值。你要知道,人家招的人都是学习不太好的学生,好学生不是上北大就是上山大【编者注:山西大学】了。(这些)学生年龄在18到20多岁,如果这些人不上学而流落到社会上,可能就毁了。宋兴航办的民办院校,没有花国家一分钱,为国家培养了人才。人活在世上若能做些体现人生价值的事，就值。人家（宋兴航）体现的人生价值有目共睹，能看得见。学院有五六栋宿舍楼（宿舍楼分为两种，有一间里面住四个人，每一间都有卫生间的，也有一间住8个人的），又是教育部批准的本科民办大学。现在山西就两个本科民办大学，一个叫工商学院，一个叫应用科技学院。（工商学院）的牛三平和宋兴航一样也为山西做出了贡献。我认为他俩的可贵之处，就是为社会解决了问题。

民办院校并不好办，（政府）一分钱不给。学校土地虽然不是走的商业用地，而是教育用地，稍便宜点，但也得掏钱买。土地也不能抵押，银行一分钱也不给贷。所以民办院校困难重重，他们能坚持下来实属不易。我曾在《民主》【编者注：中国民主促进会中央机关刊物】上写了篇文章《捧着一颗心来，不带半根草去》，赞扬宋兴航这些人的办学精神。宋兴航现在已五十多岁，做了想做的事。人，就应该做些体现人生价值的事情！

8. 对当前教育的看法

张：现在中国教育有许多待改进的地方，我的看法是，反对填鸭式、灌输式教育，这样下去是（会）毁了人才的。我主张教育应该采用启发式和开发式。我觉得现在学生的课程太难，可以说把一些大学的课程放到了高中，把高中的课程放到了初中，把初中的课程放到了小学，这样就造成了学生负担重。如微积分之类，高中就学上了。我觉得大学和研究生阶段可以强调专业性和学习深度，而大学以前掌握基本知识就可以了，没必要学那么难。现在人们去买菜，菜钱也由卖菜的算,很少有人能心算出来或者当场拿计算机算。老百姓实际生活中用不着那些微积分。我觉得我们(在)学生时代课业没有这么难。我读中学时的代数老师章书笙讲课,用二十分钟左右把课讲完,留十来分钟让我们做作业。当堂做,课上做完,下课大家就没事了,都跑出去打乒乓球去了。

我觉得社会上的人大体上分两类,一类是普通人,一类就是高层次人才。有的学生做完了(老师布置的)作业会另外找难题来做,难题做完了,就高兴得手舞足蹈,此人就是高层次科研人才。而有的人对念书兴趣不大或者平平,这类人是大多数,就不要逼他们死读书。这类人到了社会上,说不定在另一方面会取得大成就!社会上不可能都是高层次的科研和白领人才,普通人是大多数,帮他们掌握基本知识就可以了。没必要逼这些人因学习负担重而去跳楼。

中国的教育需要改革,因材施教最重要。数学十分重要,但不等于数学不好的人就不可能在别的方面成功。胡适数学并不好,但写的考据文章好,因此被送出了国。朱自清数学考了零分,作文做得好,他的《背影》是经典,为人称颂。钱钟书英文国文都是100分,数学15分。季羡林考清华,数学考了44分,后来就把他弄到了西洋文学系。臧克家数学0分,后来考入了青岛大学。还有吴晗,文史、英文100,数学0分。金庸数学平平,记忆力超强,也没有上过大学。马云初中考高中两次数学都是31分,高中考大学三次,数学一次15分,一次21分。贾樟柯数学也不好,数学考不好,专攻美术,失败了两次,后来考上北京电影学院文学系。我说这些例子就是要说,条条大道通罗马。每个人的情况不一样,有些人就是数理化强,有的人就是偏重人文、社会科学。有的人就是当企业家的料,经商能大展宏图。有的人像杨振宁、李四光，理科好，就是高级数理化人才。我认识一个人，学英语过目不忘，我读十遍也记不住。人和人不一样，有的家长（因为学习）把小孩逼到跳楼，太悲惨了呀！让他发挥长处去，千万不能逼迫呀！因材施教，才不会毁人才。当然要提倡学习，有了知识，就会有机会。金庸数学（较差），但他记忆力特别强，写小说发挥了他的长处，他取得了成功。其实上述那几位大家，也因为发挥了长处，又抓住了机会，才取得了成功。

问：对，人和人有差异。

9. 到山西省社会科学院的经过

问：您是研究生一毕业就直接被分配到山西省社科院的吗？

张：我是恢复高考后第一批研究生，毕业以后由国家分配工作。我到社科院【编者注：山西省社会科学院】工作也费了点周折。一开始我到山西省人事厅报到，我并不太清楚让我去哪工作。人事厅说我是研究生，让我去政策研究室。我不了解政策研究室是什么单位，觉得顾名思义是搞政治工作。我说："我学的是明清史，还是搞学问吧。"我提出到山西社会科学院或山西大学。山西省人事厅让我自己联系，我和山西大学联系，人家说没编制，没有空位置。我联系社科院，社科院也不行，也是没有编制。不过张海瀛说室内有个人要调走，他走后就有编制了。后来这个人被调到镇江党校了，他是南方人，想回去。这样人事厅就很快给我办了手续，我就来到了山西社科院（时为社科所）。

10. 和同事的交往

张：张海瀛主持山西省社科所历史研究室工作的时候，常年让室里的阎守诚、赵云旗在北京跟着著名教授宁可先生研究隋唐史。由于与北京方面有联系，山西社科所历史室的工作很受益，同时这对阎、赵二位提高研究能力也有很大帮助。赵云旗是工农兵（学员），我曾劝他考研究生。赵云旗学习很用功，最后考上了厦门大学研究生，从厦大毕业后到了财政部研究所，不知道现在到了哪，反正留在北京了。阎守诚后来调到首都师范大学，继承了宁可先生的隋唐史研究事业，在学术上取得了很大成就。

张：咱那个刘克文【编者注：刘克文，工作于山西省社会科学院历史所】点校《(光绪)山西通志》，他是语文老师出身，最后老先生累死在这上头。他每天在那个日光灯下（工作），搞注释，人（很）累，最后（患了）鼻咽癌，我觉得眼和鼻子通着，说不定日光灯刺眼造成鼻癌。可见，做学问身体很要紧。

11. 研究晋商的家族渊源

问：您的父辈中有做生意的?

张：有，我的父辈中有经商的。我大伯父就走过西口，到过俄罗斯，他经商的效益还不错。我父亲是在银行工作，曾经是天津裕华银行的营业部主任，后来是太原一德银号的经理，他不是资方，只是顶身股。大伯父经商能力强，中华人民共和国成立前在上海、西安、汉口

张正明先生部分著作

等地有投资,中华人民共和国成立后曾任中国和湖北茶叶公司的俄文翻译,自然他的俄语是在俄罗斯做买卖时学会的。

我写的《晋商兴衰史》一书中有关票号账簿的内容是由我天津的一位舅舅提供的,他在大德通票号管过账,是大德通票号的账房先生。我在《山西工商业史拾掇》附记中特别说明,账簿"材料是大德通票号总号工作人员刘式如先生提供"的。

问:那报这个专业和你之前的学习有关系吗?

张:我这个人比较喜爱读书,以前没有目的地看书,只是从兴趣出发。确定报考研究生后,看书就有了重点。知识都有用,以前看的书,也有积累知识的作用吧!

12. 赴日本讲学

张：我认为与外国学者交往，一定要不卑不亢。刚改革开放（时），外国学者来了，有的人就巴结人家，想跟人家套近乎，真没意思！其实我们不卑不亢，他们更尊重我们，他们看重的是学问。日本京都大学邀请我，我是按招聘学者去的，那是1994年，经日本文部省批准，他们聘我为日本京都大学人文研究所招聘学者，我每个月有60万日元的工资。来回机票由日方负担，我按教授待遇乘的是头等舱，是个大型飞机，我还真没坐过这么大的飞机，（飞机）有上下两层，我在上层，很高级的，座位宽敞、舒适，下层是经济舱，人很多，拥挤。我一到京都大学他们就给我开了银行账户，把所有工资一下就发给我了。但是，电

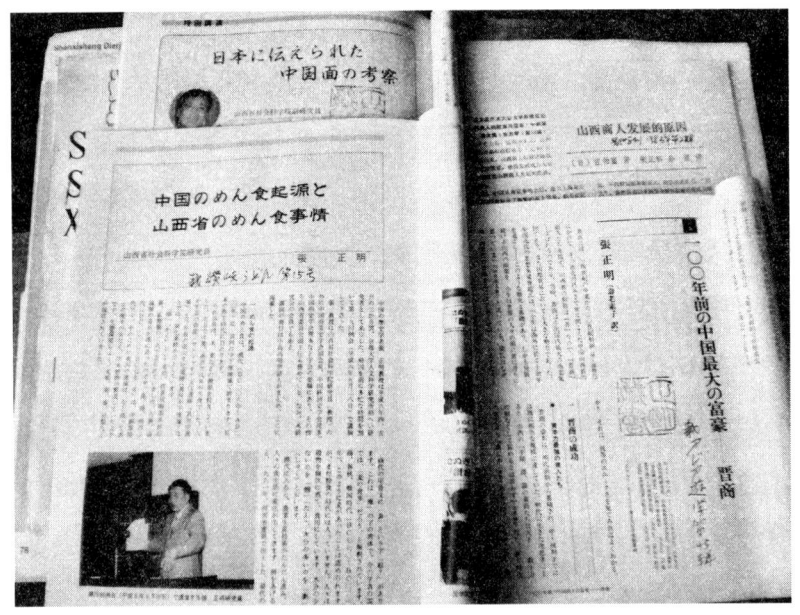

张正明先生的日文文章和讲学介绍

视费、房间费、垃圾费都得我自己掏。可是，节省下的就是我的。我住在外宾专家楼，那时（我）为省钱，很少坐公交车，常步行到学校。研究所为欢迎我和另一位中国学者——周绍泉，在饭店请我俩吃饭，所里所有教授都来了。饭后，除我和周绍泉外。由一年轻助教向每人收了一份钱，也就是AA制吧，那里不存在什么公款请吃的问题。学术交流有规定的时间，到时大家都在一起讨论、交流或者讲课。大阪、名古屋等附近大学的老师，乘地铁、火车或公交来，很少有人开小车来。小车就是礼拜天用或者女人们买菜时用。所以（日本的）交通不是那么拥挤，我们可借鉴其做法。此外，学校里面经常有企业研究项目招标，拿到这些项目就会有经费，较实际、灵活。

13. 赴新加坡讲学

张： 2007年我应邀到新加坡国立大学中文系讲学，我讲了晋商与关公文化，反响比较大。关公是怎么走上神坛的？有几次机遇使关公被佛教、道教尊崇起来，最后越来越神化，而且皇帝也封他，尤其清朝不宣扬岳飞，而大力宣传关公，因为岳飞讲忠，关公讲义。经过清朝的宣扬和晋商的推动，关公的影响扩大到海内外各个角落。

第二章　做学问先做人

1. 做学问先做人

问： 您认为，做研究应该如何入手？

张： 做学问先做人，做人比做学问要紧。首先你要有个崇拜的人、仰视的人、学习的模范。比如饶宗颐，现在在香港，这位先生学识渊博，治学严谨，他从上古的甲骨文（到）建筑、史学、目录学、诗文、文学全懂，还会六国语言，他的学术主张是东学西渐，而不是西学东渐。饶先生是位大家呀！梅兰芳有爱国情操，日本人来了就蓄起胡子。程砚秋好像种地去了。马连良曾到东北给日本人唱过（戏），这成为他的人生污点。张纯如2004年去世，活了36岁，1977年【编者注：此处有误，应为1997年】发表了《南京大屠杀》，此书出版后，让西方（人）震惊了，了解到日军在南京大屠杀的滔天罪行。一个人一辈子做出一点（成就）来（就很）了不起了，像饶宗颐是大家，张纯如活得不久，但都为国家、为文化做出了贡献。还有叶嘉莹90多岁了，一生研究诗词，传播了中国诗词文化。周绍泉，研究历史的，我和他熟，他是中国社科院历史研究所的，长期研究徽州千年契约文书，他每次给日本人讲课，都头头是道，日本京都大学多次请他，日本学者很佩服他、很尊敬他，可惜他因劳累过度英年早逝。郭正忠，山西人，中国社科院历史研究所研究员，他是研究宋史的，也研究盐、度量衡，也是因劳累过度英年早逝。他们是我们学习的榜样。当然身体是本钱，必须爱惜才行。

【编者注】张纯如（Iris Chang，1968—2004）：美籍华裔作家，在完成他第一部作品《蚕丝》后，历经三年，于1997年出版《南京大屠杀：被遗忘的二战浩劫》英文版。中文版《南京大屠杀》由马志行、田怀滨、崔乃颖等译，由东方出版社2005年出版。

2. 老师秦佩珩

张：我的指导老师秦佩珩先生已经仙逝，1914到1989，活到75岁。他是山东安丘人，很有文采，文史、诗词、小说都很有造诣。他不拘小节，但人品高尚。"文化大革命"的时候造反派让他揭发别人的问题，否则处罚他，让他去劳动。他宁可受罚，也决不诬陷他人。秦先生是位正人君子，他认为知识分子就得有知识分子的骨气。"文化大革命"之后，秦先生应邀赴东北各大学讲学，他关于中国经济史向何处去的演讲，震动东北三省。先生主张读万卷书，行万里路，他去的地方很多，所以他讲课内容丰富，十分生动。1982年，先生参加河东两京考察，那是张海瀛组织的，那时候我刚到（山西省）社科所，具体事情我来跑腿，考察队由首都师范大学、北京大学、郑州大学、陕西文物局、西北大学、山西省社科所等单位的学者组成。河东两京考察，是指考察山西、西安、洛阳、开封，考察队从山西的五台山、雁北（出发），到晋南，再从运城到西安，最后到河南。通过实地考察，大家对三省的历史以至中国的历史加深了了解。做学问不能闭门造车,要走出去,要多与外边合作,多交流,实地考察,只有这样,学术研究才能接地气,才能深入。

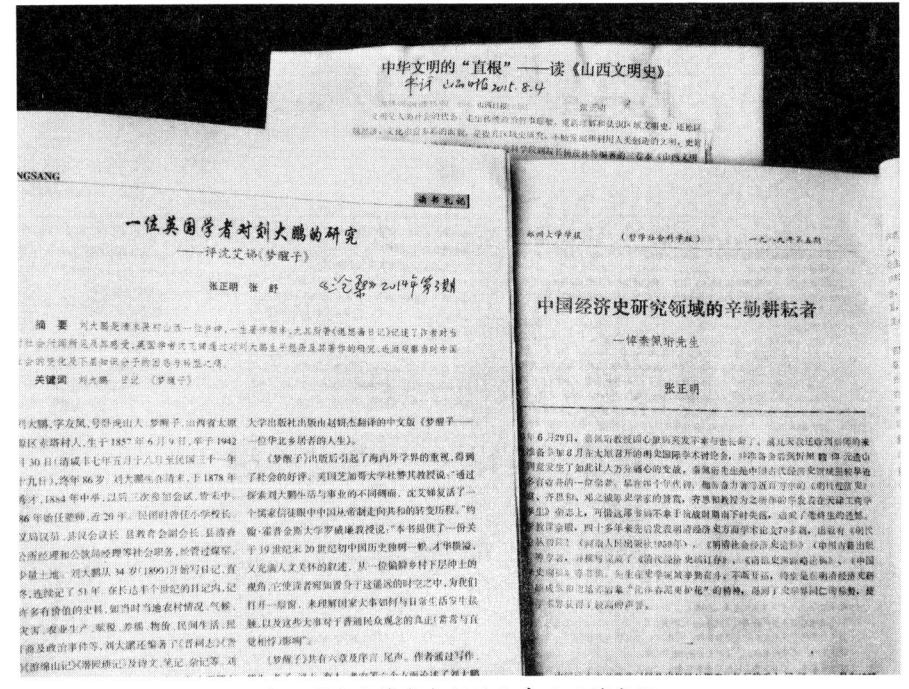

张正明先生悼念老师的文章及两篇书评

第三章 做学问：方向、资料与方法

1. 选好方向，结合本地、本人能力

问：能谈谈您做学问的经验吗？

张：怎么做学问？关于这一点，我在（山西省）社科院讲过一次，后来我那稿子也找不见了。那次演讲是科研处安排的，地址在山西省社科院旧办公楼二楼会议室。我以为做研究，选好方向很重要。选择方向，要结合自己的情况，结合所在地的情况。我的老师秦先生的研究方向是明清经济史，所以我选的也是这个方向。我在山西工作，我想我应当结合山西的情况，所以我就把晋商作为明清经济史研究的一个重要课题。

问：当时做这个选题的人还很少吧？

张：不多。一开始我在学校【编者注：指在郑州大学读研究生期间】做的是对运城盐池的研究，毕业论文就是有关运城盐池的。但是明清运城盐池的重要性已经不比宋朝，我想必须扩大选课题范围，把明清晋商作为一个重点，这样既可以结合山西，发挥我本人在山西工作的优势，而且我选的课题还属于明清经济史的研究范畴。这就是我当初选晋商作为研究课题的思路。

问：您是怎么开始关注晋商这个问题的？

张先生：如上所述，我从盐业史开始，盐商也是商人嘛。回到山西工作以后【编者注：指从郑州大学毕业后回到太原】，我想盐商只是晋商之一，晋商在明清时期很有特点，研究晋商，就要关注山西商人的各个方面。在研究方法上，首先要从收集资料做起，经过数年积累后，就会掌握大量有关晋商的资料，这是第一步。其次是了解前人的研究成果，中外学者的研究成果都要注意，我先后翻译了许多国外学者有关晋商研究的文章。在收集资料和了解前人研究成果的基础上，我按照论从史出的原则，再做深入研究。

张正明先生早期的部分学术论文

张正明先生访谈

2. 做学问的方法

张：完成著作，最好是在写论文的基础上进行，这样的著作比较有深度。而写论文必须在分析资料的基础上进行，搞历史的尤其需要重视对资料的收集。只有在占有大量资料的基础上，经过分析研究，才能写好论文。报纸上经常发表的社论，就是一篇论文。这是通过社论来左右社会舆论，让读过社论的人都觉得言之有理，我们应照此去做。论文要能自圆其说，有观点，说得通。在论文的基础上，再撰写著作，作品才会有分量、有深度，让读者觉得你讲得正确、有理。有人说"十年磨一剑"，一个人能有一部经得住时间考验的著作并不容易。曹雪芹的《红楼梦》、陈忠实的《白鹿原》，即使作者去世了，其著作价值仍在。现在有的人不从资料收集做起，在网上东抄西拼，这样的科研成果要打个问号，这样做不出有分量的科研成果，更出不来大师。所以做学问，要选好研究方向，重视资料收集，了解前人成果，在此基础上分析研究，进而撰写论文，再完成著作，这是一个系统工程，只要功夫下到，就会有成就。

3. 要了解前人学术成果

张：了解前人的学术成果，实际是个学习的过程。比如，我选了晋商（研究方向）以后，就努力收集前人成果。日本学者发表过不少有关晋商的文章，1972年日本学者寺田隆信出版过《山西商人研究》一书，我觉得应当把这本书翻译成中文，这本书名为《山西商人研究》，实际上里边说的（内容）多是陕西商人的事，但这本书提供了资料，对研究山西商人有帮助。此外，（还）有别的日本学者，如佐伯富，也发表了不少有关晋商的文章，当时我会点日语（现在忘光了），我就把这些文章大都译成中文了。国内的（学者），如卫聚贤、陈其田（等人）的有关晋商的著作，我也要设法拿到手拜读、学习。总之，只有在了解前人研究成果后，才能在前人研究的基础上有新的研究成果，否则就是炒旧饭。

【编者注】（日）寺田隆信：日本东北大学教授，研究方向为中国明清史。著有《山西商人研究》，张正明等译，山西人民出版社1985年出版。

问：那本《山西工商业拾掇》就是那时候出的？

张：那本书是1987年出版的，其中关于山西近代工业的内容多些，商业内容不多。

4. 资料是做学问的基础

张：做研究，要了解前人的研究成果，而资料是其基础。对于搞历史（研究）的，资料尤其重要。为收集资料，我抄的资料卡片有多少，我也说不清了。一大堆，反正是很多很多，都是手抄的。现在有的人不下这种功夫，网上一找就行了。网是好东西，省去人的许多精力，但它还是代替不了卡片。资料卡片是你自己查找到的，这些卡片可以按需要分门别类，用起来很方便，然后用史料坐实你自己的论点，就可大功告成，可见卡片用处很大！

收集资料时还要注意到社会上收集，比如在南宫【编者注：指太原市南宫的旧货古玩市场】、平遥这些地方，有时能发现非常有用的资料，一些交易须知及一些房产、土地交易契约，就是我在这些地方购买的。不过这几年不好办了，前几年价钱不高，我十几块钱就能买下这些资料。现在抬价了，贵得买不起，而且东西真的假的也很难说。

问：《明清晋商商业资料选编》那本书是不是就是利用卡片做的？

张：对，离不开这些卡片。比方我写《晋商兴衰史》时，卡片就是重要的资料。我先将有关晋商的卡片集中起来，再按需要分类，如会馆类、商业管理类、票号类。分类（以后），依此卡片进行分析研究，在此基础上写作。此法看似笨，实际上很省事，事半功倍。

问：《晋商兴衰史》是您的专著中发行量最大的吧？

张：现在《晋商兴衰史》已经印了3版，共印刷了6次。第一版是1995年，印了2次。第二版是2001年，印了2次。第3版是2010年（增订本），又印了2次。

不同版本的《晋商兴衰史》

5. 明清晋商：诚信是本，创新是魂

问：您认为晋商有哪些独特之处？

张：明清晋商有个特点，他们代表新的经济因素。有如下理由：其一是晋商有了自己的组织形式，成为山西商帮。明清以前晋商没有成熟的组织形式。明清以来，从伙计制发展到会馆，会馆就成为晋商的一种组织形式。会馆可以代表当地晋商与政府或其他的组织进行交涉等有关事务，会馆内部也有约束机制。其二是晋商的经营管理形式有了创新，如两权分离、股份制，这些管理制度以前是没有的，是（明清时期）才出现的。其三是票号的出现，一位美国人写过一本书《金融家》。金融家是经济发展到一定程度的产物。在以物易物的社会，用不着货币，而货币的出现就是社会的进步。早期的中国商人多长途贩运，只有（社会经济）发展到一定程度，才需要金融业。清代山西票号的出现，意味着中国社会有了新的经济因素。票号主要靠汇兑来挣钱，但也贷款。票号开一个汇票，持票人就可以凭汇票取到钱，汇票相当于现代的转账支票、现金支票，尽管尚没有达到现代银行业的水平，但已经在向这个方向发展了。显然，山西票号就是中国早期的银行，这说明当时社会正在发生着变化。至于山西票号最后未能发展为近代银行的原因，众说纷纭，也是尚待深入研讨之处。

研究晋商不研究（晋商）多么有钱。有的人问过我："究竟太谷有钱还是祁县有钱？渠家有钱还是曹家有钱？"他是一千万，他是一千五百万，我觉得问题不在这上头。就说渠家和乔家，如王健林和马云，富豪排名今年他第一，明年他第一，这些意思不大。对于他们来说，对

于中国社会的经济转型和社会发展起了什么作用，做了多少慈善，才是衡量他们的标准。有一次山西历史学会给历史著作评奖，由榆次的一个姓梁的老板资助 5000 元，对于老板来说 5000 元就是个零花钱，学会却用这笔钱给获奖者每人发了一个购书卡【编者注：指山西历史学会年会，有一位企业家赞助，山西历史学会给每位获奖者发了一张购书卡】，当然，应当感谢老板的资助。我研究明清晋商是因为它反映了中国经济的新因素、新变化。山西票号继续发展下去就会成为银行，所以对清代山西票号这一现象，不可忽视，要重视，这也是学界关注它的原因。在近代，银行业很重要，与社会经济兴衰关系极大。所以银行都很阔气，这样人们才敢存款，若是个烂门面，便没人敢去存款了。银行是靠收拢存款再去贷款而从中获利。若银行出了事，失去信用，人们开始挤兑，银行就倒闭了，经济也就出现危机了

还有一个需要关注的问题，明清晋商带来了民风的变化。山西在明清以前是个比较封闭的地方。但明清晋商兴起后，山西民风发生了变化。

问：您是什么时候开始关注民风、民俗方面的选题的？在 20 世纪 90 年代后期？

张：1995 年，我在《晋阳学刊》发表过一篇文章《明中叶以来山西民风的变化》，论述了这一现象。如清代晋中做买卖的人很多，人们经济较宽裕，女人们就不怎么下地劳动，她们把家收拾得整整齐齐，锅台擦得干干净净。找对象时，对象若是买卖人，就认为对象是正经人家，双方婚姻就成了。在明代以前仍然是士农工商，商人的社会地位最低。明清以来，出现了山西人经商不做官的现象，应当说这是社会的进步。

问：就是咱们太原府和汾州府这一带？

张：对，汾、太、平【编者注：指汾州府、太原府和平遥县】就是这种民风，特别明显。所以雍正皇帝说（山西人）不去读书，不做官，优秀子弟去经商，结果清代山西没有一个状元。为什么？山西人算了笔账，（经商）挣的钱比当官多，官员只有贪污才能发财，而经商是通过获取合法利润致富。我对山西30个县做过比较，明以前山西民间重农耕，轻商贾。清以来山西重商贾、贸易。

另外，在晋商的影响下，一些城市因商业发展而形成，如包头、恰克图、张家口等。

再者，晋商能称雄明清两朝，与其不断创新有关。有人说晋商以诚信称雄商界，我觉得所有正儿八经的商人都得讲诚信，古今中外一样。坑人能坑一次，不可能老坑啊，消费者不会总上当。失去信用后，这个企业必定垮台。有的企业获得第一桶金的时候可能不规矩，有偷税漏税等不法行为，但是资本积累到一定规模后，一定得讲诚信，否则这个企业就办不下去了。而明清晋商是不断创新、不断转型才得以发展的。比方，明初晋商利用开中制捷足先登，明中叶全面转型，入清后向全国发展，清季创办票号等，这些都是大手笔创新与转型，这就是晋商发展的魂。而晋商的衰败也正是因为其清末未能创新与转型。

6.《山西商人及其历史启示》研究过程

问：说说《山西商人及其历史启示》的研究过程吧。

张先生：财大【编者注：指山西财经大学】老师较多研究票号，咱这里【编者注：指山西省社会科学院】较多研究晋商。1991年，山西省委要求我和财大孔祥毅把各自发表的有关晋商研究的文章合并成一篇文章。先由孔改写一遍后,交我再改,最后定稿、打印、上报。文章完成后,首先遇到的问题是文章起什么标题,我提出《山西商人及其历史启示》,与孔商量,孔表示同意。关于文章的署名,我又打电话给孔,孔说:"咱俩好说。"未明确表态。我就把孔列第一,我列第二。当时我是山西省人大常委兼山西省社科院院科研处处长,孔是财大的科研处处长。省人大常委算个社会地位,但稿子最后是从我这儿发出的,署名时若我把我列为第一作者,这样不妥。从笔画看,"孔"字笔画数少于"张"字。当然,署名由我定,我若把我自己列为第一作者,孔说过"咱俩好说",他也没办法,但那样做我就太自私,做人不够意思了。所以,我就把孔列为第一作者。此后,我俩进一步互相了解,一直相处得很好。

【编者注】孔祥毅(1941—2017),原山西财经大学党委书记、金融学教授,享受国务院政府特殊津贴专家。

问:按理说是以您为主的,您谦让了。

张:孔改了一遍,最后到我这,过程太详细,我也记不清了,也谈不上谦让,反正最后我把我的名字放在后头了。孔比我年轻。前几年,孔搞了个晋商文化基金会,请我当顾问。我和孔一直互相尊重、互相支持。大家都知道六尺巷的故事吧,二人合写一篇文章,总得有一个人的名字在前边呀!现在有好多文章发表时,是老师和学生共同署名,往往是老师署名在前,其实学生才是文章的真正作者。在名利方面稍微看淡些,知足常乐,能长寿。

时任山西省委书记对《山西商人及其历史启示》的批示

《山西商人及其历史启示》在《山西日报》全文发表（一）

张正明先生访谈

《山西商人及其历史启示》在《山西日报》全文发表（二）

7. 研究王文素的经过

问：1994年，您与高春平合作在《晋阳学刊》发表论文《晋商王文素及其〈新集通证古今算学宝鉴〉》，说说您对王文素的评价吧。

张：我到北京的图书馆【编者注：指国家图书馆】查到了王文素写的书，是个孤本，很珍贵。我在北京查阅了王文素的资料后，回来后就写了这篇文章。因为是小高提醒我写王文素的，（所以）发表文章署名时我就加上了小高的名字。小高和山西省珠算协会有联系，他们开会时【编者注：指1998年10月在山西汾阳市召开的王文素与《算学宝鉴》学术研讨会】邀我去参加，我的文章也被收入了会议论文集。后来山西省珠算协会刘五然等把有关王文素的书【编者注：指论文集《王文素与算学宝鉴研究》，山西人民出版社2002年版】全部印了出来，完

307

成了王文素的夙愿。

【编者注】王文素：山西汾阳人，字尚彬，约生于1465年，著有《新集通证古今算学宝鉴》，手抄本，藏于国家图书馆。

8. 翻译《山西商人研究》的经过

问：在20世纪三四十年代日本的学者即开始关注山西商人，谈谈您翻译日本学者寺田隆信《山西商人研究》【编者注：山西人民出版社1986年版】的经过吧，您翻译这本书是否与您去日本做访问学者的经历有关？

张：关于翻译寺田隆信《山西商人研究》，是因为我觉得寺田隆信关注山西商人比较早，其著作应当了解。此书是寺田隆信的博士论文。翻译后我觉得对咱们研究晋商有启发，但是也有好多内容与晋商关系不大。这本书是由四个人翻译的，我是这本书的翻译发起者、组织者、翻译者【编者注：《山西商人研究》译者顺序为张正明、道丰、孙耀、阎守诚】。第三位译者是孙耀，我认识此人，山西有两位日语水平高的人，一位是孙耀，另一位是山西大学的孙某某。孙耀在太原师范学院任教，有了他把关，可防止译错。第四位译者是阎守诚，和我一起在山西省社科院历史研究所工作。第二位译者是道丰，其实是山西人民出版社的编辑李平，他现在是中国社科院历史研究所的。因为当时出书难，没经费，有出版社编辑参与，方好出版。译书前我和寺田【编者注：指寺田隆信】联系过，由他写了中文版序言。出版后我给他寄了两本样书，告诉他书出版后销售不好，出版社赔钱了，他说可以把书寄到日本卖。我给他寄了两本样书，邮寄费很贵。我想，若把大量书寄到日本，光邮寄费我也掏不起。他一看就没有回话了，从此双方就失去了联系。我应邀去日本与寺田隆信没有一点关系，邀我去日本当招聘学者的是我开会时认识的京都大学小野和子教授。

9. 编辑出版《明清晋商商业资料选编》

张：票号从道光以后算起才数百年历史。山西省人民银行和财经学院编了《山西票号史料》。晋商从明代算起有五百余年历史，可这五百年的历史资料在哪？徽商有（资料集）【编者注：指张海鹏、王廷元编的《明清徽商资料选编》，黄山书社1985年版】，晋商缺呀。我1989年出过一本《明清晋商资料选编》【编者注：指张正明、薛慧林编《明清晋商资料选编》，山西人民出版社1989年版】。当时编得有些匆忙、粗糙，内容包括李华编的《北京工商晋商碑刻》【编者注：指李华编

张正明先生编著的《明清晋商资料选编》等史料集

著的《明清以来北京工商会馆碑刻选编》，文物出版社1980年版】中有关晋商内容，其实此书已经正式出版。书中还有些票号史料，实际上书中有关晋商的商业史料不算多，而且书中还有些错误。鉴于此，重编一部晋商商业资料书十分必要。现在，经过多年努力，《明清晋商商业资料选编》【编者注：指张正明主编的《明清晋商商业资料选编》，山西经济出版社2017年出版】总算正式出版了。

张正明先生在报刊发表的有关晋商精神的文章

10. 晋商精神

张：关于晋商精神，我觉得明清晋商传承了中国的优秀传统文化。另外，明清晋商在创新和转型方面的贡献也较突出。因此，借鉴明清晋商历史经验，将其与当代新晋商的发展相结合，就是对晋商精神的发扬。

11. 关于晋商的衰落

张：关于晋商的衰败，我有一个观点，其衰败跟形势有关系，跟潮流有关系。国家强和衰，对工商业的影响极大。晋商的衰败，不是孤立的。晋商的成功与整个国家形势、潮流有关，也就是晋商的成果是他们顺应了历史潮流不断创新的结果，比如及时抓住了实行开中制的机遇呀，清朝统一以后向全国发展呀，由明朝时候的"半天下"发展到清朝时候的"遍天下"呀，清后期随着商品经济的发展创立票号等，都是顺时、顺势而动。

刘建生组织过一个会，为此我写了一篇关于晋商衰败的文章《果天数，抑人事乎》，文章采用了比较法，指出徽商、晋商都衰落了，但是广东商、福建商、宁波商、江浙商不同，他们走出去了，走向了近代。像荣毅仁家族搞了面粉工业、织布工业，发展了中国的近代民族工业，而晋商搞的是煤矿，投资大，收益慢，以致晋商没有跟上时代。清政府让晋商投资银行，晋商保守，不投资【编者注：指晋商不投资银行】，人家江浙商便投资了银行。就是说，人家（江浙商人）走出了,咱们(晋商)却缩回来了。正如孙中山先生所说,世界潮流浩浩荡荡,顺之者昌,逆之者亡。

12. 晋商与其他国内商帮异同

张:这方面,我在《晋商兴衰史》里有一个比较。以徽商来说吧,首先,它与晋商在兴衰时间上有个差距,徽商于清道光后衰败,晋商于清末衰败。清季晋商创立票号,徽商【编者注:指徽商】没有搞票号。其次,徽商宗族势力大,晋商的宗族势力较弱。再次,信奉(仰)不同,人家(徽商)尊奉的是朱熹,晋商尊奉的是关公。不过在经商能力方面,两者各有所长,晋商遍天下,徽商有无徽不成镇之说。

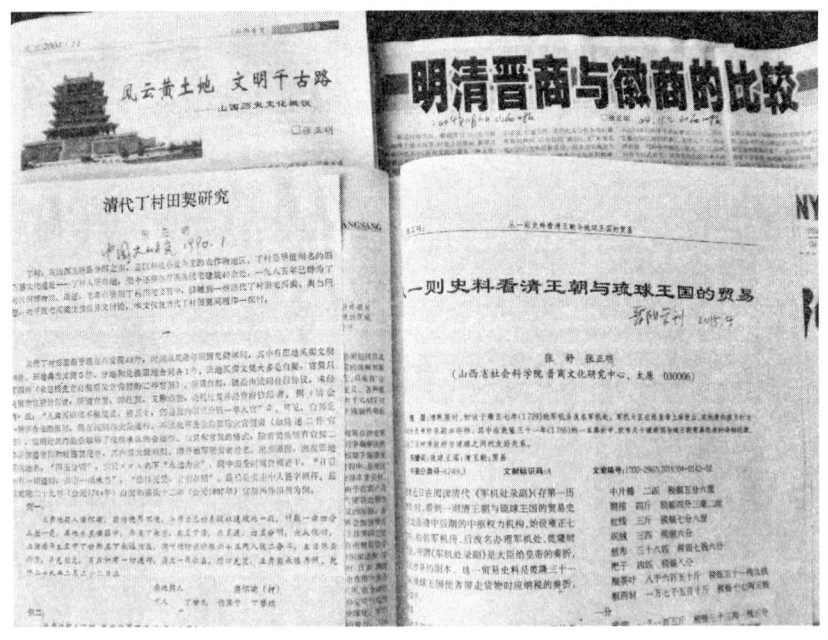

张正明先生部分论文

张正明先生访谈

13. 与晋商研究学者的交往

张：早年，文史馆【编者注：指山西文史馆】要成立晋商研究会，我就骑上车子到刘建生【指山西大学刘建生教授】家楼下把他喊出来，请他参加，从此他步入了这个专业，后来他在经济系【编者注：指山西大学经济系】工作，当过系主任，在晋商研究方面成了山西大学的一杆旗。他不当系主任后，山西大学专门为他成立了晋商研究所，设了博士点。刘建生事业有成，出了不少有关晋商的书。

山西财经大学有几位研究晋商的，很有成就。如孔祥毅先生，还有葛贤慧，他们侧重金融史方面，孔先生就是金融系的。我在金融方面研究不多，我较多地关注商业史方面。财大编了《山西票号史料》【编者注：山西省人民银行与山西财经大学编，编者有山西财经大学副教授黄鉴晖】。为了进一步推进晋商研究，编一部明清晋商商业史料书很有必要。

14. 对日本学者研究晋商的成果的评价

问：您怎么评价日本学者从事晋商研究的成果？日本学者在晋商研究方面与我国学者有何差异，我们该向他们学习什么？

张：日本学者出版过一些研究晋商的著作和论文。日本学者很注重史料，但在"论"方面的成果则较少。他们做学问时很严谨，这是我们应当学习的地方。中国学者和日本学者的差异是我们是在史料基础上论，论从史出。我们做学问，要有自己的见解，新的观点。如果只是堆积史料，这种研究也没有意思。还有的文章没有什么史料依据，只是空对空，这种文章也没有价值。我觉得既重视史料又论从史出才对。论文、论著得有论才行，但论又必须有据，有出处。

15. 2005年举办晋商国际学术研讨会的经过

问：2005年您主持举办了晋商国际学术研讨会，能谈谈这次会议的情况和影响吗？

张：晋商国际学术讨论会是在2005年8月24日到26日举办的，当时山西省委宣传部成立了一个山西省晋商文化研究中心，由我任主任。我想，尽管晋商研究近年来已取得不少成就，但仍需要进一步推进晋商研究，所以，有必要开一个比较有规模的晋商国际学术讨论会。此后我们就在山西省委宣传部的支持下，于当年在太原召开了这一国际学术研讨会。这次会议的与会学者有60多人，其中有耶鲁大学、哈佛大学、牛津大学、利兹大学、新加坡国立大学、香港科技大学、台湾"中央研究院"、台湾东吴大学、台湾政治大学、台湾明新科技大学、台湾辅仁大学、中国社会科学院、北京师范大学、天津社科院、内蒙古社科院和山西省研究晋商的学者。在这次研讨会上，学者们交流了关于晋商经营、管理、兴衰、票号、性质、文化、生活等各个层面的研究成果，从不同侧面探讨了晋商在近5个世纪恢宏历史画卷中的运行轨迹。这次会议是对以往晋商研究的一次检阅与总结，把晋商研究推向了一个新的高度，并在国际上产生了相当大的影响。这次会议开得很成功，可以说是到当时为止有关晋商研究的最具规模和最有影响力的学术研讨会。

第四章 以史为鉴，古为今用

1. 学术研究的意义

问：您认为做学术研究的意义是什么？

张：我觉得，作为历史学者，研究历史的目的仍是以史为鉴、古为今用吧。我写过煤炭运销史方面的文章，也写过山西自然灾害史方面的文章。历史上山西大体是三年一大灾，多为旱灾。我还写过有关阳城县砥洎城的文章，发表过有关古代运城的创建与发展的文章。运城是因盐池而设，带有因商而设的性质，不同于中国古代因政而设的城市。关于襄汾县丁村民居的文章，我是在《史学月刊》上发表的，丁村这个地方很有特点，保存着许多明清民居。以上所述文章，都有古为今用之意。

【编者注】砥洎城：位于山西省晋城市阳城县润城镇西北隅，是华北地区现存尚完好的明代民居代表、建筑史上的稀缺实物资料。当地百姓俗称之寨上，是全国重点文物保护单位。

问：您专门去那儿看了？

张：都去考察过。比如丁村，其房屋建于何时，在大梁上有明确记载，如"大明万历某某年"，这是与其他地方明清民居不同之处，其他地方多通过建筑形式考证建于何时，而丁村是明文记载，故其可信度更高。砥洎城更有特点，其城墙完全是用坩埚建成，相当坚固，全国唯一。中央电视台还专门报道过。另外我还注意对乐户的研究，发表在《明史研究》。1989年召开的中国明史学会年会对这篇文章很重视。乐户在明朝以前属于贱民，不能和非贱民通婚，社会地位很低。但随着社会的发展，贱民阶层也在发生着变化。关于清代的统一对全国的影响，我在《晋阳学刊》发表过文章，认为中国现在的版图基本上是清代形成的。关于对历史人物的评价，我的看法是可以有历史阶段论，要全面整体评价历史人物，不能割断历史看问题。各方面的民族英雄都可承认，比方说岳飞是抗金民族英雄，武则天时代的经济、社会都有很大发展，所以对武氏应予肯定。

总的来说，我觉得历史研究应该放在大的环境下、大的历史背景下来进行，历史研究要为现实服务。

2. 研究历史要有梦想

张正明先生近照

张：做历史（研究者）也要有梦想。这个梦想就是能坚持，能坐冷板凳，努力实现历史研究的使命。我们历史（研究者）的使命是什么呢？一个是资治，就是了解昨天。一个是传承，即弘扬中华文化，探索历史背后的轨迹，为明天找智慧。

3. 对晋商研究发展的思索

问：当前晋商研究的局限与存在的问题有哪些？

张：我觉得现在晋商研究存在的问题，一个是不重视资料，有的人不在挖掘资料上下功夫。第二个就是晋商研究没有和现代结合，只有结合好，历史研究才会有生命力。历史是过去时，研究历史就是为了总结历史经验与教训，为当代服务。

附录：张正明先生大事记

1938 年：

11月，出生于山西太原。

1954 年，16 岁：

8月，在山西省商业干部学校学习。

1955 年，17 岁：

3月，任太原市油脂公司办事员。

1958 年，20 岁：

12月，在太原市级机关业余大学中文系学习。

1962 年，24 岁：

8月，任太原市粮食局科员。

1970 年，32 岁：

10月，在阳曲县东凌井公社插队。

1972 年，34 岁：

4月，任太原面粉二厂车间统计员、厂办秘书。

1978年，40岁：

10月，考入郑州大学历史系，攻读明清经济史专业硕士学位。

1981年，43岁：

7月，从郑州大学毕业，获历史学硕士学位。

1982年，44岁：

1月，到山西省社会科学院（当时为山西省哲学社会科学所）历史研究所工作。3月，加入中国民主促进会。在《山西师院学报》第2期发表论文《清代河东盐课摊归地丁试析》。

1983年，45岁：

10月，任山西省社会科学院经济史研究室副主任、主任。是年当选山西省第六届人民代表大会代表。

1984年，46岁：

在《山西大学学报》第4期增刊发表论文《栗毓美治河述论》。

1985年，47岁：

3月6日，在《光明日报》发表论文《清代的茶叶商路》，考察了以山西、直隶为枢纽，北越长城，贯穿蒙古，经西伯利亚通往欧洲腹地的清代陆上国际商路，认为这一商路是古代丝绸之路衰落后在清代兴起的新商路，主要输出品为茶叶。

是年在《郑州大学学报》第2期发表论文《我国古代民族之间的互相依存关系》，在《晋阳学刊》第5期发表论文《古代运城的创建与发展》。

1986年，48岁：

在《晋阳学刊》第3期发表论文《论清朝统治在全国的建立》，在

《盐业史研究》第1辑发表论文《河东盐池利用天日晒盐法的形成及发展》，由山西人民出版社出版译著《山西商人研究》。

1987年，49岁：

评为副研究员，是年当选民进中央候补委员。2月由山西人民出版社出版论著《山西商业史拾掇》。

1988年，50岁：

当选山西省政协委员、民进中央第八届委员会委员。在《五台山研究》第4期发表论文《五台山行宫的修建经费与山西商人》。

1989年，51岁：

当选民进山西省委副主委、中国明史学会理事、中国经济史学会理事。9月，被郑州大学聘为历史系客座教授、硕士生导师。

主编《明清晋商资料选编》，由山西人民出版社出版。

在《中国社会经济史研究》第1期发表论文《清代晋商的股俸制》，就清代晋商股俸制的内容、由来、作用作了研究，认为其产生时间不晚于清道光初年，它的前身为明代晋商的朋合营利形式。文章指出，这种股俸制虽仍未脱离封建经济的范畴，但起到了促进资本集中、改善经营方式、促进清代商业和金融业发展的作用，是当时一项具有一定进步意义的商业资本经营制度。

在《谱牒学研究》第1辑发表论文《襄汾县丁氏家族研究》。

在《文史知识》第12期发表论文《明清时期晋帮商人的兴衰》，对明清晋商作了较为全面、系统的论述与介绍。

1990年，52岁：

7月，任山西省社会科学院科研处处长。在《史学月刊》第1期发表论文《山西丁村明清住宅略述》，在《中国史研究》第1期发表论文

《清代丁村田契研究》，在《平准学刊》第 2 期发表论文《河东盐池业中的资本主义萌芽》，在《民主》第 9 期发表论文《中国面条的传往日本》。

1991 年，53 岁：

在《明史研究》第 1 辑发表论文《明代的乐户》，在《晋阳学刊》第 2 期发表论文《明清时期的山西盐商》。

11 月 18、19 日，与孔祥毅合作在《山西日报》发表《山西商人及其历史启示》，对晋商兴衰史做了全面论述，集中分析了晋商精神、经营策略，提出了弘扬晋商精神、发展山西经济的 6 条政策性建议，第一次概括了重商立业的人生观、诚信义利的价值观、艰苦奋斗的创业精神、同舟共济的协调思想的晋商精神。此文首先发表在中共山西省委《工作研究与交流》（内部资料）第一期，1991 年 7 月时任中共山西省委书记王茂林亲作了 1000 多字的批示，发至县团级，推荐全省干部学习，由此引起各级政府、知识界对晋商研究的高度关注。《山西日报》全文刊发后，全国很多报刊转载，《经济日报》还发表了专门评论。1992 年获全国报刊理论宣传优秀论文，1993 年获山西省社科成果应用一等奖。

1992 年，54 岁：

评为研究员、享受国务院政府特殊津贴专家，12 月当选山西省第八届人民代表大会代表。在《中国经济史研究》第 1 期发表论文《明清山西商人概论》，在《史学集刊》第 3 期发表论文《明代北方边镇粮食市场的形成》，在《谱牒学研究》第 3 辑发表论文《从族谱看山西商人家族》，由山西人民出版社出版编著《山西历代人口统计》。

1993 年，55 岁：

1月，当选山西省第八届人大常委会委员。

1994年，56岁：

是年，赴日本京都大学人文研究所讲学与研究。

在《晋阳学刊》第1期发表论文《晋商王文素及其〈新集通证古今算学宝鉴〉》（与高春平合作）。

11月，任山西省社会科学院副院长。

1995年，57岁：

在《货殖》第1期发表论文《明末清初商人社会地位的变化及其对社会的影响》，在《晋阳学刊》第5期发表论文《明中叶以来山西民风的变化》。

著作《晋商兴衰史》由山西古籍出版社出版。本书梳理了明清时期晋商发展的脉络，对明清时期晋商的兴起原因、经营活动进行了详尽的叙述，对晋商的性质、经营方式、成功经验加以概括和总结，对盛极一时的晋商衰落的原因以及历史地位和历史作用等方面进行了剖析，介绍了著名的商号、商人及12家商人家族，还对山西商人和徽州商人进行了比较。该书是晋商研究的奠基之作。

1996年，58岁：

11月，应台湾明史学会邀请，赴台参加首届台湾明史学术讨论会。专著《晋商兴衰史》获山西"五个一工程"荣誉奖。

1997年，59岁：

1月18日，在《人民日报》发表《优秀传统文化融贯于商业经营中——晋商文化初探》，提出晋商的成功得益于天时，得益于地利，更得益于人和。明清晋商之人和，就是把中国优秀传统文化融于商业经营活动之中，创造出了富有生命力的商德与经营之道。在晋商商德中，首要是爱国。敬业精神、进取精神、群体精神是晋商商德的重要表现。晋商的经营价值观，包括以义制利、儒贾相通和用人唯贤等。以义制利的经营价值观是晋商的精神支柱。讲求经营谋略是晋商成功的一大原因。晋商在经营活动中形成了一套行之有效的经营管理制度，如经理负责制、学徒制。

《平遥票号商》由山西教育出版社出版，与邓泉合著。该书详细论述了山西票号商众多分支中最主要的一支——平遥票号帮，追溯了中国第一家票号——日昇昌票号的历史，以及平遥票号帮的形成和发展，分门别类地介绍了票号的经营方式及经营内容、利润来源、组织结构与管理方式，重点论述了22家平遥票号的兴衰过程以及15位平遥著名票号商人，是研究平遥票号商的专门史料。

6月，续任山西省社会科学院副院长，当选民进山西省委员会第四届主委，11月任民进中央第十届常委会常委。

在《史学集刊》第2期发表论文《试论明清晋商文化》，在《农业考古》第4期发表论文《清代晋商的对俄贸易》（与张梅梅合作），发表论文《明代重臣王琼》。

1998年，60岁：

1月，任山西省第八届政协副主席，继续担任山西省社会科学院副院长、民进山西省委员会第四届主委，任民进中央常委。

《晋商与经营文化》由世界图书出版公司出版，该书揭示了晋商成功积累财富背后的文化因素，包括晋商的气质与塑造、晋商独特的经营术和管理制度、晋商会馆文化、晋商家庭文化，晋商对戏曲、社火、古籍、文物、饮食、武术、科技与茶文化等社会文化的作用和影响。《晋商兴衰史》获山西省社科研究成果推广应用特别奖。

1999 年，61 岁：

是年 3 月，卸任山西省社会科学院副院长。

在《学术论丛》第 1 期发表论文《明清晋商与犹太商人比较》。文章指出，明清晋商与犹太商人都是世界商业史上占有重要地位的大商人。他们有许多共同之处，他们成为商人，都源于社会需要和自身的需要；他们在经营手段上有许多相似之处；他们的成功既有历史契机，也有其自身的文化底蕴。不过，犹太商人成功地走向世界，进入现代，可以说是市场经济氛围使其自身优势得以发挥，而明清晋商却遭到外国资本主义与国内封建主义的遏制而走向了衰败。

在《民主》第 11 期发表论文《〈金瓶梅〉藏本、〈清明上河图〉摹本与晋商种种》。

2000 年，62 岁：

应牛津大学中国研究所邀请赴英国参加 19 世纪中国政府与地方社会学术研讨会。3 月，被聘为山西省社会科学院资深研究员。在《前进》第 7 期发表论文《退耕还林的实施与建议》。

2001 年，63 岁：

3 月，被山西大学聘为近代社会史专业博士生导师。是年当选山西历史学会会长。在台湾《历史》杂志第 5 期发表论文《纵横商界五百年的山西商人》。

2002 年，64 岁：

5 月，当选民进山西省委员会第五届主委，11 月当选民进中央第十一届常委会常委。

在《晋阳学刊》第 5 期发表论文《晋商向近代资产者蜕变的问题》，文中指出，晋商经营近代工商业，标志着其向近代资产者蜕变，但仍带有封建烙印，客观条件的不具备是晋商未能完成这一蜕变的主要障碍。在《经济问题》第4期发表论文《深入进行山西省农业结构战略调整的思考》。

2003年，65岁：

1月，当选第九届山西省政协副主席，3月任第十届全国政协委员，4月任山西省晋商文化研究中心主任。

在《晋阳学刊》第1期发表论文《明清时期山西农业生产方法的改进》，论著《明清晋商及民风》由人民出版社出版。在两文中，主要对明清晋商的经商文化和山西民风变化的关系进行了详细的论述，同时也涉及晋商经营和贸易。

2004年，66岁：

当选中国史学会理事。在《山西日报》11月2日发表论文《明清晋商与徽商的比较》，在《北京晚报》3月14日发表《晋商与晋商文化》，发表论文《明代山西阳城县的古城堡——砥洎城》（载于《第九届明史国际学术讨论会》，厦门大学出版社出版）。

2005年，67岁：

8月，在山西太原主持召开晋商国际学术研讨会，与会者有美、英、新加坡及中国学者60余人，是对晋商研究的一次大检阅，由人民出版社出版会议论文集，张正明、孙丽萍、白雷任论文集主编，标志着晋商研究进入新的发展阶段。

11月8日，在《光明日报》发表论文《明清晋商的经营文化》（与赵书华合作）。

在《晋阳学刊》第3期发表论文《晋商会馆、公所与近代山西商会》，文中提出，明清时期的晋商会馆和公所是近代山西商会的间接前身，近代山西商会的成立标志着山西近代资产阶级商业团体的出现，对山西近代工商业的发展，对民族资产阶级的成长，对社会变革都起到了一定的推动作用。

在《天津日报》8月1日发表论文《明清势力最大的商帮——晋商》。

主编《明清山西碑刻资料选（第1辑）》（山西人民出版社出版），主编《山西财政史·古代卷》（山西人民出版社出版）。

2006年，68岁：

《话说晋商》（与马伟合作）由中华工商联合出版社出版。主编《中国晋商研究》（人民出版社出版）。发表论文《从范氏家谱看山西介休范氏家族》（载于《谱牒学论丛》，山西古籍出版社）。在《北京日报》3月13日发表论文《晋商乔致庸是怎样一个人》。

2007年，69岁：

9月，应新加坡国立大学邀请，赴新加坡任新加坡国立大学中文系讲座教授。10月，应台湾明史研究学会邀请赴台湾参加学术讨论。《明清晋商碑刻资料选（续一）》由山西古籍出版社出版（与科大卫、王勇红合编）。论著《山西商帮》由黄山书社出版。在《五台山》第2期发表论文《明清晋商家族中女性》。

调离山西省社会科学院，卸任民进山西省委主委。

2008年，70岁：

卸任山西省历史学会会长。1月，卸任山西省政协副主席。在《晋商研究》第1辑发表论文《明清晋商与关公文化》（与张舒合作）。

2009年，71岁：

6月30日，办理退休手续。《明清山西碑刻资料选》（续二）由山西古籍出版社出版（与科大卫、王勇红合编）。发表论文《于成龙的思想理念与清初吏治》（与张舒合作，载于《于成龙研究论文集》，三晋出版社出版），《徐继畬与晋商》（载于《穿越时空的目光》，中国社会科学出版社出版），《诚信晋商与信用太原的建设》（载于《晋商兴盛与信用太原的建设》，山西人民出版社出版）。

2010 年，72 岁：

出版《晋商兴衰史》增订本，该书从 1995 年出版以来，先后再版 3 次，印刷 6 次。发表论文《罗贯中的籍贯问题》（载于《明长陵营建 600 周年学术论文集》，社会科学文献出版社出版）。

2012 年，74 岁：

5 月，被山西省社会科学院聘为晋商文化研究中心名誉主任。在《环球日报》第 8 期发表论文《晋商因盐而兴》。

2013 年，75 岁：

任国家图书馆文津讲座特聘教授。

2014 年，74 岁：

在《文史月刊》第 12 期发表《历史的丝绸之路与山西》（与张舒合作），在《沧桑》第 3 期发表《一位英国学者对刘大鹏的研究》（与张舒合作）。

2015 年，77 岁：

由山西经济出版社出版《晋商经营智慧》（与张舒合作）、主编《诚信晋商与信用山西》（山西经济出版社出版），发表论文《近代晋商与 1915 年巴拿马博览会的汾酒》（载于《晋商与汾酒》，山西经济出版社出版），在《晋商研究》第 2 辑发表论文《明清晋商与中国商业文明》。

2016 年，78 岁：

主编《明清晋商商业资料选编》（80万字，上下册，山西经济出版社出版），2月23日在《山西日报》发表论文《晋商之魂与晋商精神》（与张舒合作），在《文史月刊》第1期发表论文《山西民间音乐舞蹈》（与张舒合作），在《文史月刊》第5期发表论文《山西戏曲文明》（与张舒合作）。6月，被香港山西商会聘为顾问。

访谈者：王勇红

访谈时间：2017年1月18日

访谈地点：张正明先生家中

录音整理：王劼

编写者：王勇红　王劼

【编者注】本文经张正明先生审定。